Steinerne Bibel

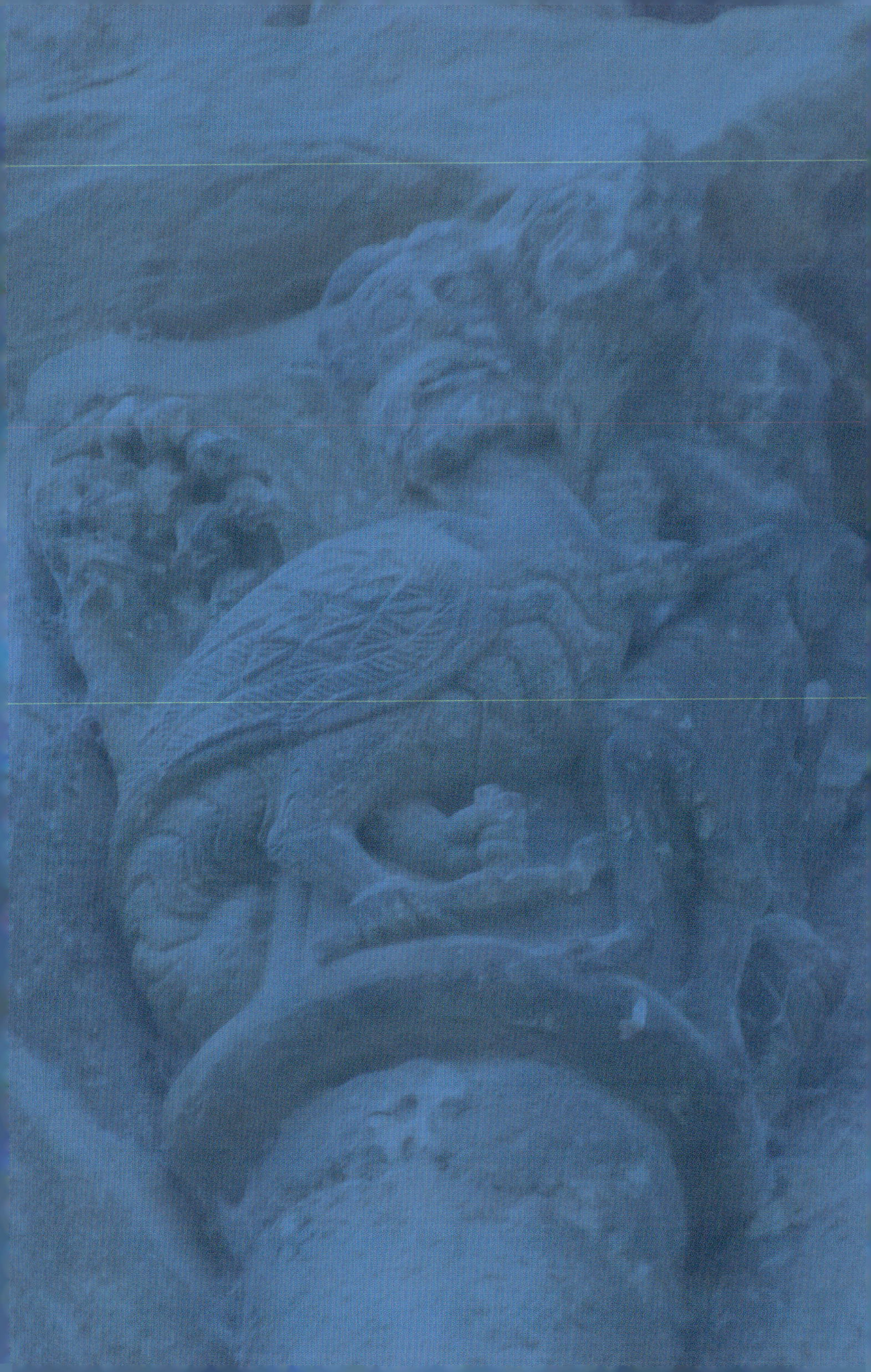

Klaus Schäfer SAC

STEINERNE BIBEL

Kirchenportale mit biblischen Bildern
am Jakobsweg ab den Pyrenäen

SCHNELL + STEINER

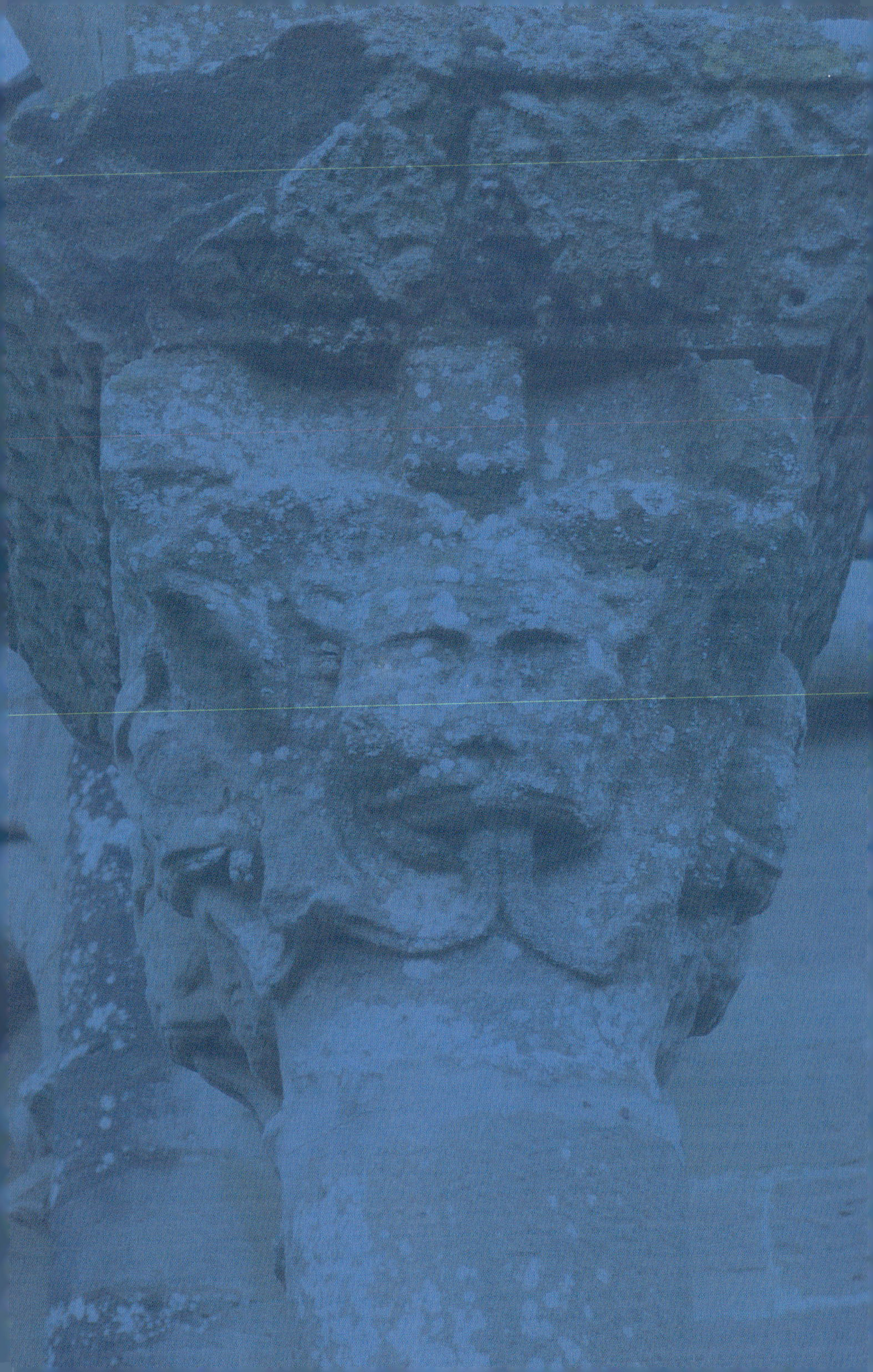

VORWORT

1992 begann ich meine Radwallfahrten mit einer Radpilgergruppe von Bruchsal über Vézelay nach Santiago de Compostela. Es folgten 1994 Radwallfahrten von Bruchsal über
Arles, 1997 über Le Puy und 1996 von Vallendar über Paris zum Jakobus-Grab. Damit bin
ich alle vier im Liber Sancti Jacobi genannten Hauptpilgerrouten abgefahren. Es folgten
weitere Radwallfahrten mit Pilgergruppen, aber auch alleine.

Wallfahrt kannte ich nur in dieser Form: Wie komme ich am schnellsten von meinem
Heimatort zum Wallfahrtsort. Doch die Jakobus-Wallfahrt lehrte mich rasch, dass die
mittelalterlichen Pilger versucht haben, auf ihrem Pilgerweg möglichst bedeutsame und
möglichst viele Wallfahrtsorte auf ihrem Weg aufzusuchen. So entstanden die unterschiedlichen Routen.

Mit jeder Pilgerfahrt erkannte ich ein Stück mehr, dass romanische und gotische Kirchen
in Stein gehauene Darstellungen besitzen, die nicht nur einfach Kunst sind, sondern
auch Botschaften, eben »Steinerne Bibel«. So näherte ich mich über Jahrzehnte diesem
Buch, das den Lesern dazu verhelfen soll, die »Steinerne Bibel« zunächst einmal wahrzunehmen, sie lesen zu können und im letzten Schritt einen Bezug zum eigenen Leben
herzustellen.

> Beim Pilgern ist es wie im Leben:
> Man sollte wissen, woher man kommt,
> wohin man geht,
> welche Route man wählt
> und mit welchen Freunden
> man die Wallfahrt machen will.
> (Klaus Schäfer)

Ich danke dem Verlag Schnell & Steiner und dem Verleger Dr. Albrecht Weiland für die
Aufnahme meines Buchprojekts in das Verlagsprogramm und Prof. Dr. Jutta Dresken-
Weiland für ihre kenntnisreiche und gründliche Überarbeitung meines Textes. Sie hat
dem Manuskript die Form gegeben, in der es nun erscheint.

Klaus Schäfer

INHALT

VORWEG

Wofür dieses Buch?

Menschen des Mittelalters erfuhren und erlebten ihren Glauben oft durch Darstellungen in und an Kirchen oder lernten sie durch Predigten im Gottesdienst kennen. Sie waren in der Lage, Darstellungen an den Portalen der romanischen und gotischen Kirchen zu lesen, das heißt, sie sich anzueignen und auf ihr persönliches Leben zu beziehen. Die meisten Bilder haben einen biblischen Bezug, so dass diese in Stein gehauenen Darstellungen zum Beispiel an Kirchenportalen »steinerne Bibel« genannt werden.

Bei Menschen des 21. Jh. ist oft viel religiöses Wissen verloren gegangen, und die Bilder bleiben behauener Stein. Dieses Buch möchte in die Bildersprache der »Steinernen Bibel« einführen, sie verständlich machen und damit auch eine spirituelle Auseinandersetzung mit dem eigenen Leben ermöglichen.

Um Menschen des 21. Jh. dazu zu befähigen, die »Steinerne Bibel« wieder »lesen« zu können, werden Darstellungen vor allem von Portalen von Kirchen auf den Jakobus-Pilgerwegen durch Deutschland, Frankreich und Spanien in Bildern gezeigt und beschrieben. Daher eignet sich das Buch besonders für Jakobspilger[1], die sich zu Fuß, mit dem Fahrrad oder einem Lasttier auf den Pilgerweg nach Santiago de Compostela machen. In gleicher Weise eignet sich das Buch aber auch für alle Menschen, die per Bus, Auto oder Wohnmobil nach Santiago de Compostela fahren oder nur Teilabschnitte dieser Pilgerwege bereisen.

Auch für den, der sich nicht auf den Weg nach Santiago de Compostela macht oder Teilstücke des Pilgerweges begeht oder abfährt, kann dieses Buch ein geistlicher Gewinn sein, weil es die Grundelemente der Ikonographie beschreibt, mit denen die »steinerne Bibel« an vielen Kirchenportalen – auch zu Hause – gelesen werden kann. Das Buch soll jeden Interessierten dazu befähigen, die Bilder an romanischen und gotischen Kirchen erkennen und lesen zu können.

Diese meist zwischen 500 bis 1.000 Jahre alten Darstellungen an Kirchenportalen – es sind auch einige jüngere dabei – haben eine lange Geschichte hinter sich, die vor allem in den letzten drei Jahrhunderten Spuren hinterlassen hat:

- Modernisierungen während des Klassizismus
  In der Zeit des Klassizismus wurde an einigen alten Kirchen ein »modernes Portal« angebracht. Manchmal wurde das neue Portal einfach davorgesetzt, so dass das alte Portal erhalten blieb, manchmal jedoch das alte Portal abgerissen und durch ein neues, »modernes« Portal ersetzt. Damit ging das alte Portal verloren.

---

1 Mit »Pilger« sind selbstverständlich auch alle »Pilgerinnen« gemeint; auch die anderen männlichen Formen, die in diesem Buch verwendet werden, bezeichnen jeweils alle Geschlechter.

- Französische Revolution
  Während der Französischen Revolution gab es den Slogan »Die Köpfe müssen
  rollen.« Dabei rollten nicht nur die Köpfe von Adligen, Klerikern und »normalen
  Menschen«, sondern auch die Köpfe von Figuren an einigen romanischen und
  gotischen Kirchenportalen.
- Heute
  Das Wissen um die »steinerne Bibel« kann Architekten und Künstler, aber auch
  Auftraggeber wie z. B. die Bauämter von Diözesen dazu motivieren, an die alte
  Kultur der »steinernen Bibel« anzuknüpfen und sie mit aktuellen Darstellungen zu
  füllen. Vereinzelt wurde bei einigen Portalen von Kirchen des 20. Jh. dieser Weg
  bereits beschritten.[2]

Die Darstellungen an den mittelalterlichen Bauwerken sind in Stein gehauene Bibeln,
deren Botschaft auch heute noch aktuell ist. Sie sagen auch uns heute etwas über unseren Glauben. Daher lohnt es sich, die Bildersprache der Romanik und Gotik lesen zu
lernen. Wenn man um diese Bildersprache weiß, fallen die Portale keiner weiteren Mo-
dernisierung oder Revolution zum Opfer, sondern werden für die Nachwelt erhalten.
Auch diese sollte noch die Möglichkeit haben, die »steinerne Bibel« zu betrachten!

Zunächst ist es jedoch wichtig, die Darstellungen an den Portalen und Kapitellen
bewusst wahrzunehmen, ihren oft biblischen Bezug zu erkennen und ihre Botschaft für
uns heute abzuleiten. Daher werden in diesem Buch die Darstellungen nicht nur wie in
einem Kunstführer erklärt, sondern auch Impulse oder Fragen an uns gestellt, die einen
Bezug zu unserem Glauben herstellen und zum Nachdenken animieren sollen.

Zum Gebrauch des Buches

Neben einführenden Informationen zur Jakobus-Wallfahrt und zur Ikonographie werden
die Darstellungen der »steinernen Bibel« an den kirchlichen Bauwerken entlang der Pilgerwege im Bild gezeigt und im Text beschrieben. Dies erfolgt immer in diesen zwei Schritten:
1. Beschreibung der Darstellung
   Zunächst wird die Darstellung beschrieben. Damit wird der Leser zum bewussten
   »Hinsehen« auf die »steinernen Bibel« hingeführt. Er soll lernen, das Gesehene zu
   lesen und den Bezug zur Bibel herzustellen.
2. Fragen und Impulse für den persönlichen Glauben bzw. das eigene Leben
   Die Darstellungen der »steinernen Bibel« sind keine reine Informationsquelle, die
   man in einem Lexikon nachlesen bzw. dekodieren kann. Sie enthalten wie die Bücher

---

2 Ein gelungenes Beispiel dafür ist die Kirche Saint-Martin in Lacarre (F).

der Bibel aktuelle Botschaften für unseren Glauben und unser Leben. Daher werden die Beschreibungen der Darstellungen immer mit einer oder mehreren Fragen oder Impulsen zur persönlichen Vertiefung versehen. Diese oder ähnliche Fragen könnten sich auch die Menschen des Mittelalters beim Ansehen dieser Darstellungen gestellt haben.

Damit ist das Buch kein Kunstführer im engeren Sinn, sondern auch ein Glaubens- und Inspirationsbuch. Möge es als solches die Pilger nicht nur gut nach Santiago de Compostela begleiten, sondern auch im Glauben reich beschenken.

Fast alle Ortsnamen und Namen der Heiligen finden sich auf der Internetseite www.santiagowiki.de. Dort kann man weitergehende Informationen zu einem bestimmten Punkt finden.

Informationen zur Jakobuswallfahrt

Anfänge und Blütezeit der Jakobuswallfahrt

Jakobus der Ältere war einer von zwölf Aposteln Jesu. Er gehört mit seinem Bruder Johannes zu den erstberufenen Jüngern Jesu. Der Evangelist Markus berichtet:

> Als Jesus am See von Galiläa entlangging, sah er Simon und Andreas, den Bruder des Simon, die auf dem See ihre Netze auswarfen; sie waren nämlich Fischer. Da sagte er zu ihnen: Kommt her, mir nach! Ich werde euch zu Menschenfischern machen. Und sogleich ließen sie ihre Netze liegen und folgten ihm nach. Als er ein Stück weiterging, sah er Jakobus, den Sohn des Zebedäus, und seinen Bruder Johannes; sie waren im Boot und richteten ihre Netze her. Sogleich rief er sie und sie ließen ihren Vater Zebedäus mit seinen Tagelöhnern im Boot zurück und folgten Jesus nach (Markus 1,16 – 19).

Einen ähnlichen Text zur Berufung des Jakobus bietet Matthäus 4,18-22. Jakobus folgt Jesus in der Zeit seines irdischen Wirkens, er ist anwesend bei der Erweckung der Tochter des Jairus (Mk 5,37), bei der Verklärung (Mk 9,2) und wird mitgenommen in der Garten Getsemani (Mk 14,33). Aus der Apostelgeschichte (Apg 12,2) wissen wir, dass er von Herodes Agrippa I. in den Jahren 43/44 hingerichtet wird. Die ersten Texte, die von einer Mission des Jakobus in Spanien berichten, stammen aus dem 7. Jh.

Das Grab des heiligen Jakobus wird erst kurz vor 843 von Bischof Theodemirus von Iria aufgefunden. Über ihm erbaut man die erste Kirche. Die zunächst lokale und regionale Verehrung des heiligen Jakobus erlangt schnell europäische Bedeutung und zieht schon im 10. Jh. Pilger von weit her an. Im 11. Jh. werden die Grundlagen für den zeitweise bedeutendsten europäischen Pilgerweg gelegt.

Die Wallfahrt nach Santiago de Compostela erlebt im Laufe der Geschichte drei große Blütezeiten:

- im 12. und 13. Jh., bis die große Pest die Wallfahrt fast zum Erliegen brachte,
- im 15. und 16. Jh., bis die Reformation und ihre Folgen (Dreißigjähriger Krieg) den Niedergang brachte,
- im 18. Jh. bis zur Französischen Revolution.

Seit den 1990er Jahren lässt sich ein neues Erwachen dieser großen Wallfahrt beobachten, das sich in unzähligen Büchern, Filmen und prominenten Pilgern zeigt. Immer mehr Menschen pilgern nach Santiago de Compostela, meist zu Fuß. Dabei kommen die Pilger inzwischen aus der ganzen Welt, sogar Chinesen und Japaner kann man in Spanien als Pilger auf den Jakobswegen treffen.

Gründe zum Aufbruch zur Pilgerreise in der Vergangenheit

Die Gründe zum Aufbruch nach Santiago sind vielfältig. Die einen Pilger unternehmen eine Buß- und Betfahrt, manchmal aufgrund von Krankheiten, aber auch wegen anderer schwerer Nöte. Eine Pilgerreise nach Santiago konnte kirchlicherseits als Buße verhängt werden, wobei sie auch von einer anderen Person stellvertretend unternommen werden konnte. Die Pilgerfahrt war immer mit der Hoffnung auf Sündenvergebung verbunden. Ein anderes Motiv war Neugierde: Viele Menschen des Spät- und Hochmittelalters liebten große Reisen, wobei das fromme Motiv den Hauptgrund bildete. Auf dem Pilgerweg sind auch Ritter anzutreffen, deren Patron Jakobus war, nachdem er als Unterstützer und Mitkämpfer die Wiedereroberung Spaniens unterstützt hatte. Nicht nur Männer gingen auf den Jakobsweg, sondern auch Frauen und Kinder, ganze Familien waren unterwegs. Die Mobilität der Menschen war auch im Mittelalter beträchtlich: Historische Untersuchungen haben gezeigt, dass Menschen aller Gesellschaftsschichten eine Pilgerreise durchführten oder zumindest gelobten.

Auch Krankheiten waren eine Motivation zur Wallfahrt. Die wahren Ursachen von Krankheiten waren vom Mittelalter bis zur Neuzeit meist unbekannt. Oft deutete man sie als Strafe Gottes. Daher waren Krankheiten auch ein Grund, um auf Wallfahrt zu gehen. Die Krankheiten jener Zeit, die die Menschen sehr plagten, waren insbesondere:

Pest

Die Pest ist eine akute Infektionskrankheit, die sich entweder als Beulen- oder als Lungenpest äußert. Sie lässt sich bis 1300 v. Chr. zurückverfolgen. Die Bibel sieht Pest als Strafe Gottes an (Ps 91,4-6). Daher ist es nicht verwunderlich, dass der Pilger heute auf dem Weg Pestsäulen, Pestkreuzen, Pestbildern und Darstellungen von Pestheiligen begegnet. Man trifft auch Darstellungen an, wie Gottvater zur Strafe tödliche Pfeile (Pest) auf die Menschen abschießt oder ein Engel die Pest zu den Menschen bringt.

Zum Schutz vor der Pest bzw. zur Heilung bei Pest wurden im Mittelalter verschiedene Heilige, die sogenannten Pestheiligen, angerufen. Auf dem Jakobsweg trifft man häufig auf die folgenden:

- Christophorus
  Die Menschen des Mittelalters glaubten, dass ein Pestkranker, der das Bild eines Christophorus sehe, an diesem Tag nicht sterben würde. Daher sieht man noch heute an alten Häusern, insbesondere an Türmen, sowie an und in Kirchen einen überlebensgroßen, weithin sichtbaren Christophorus.
- Rochus von Montpellier
  Der hl. Rochus wird mit Hund dargestellt, die Pestbeule am Oberschenkel zeigend, oft als Pilger gekleidet und mit Jakobsmuschel, obwohl er nicht nach Santiago de Compostela pilgerte, sondern nach Rom, dort die Pestkranken pflegte und selbst an der Pest starb.
- Sebastian
  Der hl. Sebastian wurde zum Tode durch Erschießen mit Pfeilen verurteilt. In der Ikonographie treffen die Pfeile den Pestheiligen an den Körperstellen, wo sich die Pestbeulen finden.

Mutterkornvergiftung

Mutterkornvergiftung (Ergotismus) ist eine im Mittelalter verbreitete Erkrankung, verursacht durch mit Mutterkorn verunreinigtes Brot. Man sprach vom »Antoniusfeuer« oder »heiligem Feuer«. Vor allem der Antoniter-Orden pflegte diese Erkrankten. Sie unterhielten im 15. Jh. in Europa ca. 370 Spitäler mit rund 4.000 Kranken. Die Vergiftung verengt massiv die Blutgefäße, was zu Durchblutungsstörungen des Herzmuskels, der Nieren und der Gliedmaßen führt. Zunächst treten allgemeine, eher unspezifische Symptome wie Erbrechen, Verwirrtheit, Wahnvorstellungen, Kopfschmerzen, Ohrensausen und Durchfall auf. Akute Vergiftungen können durch Atem- oder Herzstillstand zum Tod führen, chronische Vergiftungen zum Verlust der mangelhaft durchbluteten Gliedmaßen, Sekundärinfektionen zu einer darauffolgenden Sepsis. Auch die Krankheit Chorea Huntington (Veitstanz) hatte ihre Ursache möglicherweise ebenfalls in einer Mutterkornvergiftung.

Kinderlosigkeit

Kinderlosigkeit trifft junge Paare auch heute noch schwer. Bis die Medizin die Ursachen aufdecken konnte, wurde Kinderlosigkeit oft als Strafe Gottes gedeutet. Dies wurde zuweilen biblisch begründet: »Sie müssen die Folgen ihrer Sünde tragen; sie sollen kinderlos sterben« (Lev 20,20), von Priestern und Ordensleuten zuweilen mit »Es ist gut für den Mann, keine Frau zu berühren« (1 Kor 7,1). Der Wunsch nach Kindern und die erhoffte Hilfe durch den Heiligen, vielleicht auch der nachlassende Druck in einer anderen Umgebung, konnten wohl die Anstrengungen des Weges ertragen lassen.

Pilgerwege

Wenn vom Jakobsweg gesprochen wird, dem Pilgerweg nach Santiago de Compostela zum Grab des Apostels Jakobus des Älteren, denken viele Menschen an den Pilgerweg von Saint-Jean-Pied-de-Port am Fuße der Pyrenäen nach Santiago, den »Camino Francés« (»Französischer Weg«). Doch schon der »Liber Sancti Jacobi« aus dem 12. Jh., der älteste erhaltene Pilgerführer nach Santiago, nennt vier Routen in Frankreich:

- Via Turonensis – über Tour (hl. Martin)
- Via Lemovicensis – über Vézelay (Maria Magdalena)
- Via Podiensis – über Le Puy-en-Velay (Maria)
- Via Tolosana – über Toulouse (hl. Sernin)

Damit waren Paris (hl. Dionysios), Vézelay, Le Puy und Arles (hl. Trophimus) schon sehr früh Sammelpunkt und Ausgangsort für die Jakobuswallfahrt. Bereits daran ist zu erkennen, dass sich die Wegführung an den Wallfahrtsorten orientierte. Die Pilger versuchten, auf ihrem Weg die Gräber möglichst vieler bedeutender Heiliger zu besuchen. Dadurch erhofften sie sich möglichst viele Ablässe.

Doch das »Jakobusfieber« erfasste nicht nur Spanien und Frankreich. Es griff auch auf die Nachbarländer über. So wurden Köln (Hl. Drei Könige, hl. Ursula mit Gefährtinnen), Trier (Apostel Matthias, Hl. Rock), Aachen (hl. Karl der Große), Einsiedeln (hl. Meinrad) und weitere Städte Sammelpunkte auf dem Weg nach Santiago de Compostela. Im Laufe der Jahrhunderte entstand ein ganzes Straßennetz, das sich als Jakobus-Pilgerwege über ganz Europa legte. Auch in Deutschland gibt es ein Netz von Pilgerwegen[3].

Das Heilige Jahr von Santiago

Wie Rom feiert auch Santiago de Compostela wiederkehrend ein Heiliges Jahr. Dieses findet jedoch nicht regelmäßig alle 25 Jahre statt, wie das Heilige Jahr in Rom, sondern unregelmäßig. Papst Alexander III. (1100/1159 –1181) legte in seiner Bulle »Regis aeterni« vom 25. Juni 1179 fest, dass er für Santiago de Compostela ein Heiliges Jahr gewährt, wenn der 25. Juni, der Gedenktag des Apostels Jakobus des Älteren, auf einen Sonntag fällt.

Im 21. Jh. sind dies die Jahre 2004, 2010, 2021, 2027, 2032, 2038, 2049, 2055, 2060, 2066, 2077, 2083, 2088 und 2094. Statistiken der Pilgerzahlen zeigen, dass in diesen Heiligen Jahren etwa doppelt so viele bis fünfmal mehr Pilger nach Santiago de Compostela pilgern als in anderen Jahren.

---

3   Sie sind leicht im Internet zu finden: https://www.gronze.com/mapes/jpg/general-cas.jpg;
http://www.jakobswege-marburg.de/jakwegeuro.JPG
http://www.deutsche-jakobswege.de/images/Deutschland-Uebersichtskarte.png

Koordinaten

Bei den Darstellungen sind die GPS-Koordinaten genannt. So bringen die Zahlen 42.6354/-1.1713 für 42.6354 Breitengrad und -1.1713 Längengrad den Pilger mit einem Navigationsgerät zur Klosterkirche San Salvador de Leyre in der nordspanischen Region Navarra. Dort sind in der aus dem 9. Jh. stammenden Krypta die ersten Schritte von Würfelkapitellen mit glatten Wänden hin zu einfach gemusterten Würfelkapitellen zu sehen.

Mit den in diesem Buch genannten Koordinaten ist es möglich, auch zu Hause am PC den Standort dieser Bauwerke anzuzeigen. Wenn man die Internetseite »https://www.openstreetmap.org/#map=18« aufruft und die für Leyre genannten 42.6354/-1.1713 nahtlos dahinter eingibt, wird die Karte geladen und mit einem Zoom von 18 angezeigt. Maximal möglich ist ein Zoom von 19.

Tipp: Als Navigationsgerät kann auch das eigene Smartphone dienen. Mit der Applikation OsmAnd (OpenStreetMap für Android) können die benötigten freien OSM-Karten auf das Smartphone geladen werden. Es ist sinnvoll, dieses auf eine Speicherkarte mit mindestens 16 Gigabyte zu laden, um den Speicher des Smartphones nicht zu überladen. Wenn die Koordinaten in OsmAnd eingegeben werden, erscheint die Position des Zieles auf der OSM-Karte.

OpenStreetMap (OSM) ist ein freies Projekt, das frei nutzbare Geodaten sammelt, strukturiert und für die Nutzung durch jedermann in einer Datenbank vorhält (Open Data). Diese Daten stehen unter einer freien Lizenz, der Open Database License. Kern des Projekts ist also eine offen zugängliche Datenbank aller beigetragenen Geoinformationen. Die auf der Projekt-Webseite gezeigten, rein aus eigenen Daten erstellten Karten sind Beispiele dafür. Die Daten können weiter kostenfrei in Druckerzeugnissen, auf Websites oder auch für Anwendungen wie Navigationssoftware genutzt werden, ohne durch restriktive Lizenzen beschränkt zu sein. Gemäß Lizenz ist lediglich die Nennung von OpenStreetMap als Datenquelle erforderlich.

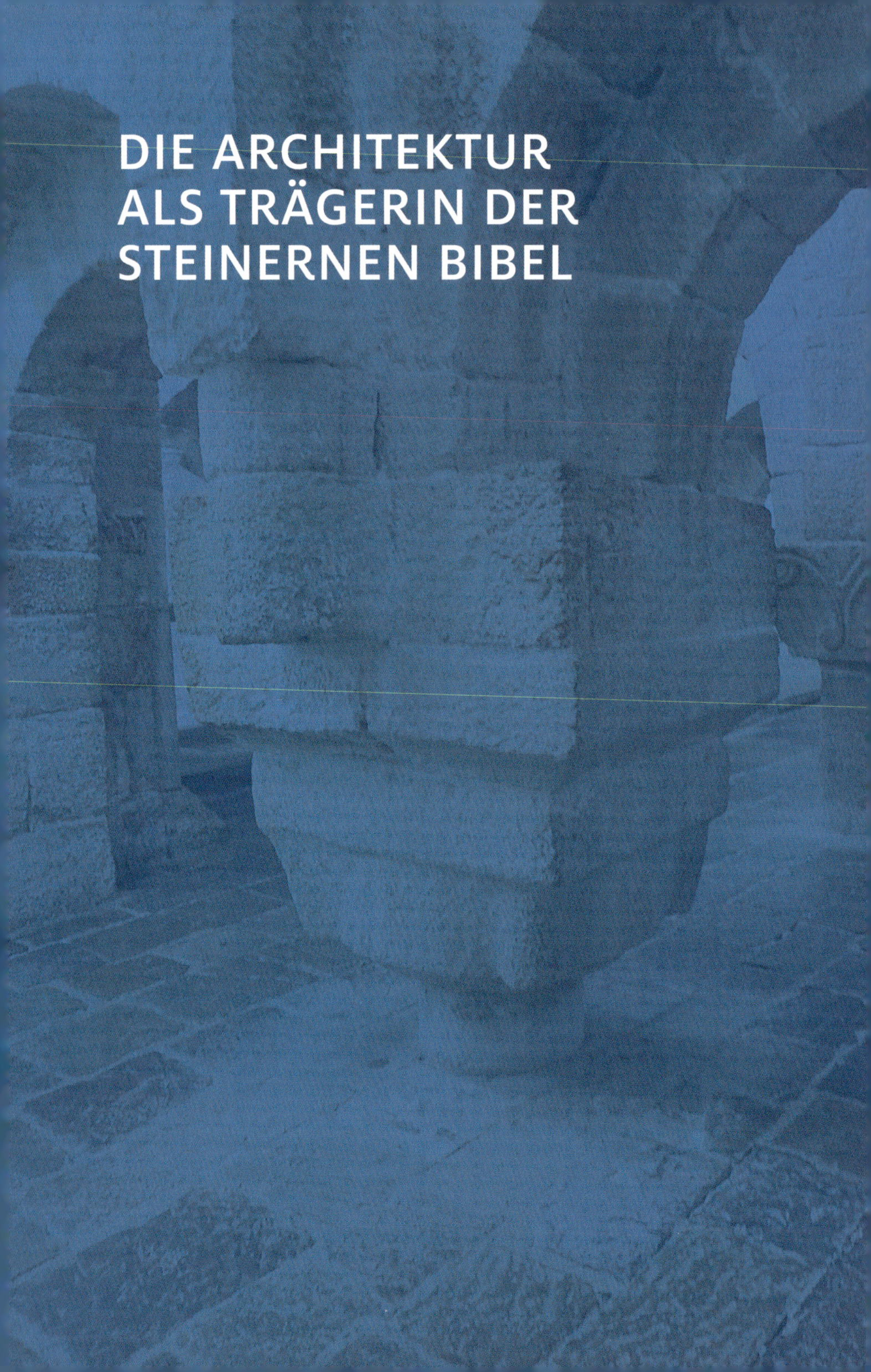
DIE ARCHITEKTUR
ALS TRÄGERIN DER
STEINERNEN BIBEL

Werfen wir zuerst einen Blick auf die Anbringungsorte der Darstellungen der »steinernen Bibel«.

Kirchenportale

Die Kirchenportale bieten an Gewänden, Kapitellen und am Tympanon Orte, an denen figürliche Darstellungen angebracht werden können.

Gewände

Das Gewände oder die Ausschrägung ist die schräg in das Mauerwerk geschnittene seitliche Begrenzung eines Portals, eines Fensters oder einer Schießscharte. Hier werden seit dem 12. Jh. Figuren angebracht. In diesem Buch hat die Jakobskirche in Santiago schöne Beispiele zu bieten.

Kapitelle

Kapitelle bilden den oberen Abschluss einer Säule oder eines Pfeilers. Sie haben in Sakralbauten eine lange Geschichte. Bereits der Karnak-Tempel in Ägypten aus der 12. Dynastie um 1900 v. Chr. besitzt Kapitelle. Bei den griechischen Tempeln bildeten sich das dorische, das ionische und das korinthische Kapitell aus, benannt nach den jeweiligen Volksstämmen, in denen sich diese Formen der Kapitelle herausgebildet hatten. Die Anfänge der »dorischen Ordnung« reichen bis in das 7. Jh. v. Chr. zurück. Dorische Kapitelle besitzen eine wulstförmige Platte, die auf der Säule aufliegt und eine quadratische Deckplatte. Die Anfänge der »ionischen Ordnung« reichen bis in das 6. Jh. v. Chr. zurück. Ionische Kapitelle besitzen links und rechts je eine Spirale, Voluten genannt. Die »korinthische Ordnung« schreibt für das Kapitell unterschiedlich hohe Kränze aus je acht stilisierten Akanthusblättern vor.

Die Romanik begann mit einfachen Würfelkapitellen. In der Krypta der Klosterkirche von San Salvador de Leyre (42.6354/-1.1713) aus dem 9. Jh., dem ältesten Kloster in der nordspanischen Region Navarra, ist die anfängliche Entwicklung der romanischen Kapitelle deutlich zu erkennen. Die meisten ihrer Würfelkapitelle sind glatt, doch einige besitzen schlichte Muster. Sie zeigen sehr deutlich die beginnende Entwicklung der romanischen Kapitelle.

In Anlehnung an die Antike wurden in der Romanik zunächst Kapitelle mit Linien und einfachen Mustern geschaffen, meist mit Blattmustern. Der krönende Abschluss dieser Entwicklung waren die mit Figuren geschmückten Kapitelle, die Figurenkapitelle. Sie zeigen Szenen aus Mythen, Legenden, dem Alltagsleben, aber auch biblische Szenen.

Romanische Kreuzgänge besitzen als Säulenabschluss Kapitelle, oft mit figürlichen Darstellungen. Einige Kreuzgänge besitzen auch Doppelsäulen. Hierbei gibt es Kapitelle

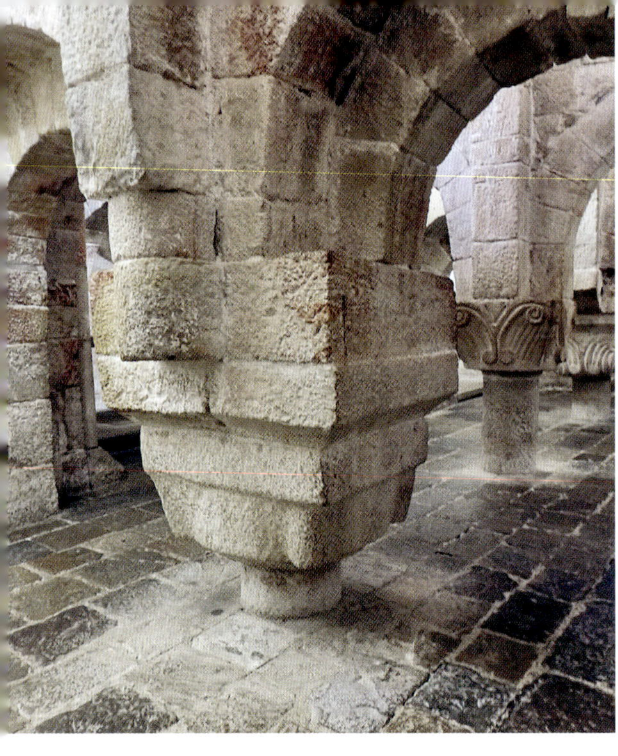

San Salvador de Leyre,
Kloster, Krypta mit romanischen
Kapitellen

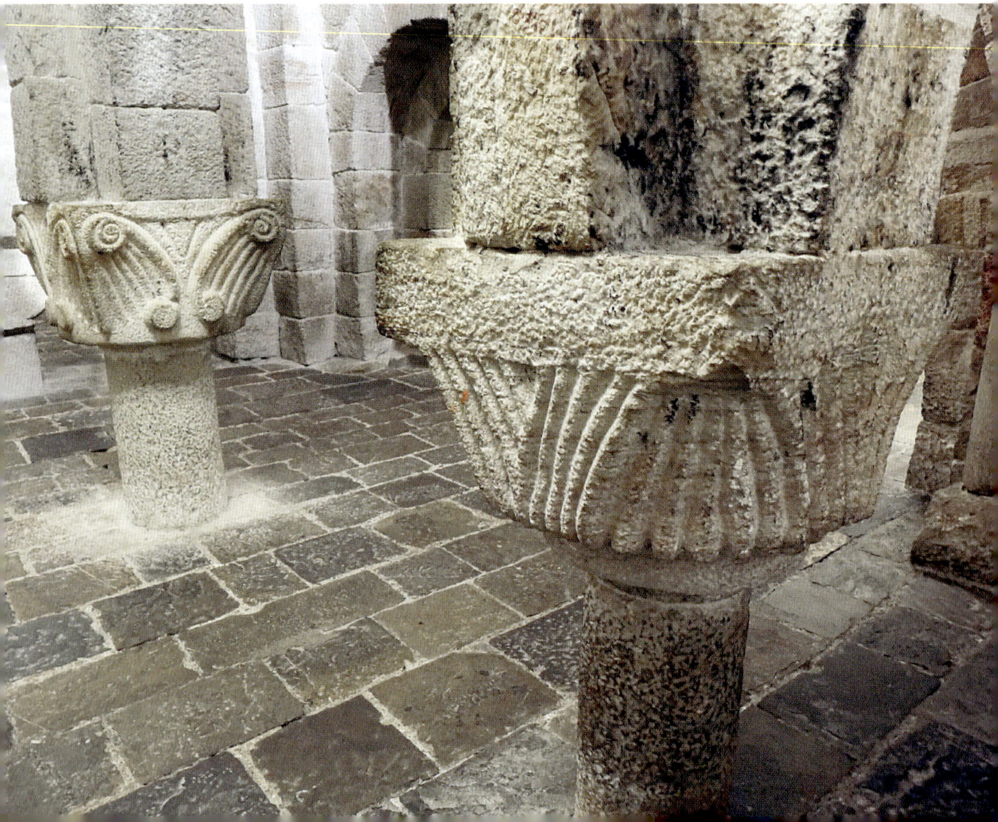

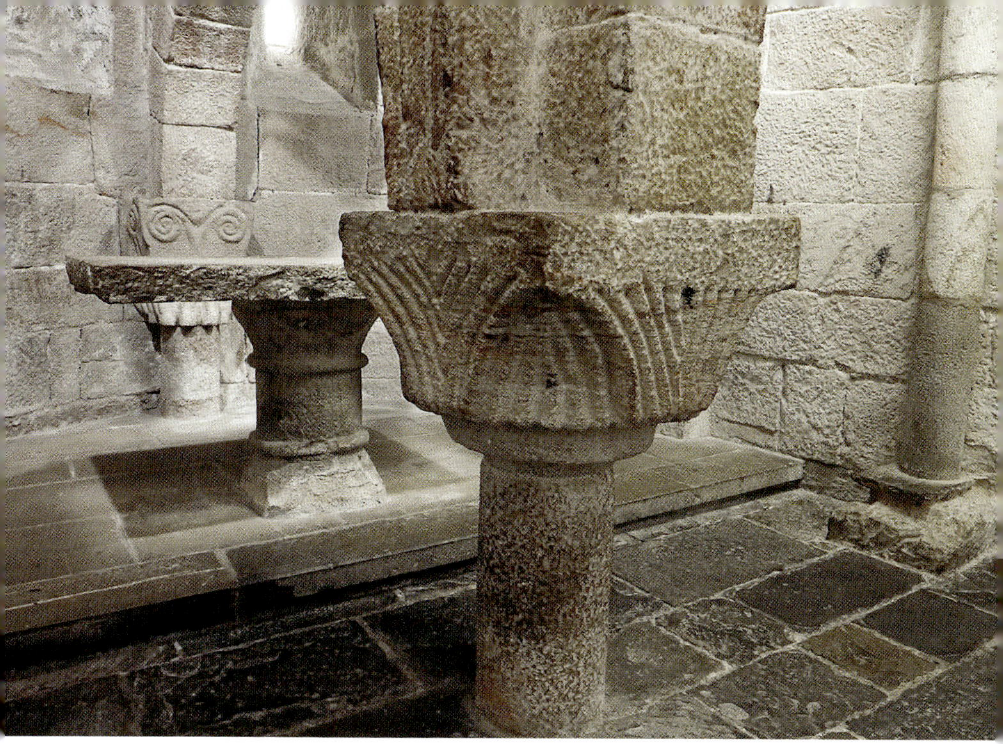

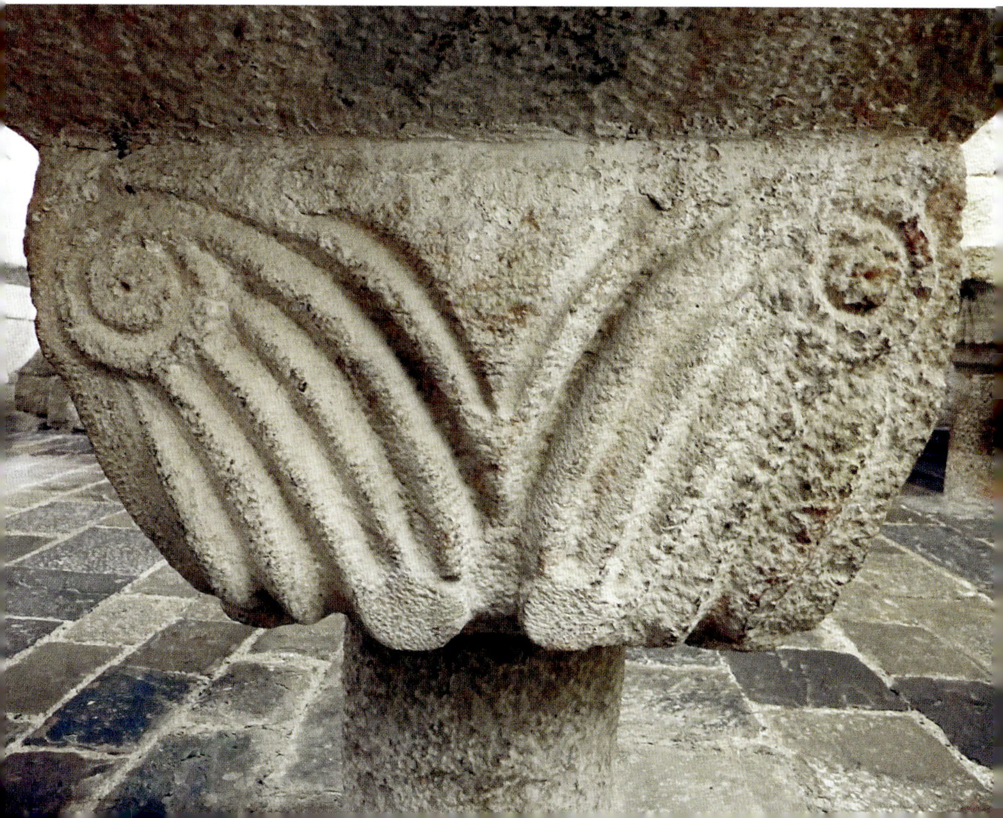

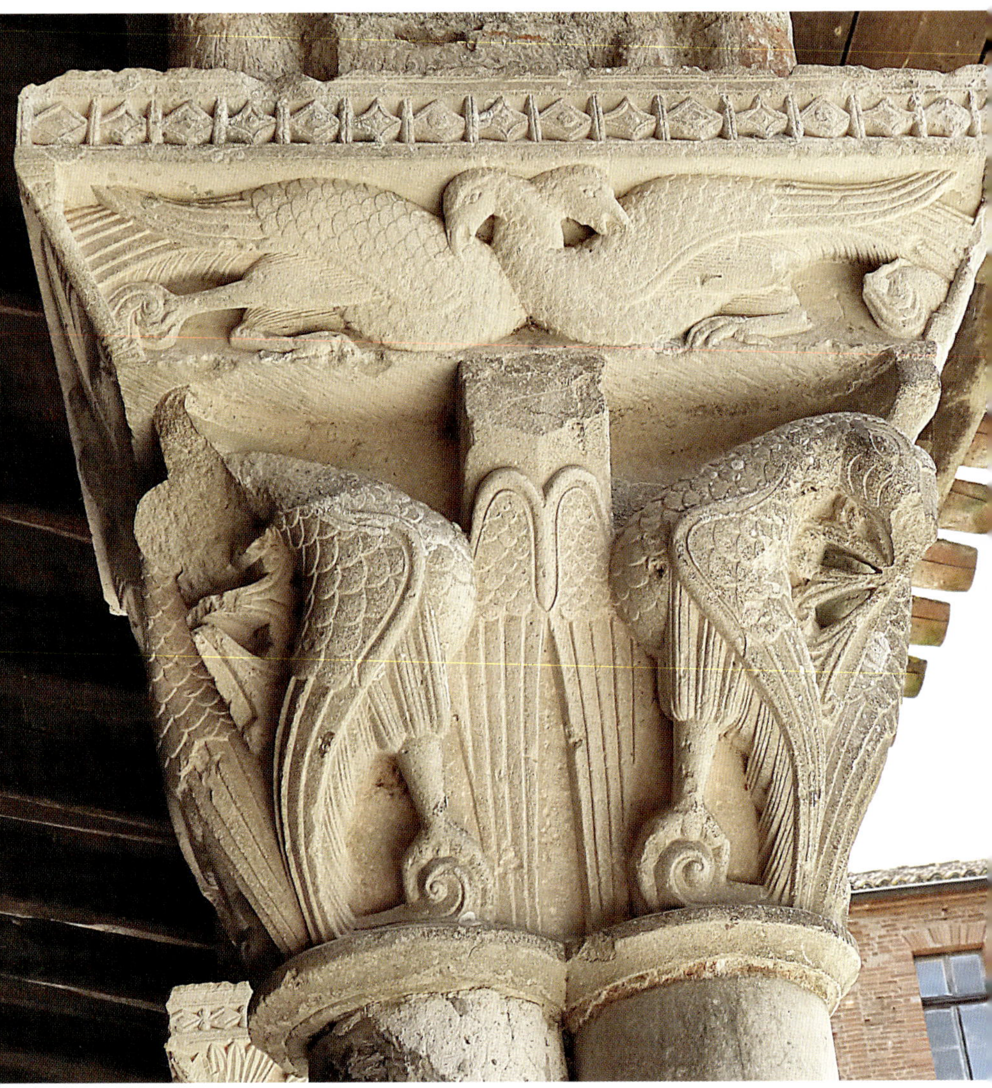

Moissac, Abtei Saint-Pierre, Kreuzgang, Kapitell, auf zwei Säulen ruhend. Zu sehen sind sich abwendende und mit den Hälsen ineinander verschlungene Vögel.

mit doppelter Breite, weil sie auf zwei Säulen ruhen. Solche Kapitelle gibt es u. a. im Kreuzgang der Abbataile Saint Pierre in Moissac (44.10580/1.08460).

In der Romanik wurde auch Granit als Baumaterial benutzt. Granit ist ein harter und wetterbeständiger Stein, anders als Sandstein, das Baumaterial der Gotik, der zwar leicht zu bearbeiten ist, jedoch auch leicht verwittert. Es war für die Steinmetze »Knochenarbeit«, den Granitstein zu bearbeiten. Diese Arbeit verdient eine besondere Würdigung.

Indem man in den Granitstein nicht nur Muster schlug, sondern Pflanzen – insbesondere Blätter – Tiere und Menschen abbildete, hauchte man gleichsam dem Stein Leben ein. Durch die Bemalung, die nur selten erhalten ist, wurde dieser Ausdruck von Lebendigkeit noch verstärkt. Das Portal bzw. die Kapitelle hatten damit nicht nur eine architektonische Aufgabe, sie wurden Werkzeug lebendiger Verkündigung.

Tympanon

Das Tympanon ist in der Architektur eine Schmuckfläche in Giebeldreiecken oder im Bogenfeld von Portalen. An romanischen und gotischen Kirchen enthalten die Tympana figürliche Darstellungen. Beliebt ist an dieser Stelle die Darstellung des Jüngsten Gerichts.

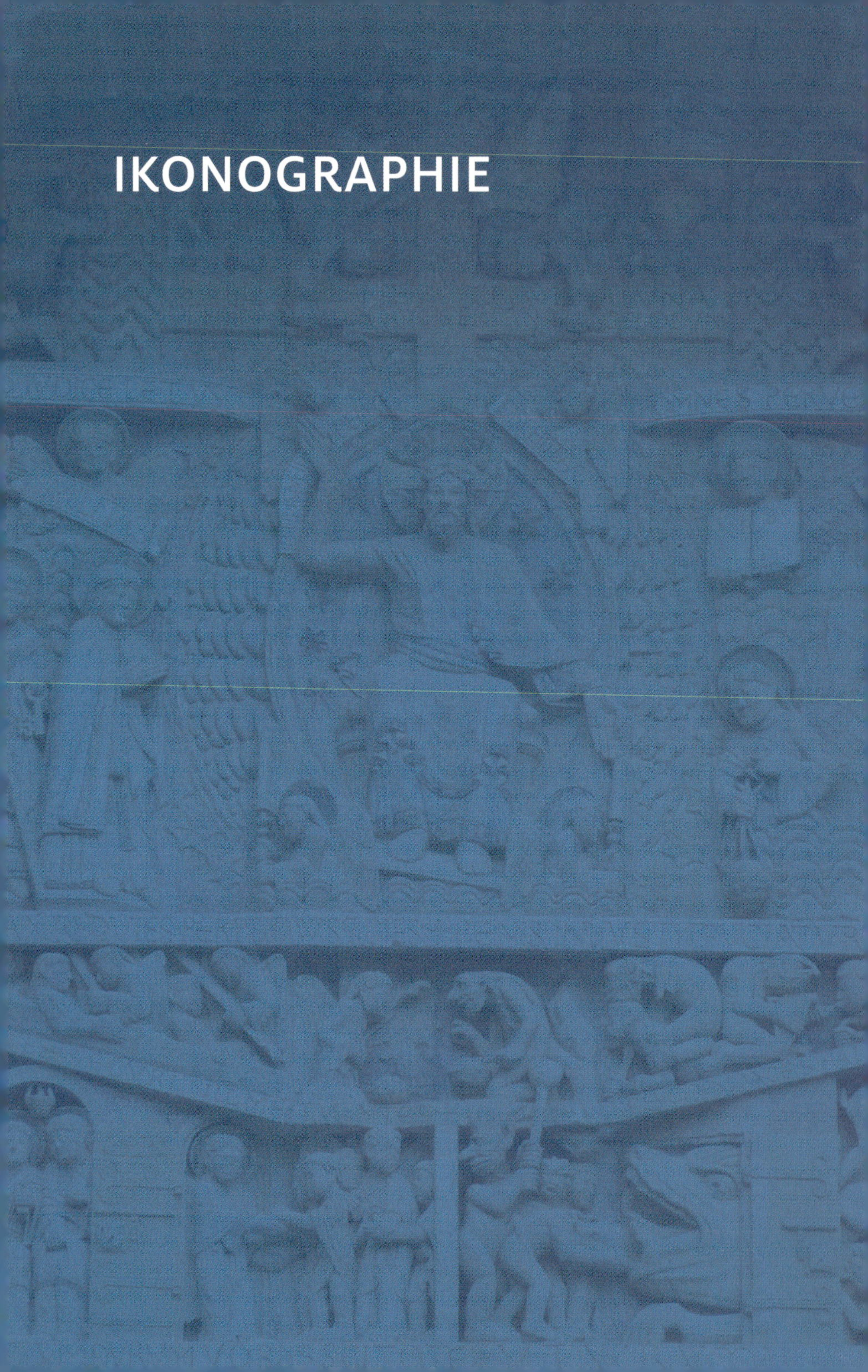
IKONOGRAPHIE

Die Methode, Bilder zu lesen, zu entschlüsseln und zu verstehen, wird oft mit dem Begriff »Ikonographie« bezeichnet. »Ikonographie« leitet sich vom griechischen eikón (Bild) und gráphein (schreiben). Das bedeutet, dass die einzelnen Elemente des Bildes bestimmt und miteinander in Beziehung gebracht werden müssen. Eine Schlüsselposition haben hierbei z. B. die Attribute der dargestellten Personen inne.

Bilder können Symbole sein, als Gleichnis und als Spiegel fungieren oder einfach nur eine Geschichte erzählen. Sie alle dienen jedoch der übergeordneten Aufgabe, die christliche Botschaft zu vermitteln.

Attribute

Bedeutung von Attributen

Das Attribut (lat. attribuere, »zuteilen, zuordnen«; daraus attributum, »das Zugeteilte«) steht in der Kunst für die charakteristische Beigabe einer Figur, die sie erkenntlich macht.

Attribute sind keine Erfindung des Christentums. Bereits die Ägypter stellten mit ihrer über 4.000 Jahre alten Hieroglyphenschrift ihre Götter mit den entsprechenden Attributen dar, an denen sie zu erkennen waren. Attribute kannte auch die Antike. Oft hatte man für verschiedene Anliegen und Aufgaben eine eigene Gottheit. Um die bildlichen Darstellungen eindeutig identifizieren zu können, bedurfte es der Attribute. Anhand der Attribute erkannte man, um welche Gottheit bzw. um welchen Halbgott (z. B. trägt Herkules oft eine Keule) es sich bei einer Darstellung handelt.

Besonders wichtig sind Attribute für Gestalten, die für einen abstrakten Sachverhalt steht, die sogenannten Allegorien. Sie sind ebenfalls anhand ihrer Attribute zu erkennen. Zu einer Allegorie der Gerechtigkeit gehört traditionell die Waage (die »Schuld und Unschuld abwägt«) und die Augenbinde (»die blinde Gerechtigkeit«), zu einer Allegorie des Todes die Sense (als der »Sensenmann«, der die Menschen dahinmäht, insbesondere bei Epidemien) oder der Totenkopf (der »Totenschädel« der Gebeinhäuser).

Attribute von Heiligen

Die christlichen Attribute nehmen meist Bezug auf das Sterben, manchmal auch auf das Leben eines Heiligen. Es würde zu weit führen, für alle Heiligen diese Bezüge aufzuzeigen. Als Beispiel seien Petrus und Paulus genannt: So wird z. B. der Apostel Petrus als vollbärtiger Mann mit Schlüssel dargestellt (weil ihm die Schlüssel des Himmelreichs übergeben wurden), der Apostel Paulus mit einem Schwert (er wurde mit dem Schwert enthauptet).

Allgemeine Attribute für Heilige

Es gibt Attribute, anhand derer man viele Heilige grob einordnen kann:

Attribut	Gruppe der Heiligen
Abtsstab	heilige Äbte und Äbtissinnen
Bischofsstab	heilige Bischöfe
Buch	Heiliger des Neuen Testamentes, zumeist Apostel
Buchrolle	Heiliger des Alten Testamentes
Drache	Der Heilige besiegte das Böse
Kelch	heilige Priester
Kirchenmodell	heilige Stifter von Kirchen und/oder Klöstern
Kranz aus Rosen	heilige Jungfrauen
Krone	heilige Adlige, meist Könige oder Kaiser
Lanze	heilige Soldaten
Lilie	Zeichen der Jungfräulichkeit, bei weibl. und männl. Heiligen
Mitra	heilige Bischöfe
Muschel	heilige Jakobuspilger, ab 15. Jh. allgemein für heilige Pilger
Pilgerstab, -tasche	heilige Pilger
Reichsapfel	heilige Kaiser
Schwert	heilige Märtyrer, durch Enthauptung getötet
Tiara	heilige Päpste
Totenschädel	für ein besonders asketisches Leben
Zepter	heilige Könige und Kaiser

Tab. 1 – Liste einiger christlicher Attribute

Häufig dargestellte Szenen

Jesus Christus wird meist am Kreuz hängend dargestellt. Daneben gibt es jedoch auch Darstellungen von Jesus mit seinen zwölf Aposteln beim letzten Abendmahl, mit einem Engel im Garten Getsemani, hier oft auch zusammen mit drei schlafenden Jüngern (Petrus, Jakobus und Johannes) oder als Auferstandener, meistens auch mit den Wächtern am Grab.

Maria, die Mutter Jesu, wird meist mit dem Jesuskind dargestellt. Daneben gibt es auch Darstellungen von Maria Verkündigung (Maria und ein Engel), Maria Heimsuchung (Maria besucht die schwangere Elisabeth), Maria als Schwangere, Maria als Stillende, als Frau in einer Mondsichel stehend (Offb 12,1) oder als Frau, die auf eine Schlange tritt.

Die Heilige Familie (Jesus, Maria und Josef) wird meist mit Jesus als neugeborenem Kind in der Krippe dargestellt, zuweilen auch mit Ochs und Esel. Daneben gibt es auch Darstellungen der Heiligen Familie auf der Flucht nach Ägypten. Dabei sitzt Maria meist auf einem Esel und hält das Jesuskind in ihrem Arm, während Josef den Esel führt. Auch gibt es Darstellungen, wie Jesus als Kind bzw. Jugendlicher seinem Ziehvater Josef bei seiner Arbeit als Zimmermann hilft.

Der heilige Jakob

Jakobus der Ältere wird als Apostel mit dem Buch in der Hand dargestellt, entlang der Jakobswege meist als ein mit einer Jakobsmuschel geschmückter Pilger, oft mit einem Pilgerstab mit einer Kalebasse. Die Jakobsmuschel nimmt Bezug auf diese an der Westküste häufig vorkommenden Muscheln. Der Pilgerstab wurde nicht nur als Gehhilfe, sondern auch als Waffe gegen Tiere verwendet. Die Kalebasse, ein ausgehöhlter Kürbis, diente als Trinkgefäß.

In Spanien wird er oft auch als Maurentöter dargestellt, meist auf einem weißen Pferd reitend, die Mauren erschlagend. Er wurde als Schutzheiliger bei der Zurückeroberung Spaniens angerufen. Der Maurentöter nimmt Bezug auf die Legende, nach der der hl. Jakobus, beim ca. 10 km südlich von Logroño gelegenen Clavijo, auf einem weißen Pferd reitend, die Christen von den Mauren befreit habe.

Kleine Liste spezieller Attribute von Heiligen

Diese kleine und unvollständige Liste der Attribute von Heiligen nimmt besondere Rücksicht auf die Heiligen, die entlang des Pilgerweges dargestellt sind.

Heilige	Attribute
Apostel Jakobus	als Apostel mit Buch; als Pilger mit Muschel, Pilgerstab, Kalebasse; in Spanien auch als Maurentöter auf einem Pferd mit Mauren darunter
Apostel Petrus	mit Schlüsseln in der Hand
Apostel Paulus	mit stehendem Schwert
Apostel Andreas	mit X-förmigen Kreuz (Andreaskreuz)
Apostel Bartholomäus	Messer, mit abgezogener Haut über dem Arm
Jakobus der Jüngere	Walkerstange
Apostel Johannes	Kelch mit Schlange
Apostel Judas Iskariot	Geldbeutel
Apostel Judas Thaddäus	Hellebarde, Steine, Keule
Apostel Matthäus	Beil, Maßstab, Winkelmaß
Apostel Simeon der Zelot	Säge und Beil

Heilige	Attribute
Apostel Thomas	Lanze, Winkelmaß
Christophorus	Jesuskind auf seinen Schultern durch die Fluten tragend
Erzengel Michael	Waage für die Seelenwägung
Johannes der Täufer	Jesus taufend; mit Fell bekleidet und einem Lamm
Josef (Mann Marias)	weiße Lilie mit Jesuskind auf dem Arm, manchmal mit Werkzeugen
Katharina von Alexandrien	mit (zerbrochenem) Rad
Maria	mit Jesuskind auf dem Arm/Schoß; häufig kommen Engel zu ihr
Rochus	seine Pestbeule am Bein zeigend, mit Hund
Sebastian	an Baum/Säule gefesselt, von Pfeilen durchbohrt

Tab. 2 – Liste der Attribute einiger Heiliger

Namensliste einiger Heiliger

Die Schreibweise und Aussprache von Namen ist länderspezifisch. Oft ähneln sich die Namen, doch es gibt auch erhebliche Abweichungen. Daher ist hier eine kleine Liste einiger Heiligen in deutscher, französischer und spanischer Sprache wiedergegeben.

Deutsch	Französisch	Spanisch
Jesus	Jésus	Jesús
Josef	Joseph	José
Maria	Marie	María
Petrus, Peter	Pierre	Pedro
Paulus, Paul	Paul	Pablo
Jakobus, Jakob	Jacques	Santiago, Jacobo
Andreas (Apostel)	André	Andrés
Johannes (Apostel), Hans	Jean	Juan
Philippus (Apostel), Philipp	Philippe	Felipe
Bartholomäus (Apostel)	Bartholomée	Bartolomé
Thomas (Apostel)	Thomas	Tomás
Matthäus (Apostel)	Matthieu	Mateo
Thaddäus (Apostel)	Thaddée	Tadeo

Deutsch	Französisch	Spanisch
Simon Kananäus (Apostel)	Simon	Simón
Judas Iskariot (Apostel)	Judas Iscariote	Judas Iscariote
Johannes der Täufer	Jean-Baptiste	Juan el Bautista
Stephanus, Stephan	Étienne, Stéphane	Esteban
Maria Magdalena	Marie-Madeleine	María Magdalena
Mose	Moïse	Moisés
David	David	David
Adam	Adam	Adán
Eva	Eva	Eva
Noach / Noah	Noé	Noé
Ägidius	Gilles	Egidio
Christophorus, Christoph	Christophe	Cristóbal
Georg	George	Jorge
Rochus	Roch	Roque
Sebastian	Sebastien	Sebastián

Tab. 3 – Liste der Namen einiger Heiliger in deutscher, französischer und spanischer Sprache

Der Name »Stephanus«, spanisch »Estebanus« bzw. »Esteban«, wurde im 15. Jh. in Frankreich zu »Étienne«. So gibt es heute in Frankreich zahlreiche Kirchen mit dem Namen »Saint Étienne«.

Symbole

Unterschied zwischen Zeichen und Attribut: Die Evangelisten-Symbole

Ein Attribut ist in der Kunst ein Erkennungszeichen, das meist einer Person zugeteilt wird. Mit Hilfe dieses Attributs kann die Person, insbesondere der Heilige, identifiziert werden.

Ein Zeichen kann stellvertretend für eine Person stehen. Dies gilt insbesondere für die vier Evangelisten, die meist nur durch ihr Zeichen dargestellt werden: Matthäus der Engel bzw. der Mensch; Markus der Löwe; Lukas der Stier; Johannes der Adler. Manchmal werden diese Zeichen auch als Attribute den Figuren der Evangelisten beigestellt. Diese vier Zeichen haben einen alttestamentlichen und einen neutestamentlichen Bezug:

> »Ich sah: Ein Sturmwind kam von Norden, eine große Wolke mit flackerndem Feuer, umgeben von einem hellen Schein. Aus dem Feuer strahlte es wie glänzendes Gold. Mitten darin erschien etwas wie vier Lebewesen. Und das war ihre Gestalt: Sie sahen aus wie Menschen. Jedes der Lebewesen hatte vier Gesichter und vier Flügel. [Auch Gesichter und Flügel hatten die vier.] … Und ihre Gesichter sahen so aus: Ein Menschengesicht (blickte bei allen vier nach vorn), ein Löwengesicht bei allen vier nach rechts, ein Stiergesicht bei allen vier nach links und ein Adlergesicht bei allen vier (nach hinten).« (Ez 1,4–10)

> »Und vor dem Thron war etwas wie ein gläsernes Meer, gleich Kristall. Und in der Mitte, rings um den Thron, waren vier Lebewesen voller Augen, vorn und hinten. Das erste Lebewesen glich einem Löwen, das zweite einem Stier, das dritte sah aus wie ein Mensch, das vierte glich einem fliegenden Adler.« (Offb 4,6–8)

Ihre Zuweisung an die vier Evangelisten geht auf Hieronymus zurück, der sie in seinem Matthäus-Kommentar in folgender Weise vornimmt: »Die erste Gestalt, die eines Menschen, deutet hin auf Matthäus, der wie über einen Menschen zu schreiben beginnt: ›Buch der Abstammung Jesu Christi, des Sohnes Davids, des Sohnes Abrahams‹, die zweite (Gestalt deutet hin auf) Markus, bei dem die Stimme eines brüllenden Löwen in der Wüste hörbar wird: ›Stimme eines Rufenden in der Wüste: Bereitet dem Herrn den Weg, macht eben seine Pfade‹; die dritte (Gestalt) eines Kalbs (deutet hin auf jene), die der Evangelist Lukas vom Priester Zacharias zu Beginn verwenden lässt; die vierte (Gestalt deutet hin auf) den Evangelisten Johannes, der, weil er Schwingen eines Adlers erhält und so zu Höherem eilen kann, das Wort Gottes erörtert. Demnach weisen der Mensch auf Matthäus, der Löwe auf Markus, der Stier auf Lukas und der Adler auf Johannes.«[4]

Häufig sind die Symbole der vier Evangelisten an den Kanzeln zu sehen. Es gibt sie jedoch auch am Altar, am Ambo sowie am Kirchenportal. Im Tympanon des Portals der Kirche von La Bessenoits (44.56830/2.30758), im 19. Jh. entstanden, thront Jesus in der Mitte, umgeben von den Symbolen der vier Evangelisten. Im Tympanon der Kirche Saint-Germain in Arudy (43.10570/-0.42790) ist Christus von einem Strahlenkranz und umgeben von den vier Wesen dargestellt. Hier ist der Hinweis auf die Wiederkunft Christi zum Jüngsten Gericht besonders deutlich.

Zeichen und Symbole für Jesus Christus

Seit dem Ende der Antike bis heute ist das Kreuz bzw. Jesus am Kreuz das am weitesten verbreitete Zeichen im Christentum. Daneben gibt noch weitere Zeichen, die für Jesus Christus stehen.

---

4 Aus dem Matthäus-Kommentar, 1, zitiert nach Dresken-Weiland 2016, 233.

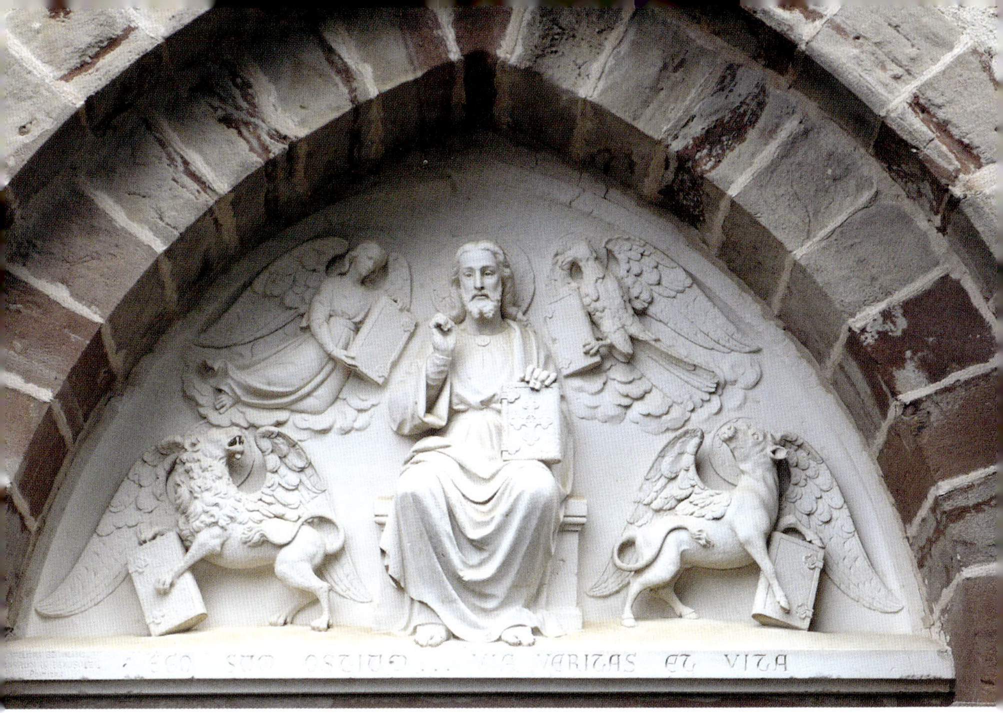

oben: La Bessenoits, Saint-Amans, Christus
zwischen den Evangelistensymbolen

unten: Arudy, Saint-Germain, Christus
zwischen den Evangelistensymbolen

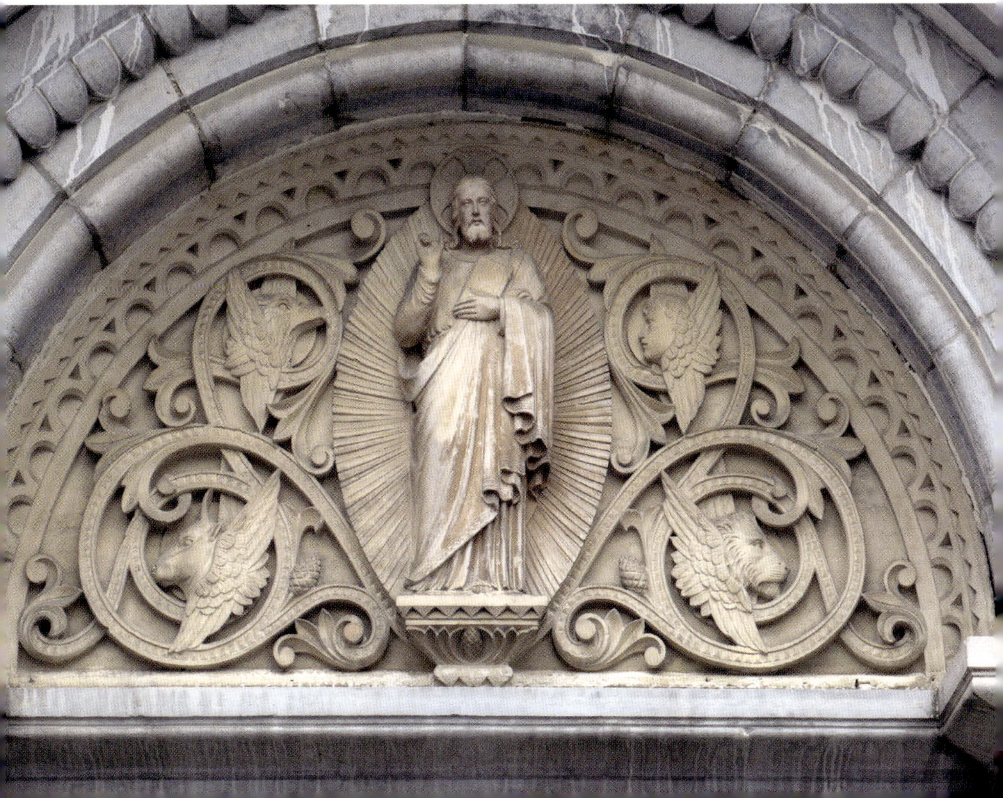

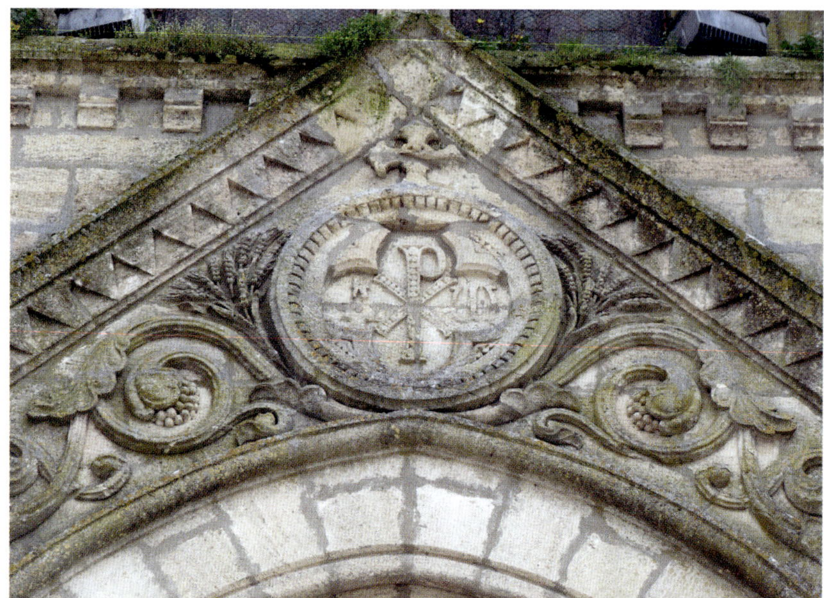

Captieux, Saint-Martin, Christogramm, gerahmt von den Buchstalben Alpha und Omega (44.29232/-0.26137)

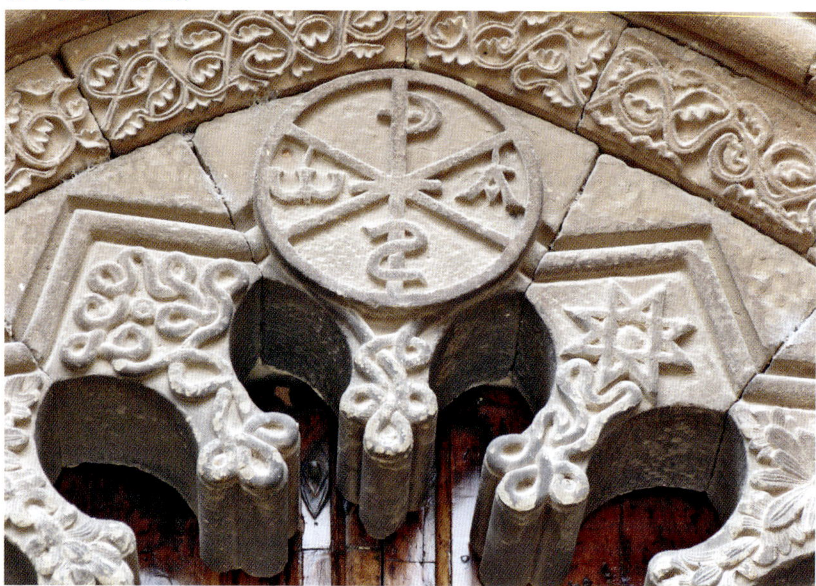

Cirauqui, San Román, Christogramm (42.67570/-1.89160)

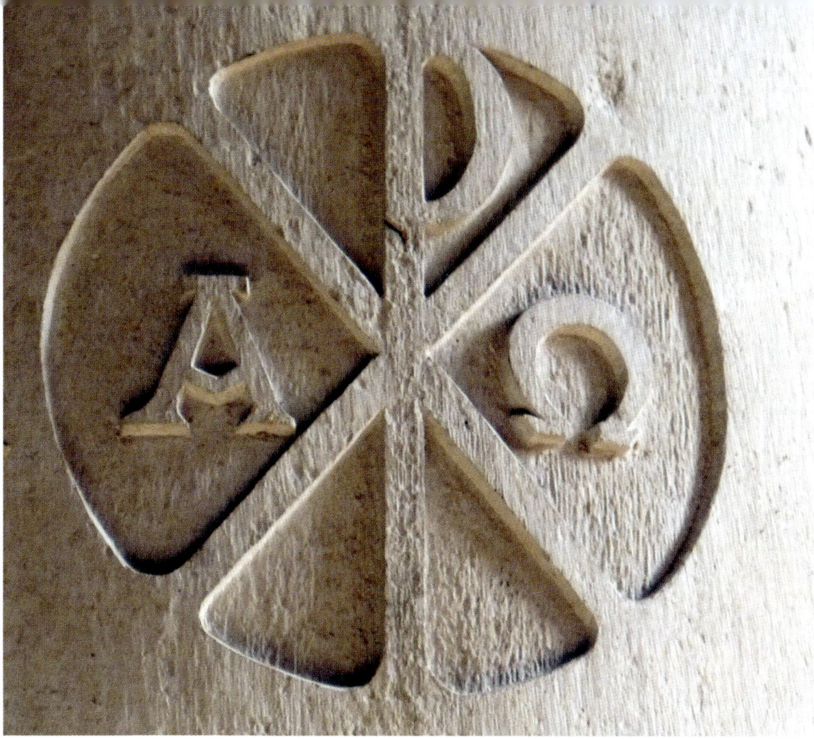

Saint-Côme-d'Olt, Saint-Côme et Saint-Damien, Christogramm (44.51495/2.81521)

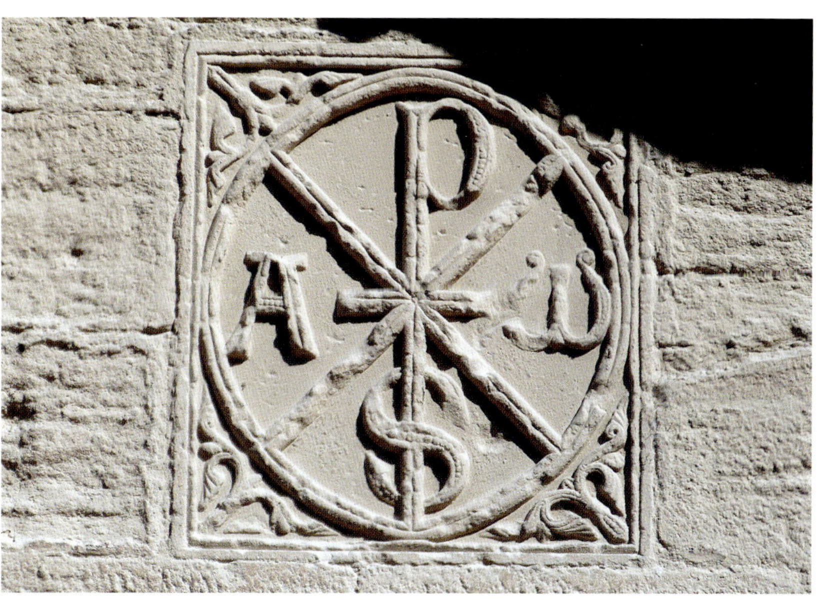

Lleida, Kathedrale La Seu Valle, Christogramm (41.61777/0.62723)

Das Christusmonogramm besteht aus den beiden übereinander geschriebenen griechischen Buchstaben X (Chi) und P (Rho), den beiden ersten Buchstaben des griechischen Wortes Christós. Es wird seit dem 2. Jh. verwendet und ist damit mit dem Fisch eines der ältesten christlichen Embleme (Symbole) – noch vor dem Kreuz. Christen benutzten es in der Zeit der Christenverfolgung, um ihren Glauben an Jesus Christus darzustellen und um sich untereinander zu erkennen. Es ist nach dem Kreuz und dem Fisch das am häufigsten verwendete Symbol für Jesus Christus. Kaiser Konstantin (270-337) ließ es auf die Schilde seiner Soldaten zeichnen.

In Spanien trifft man häufig diese Form des Christusmonogramms an. Es ist mit einem »A« (Alpha) und einem »Ω« (Omega) versehen, dem ersten und letzten Buchstaben des griechischen Alphabets. Anfang und Ende weisen auf Gott hin (Offb 22,13). Unten schlängelt sich eine Schlange um den Kreuzesstamm, wieder ein Hinweis auf Jesus Christus: Wie die Schlange in der Wüste am Kreuz erhöht wurde, so wurde auch Jesus am Kreuz erhöht (Joh 3,14).

Neben dem Christusmonogramm war der Fisch ein frühes Symbol der Christen, weil er ein kurzgefasstes Glaubensbekenntnis enthält. Jesus Christus, Gottes Sohn, Erlöser.

Johannes der Täufer verwies auf Jesus mit den Worten: »Seht, das Lamm Gottes, das die Sünde der Welt hinwegnimmt!« (Joh 1,29). Als Osterlamm, gekennzeichnet mit der Siegesfahne oder dem Kreuz, ist es ein Symbol für die Auferstehung Jesu Christi.

Gleiches ist an der Iglesia de San Pedro el Viejo in Huesca (42.13810/-0.40750) zu sehen. »A« (Alpha) und »Ω« (Omega) sind der erste und der letzte Buchstabe im griechischen Alphabet. In der Offenbarung sagt Jesus Christus zu Johannes: »Ich bin das Alpha und das Omega, der Erste und der Letzte, der Anfang und das Ende.« (Offb 22,13) Damit stehen diese beiden griechischen Buchstaben für Gott.

Dreifaltigkeit Gottes

Besonders schwierig ist es, die Dreifaltigkeit Gottes im Bild zu zeigen. Zur Zeit des Mittelalters gab es verschiedene Versuche, die Dreifaltigkeit Gottes darzustellen.

Eine besonders schönes und anschauliches Bild zeigt die Kirche von Saint-Pallais in Saintes (45.74506/-0.62454). Drei Köpfe gehen ineinander über, sie teilen sich sogar jeweils ein Auge.

In der Kirche in Véragues (43.7162/4.0996) hat man im 19. Jh. einen erklärenden Zugang gesucht: Zu lesen ist, von der Mitte ausgehend: »Gott ist der Vater« »Gott ist der Sohn« und »Gott ist der Heilige Geist«, und von oben die Seiten des Dreiecks entlang: »Der Vater ist nicht der Sohn«, »Der Vater ist nicht der Heilige Geist«, »Der Sohn ist nicht der Heilige Geist«. Dies ist wegen der Stege, auf denen die Inschriften stehen, auch umgekehrt zu lesen: »Der Heilige Geist ist nicht der Sohn«, »Der Sohn ist nicht der Vater«, »Der Heilige Geist ist nicht der Vater«. Die drei Kreise an den Ecken des Dreiecks nennen Vater, Sohn und Heiligen Geist als untrennbare Einheit.

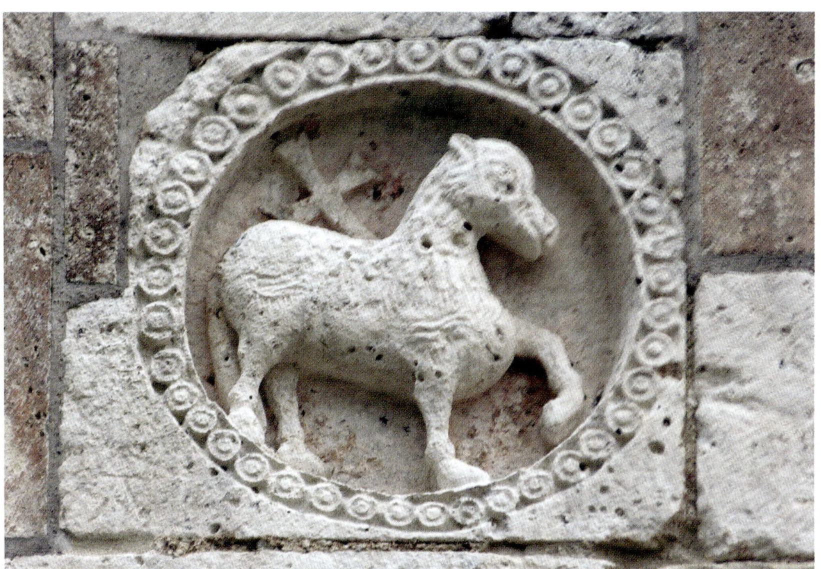

Chancelade, Kapelle Saint-Jean: Jesus, das Lamm Gottes (45.20686/0.66600)

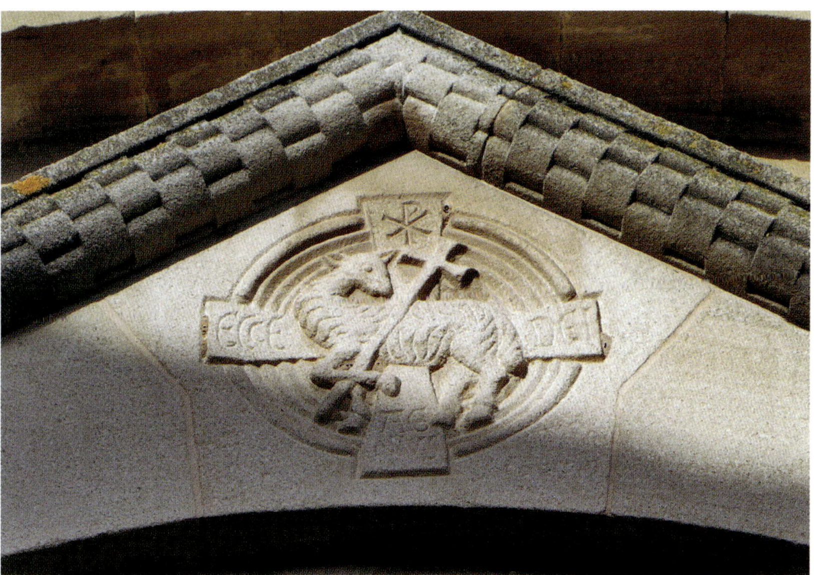

Folgueroles, Santa Maria. Neben dem Gotteslamm stehen die Worte: Ecce Agnus Dei (»Seht das Lamm Gottes«, Joh 1,36) (41.93880/2.31910)

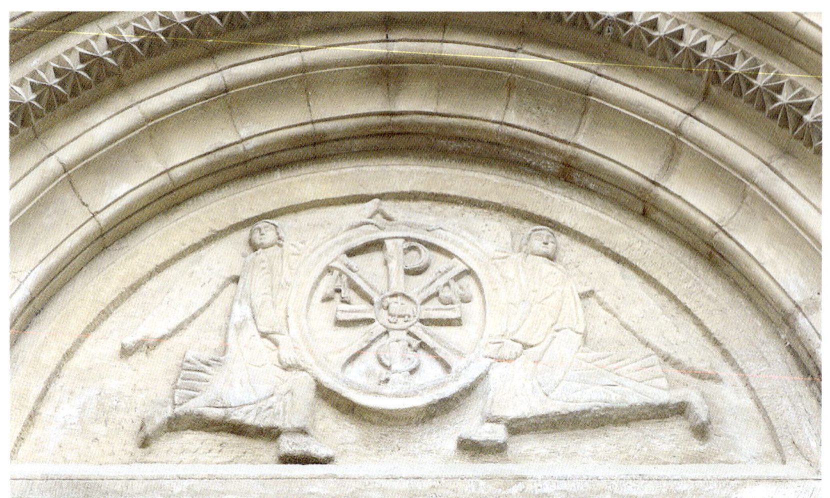

Tamarite de Litera, Kirche Santa María la Mayor, Tympanon. Zwei Engel tragen das Christogramm (41.87040/0.42220)

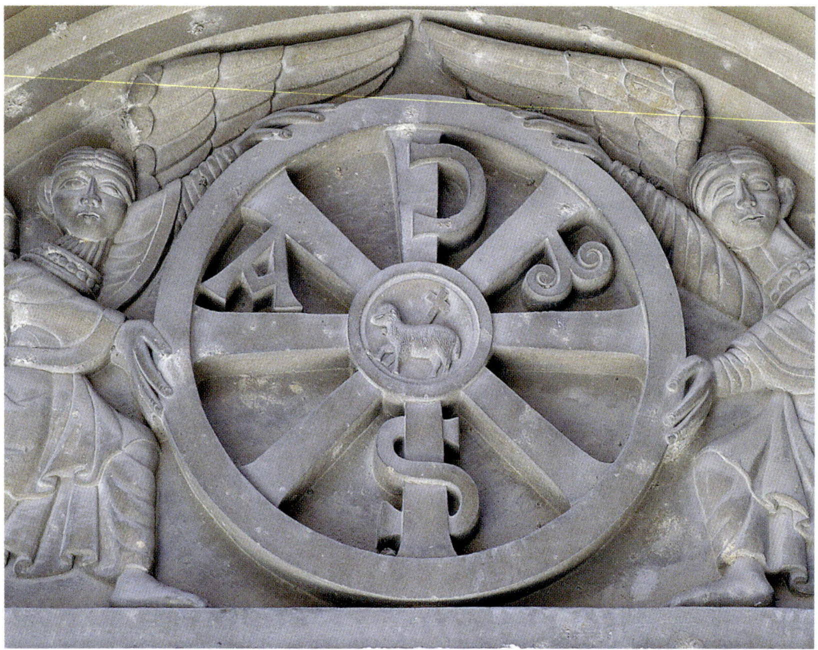

Huesca, San Pedro el Viejo. Zwei Engel halten das Christogramm, in deren Mitte das Lamm Gottes steht.

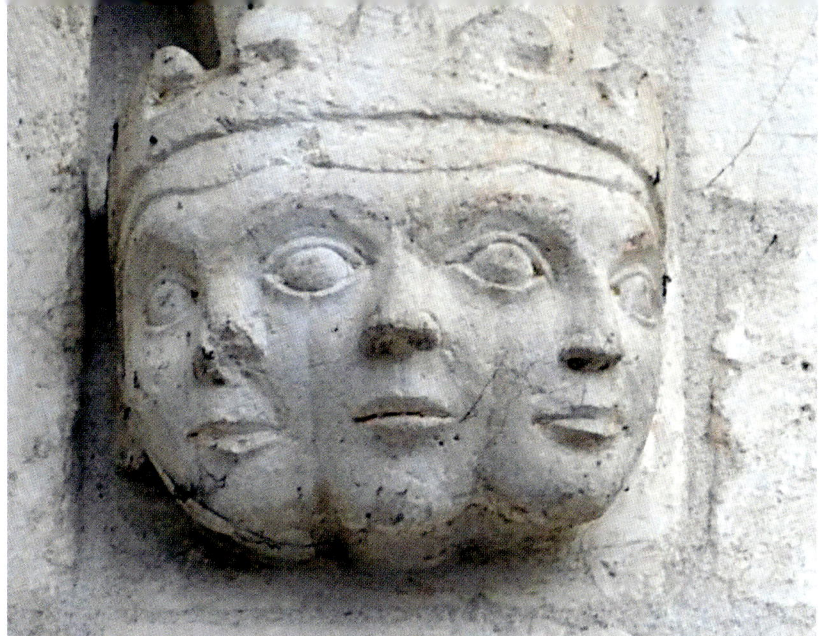

Saint Palais (Pyrénées-Altlantiques), Saint Paul, Kapitell mit Darstellung der Dreifaltigkeit

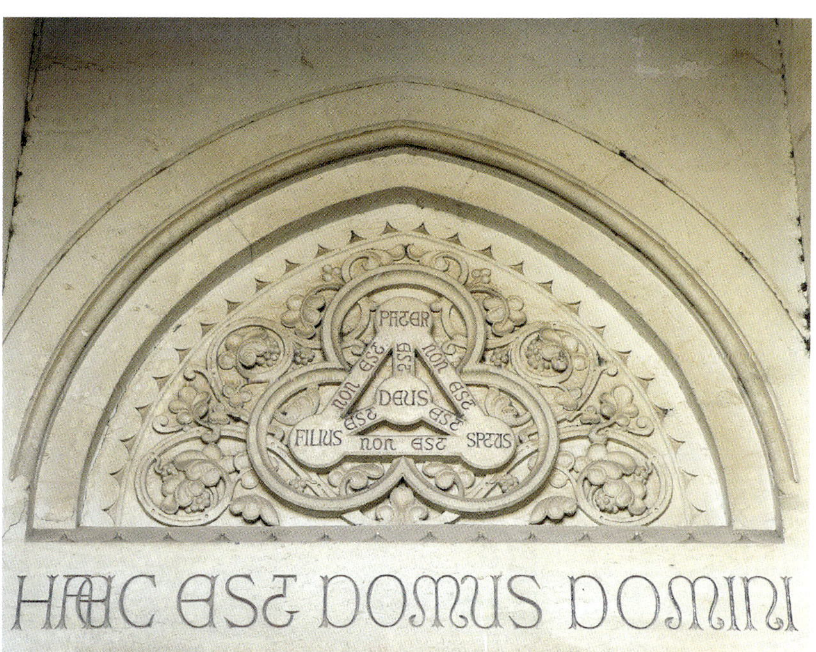

Véragues, Saint-André-et-du Sacré Coeur, in ein Bild umgesetzte Deutung der Dreifaltigkeit

Das Jüngste Gericht

Dieses Bildthema erscheint häufig im Tympanon. Diese gut sichtbare Bildfläche wurde zur Verkündigung genutzt, zum Hinweis auf den Lohn für das gelebte Leben und den praktizierten Glauben. Auch Leid, Schmerz und Strapazen sollte man geduldig ertragen, da der ewige Lohn wartet. Dies wurde in der Gegenüberstellung von Himmel und Hölle den Menschen bildlich vor Augen geführt. Der Evangelist Matthäus beschreibt das Jüngste Gericht und die Verantwortung des Einzelnen für seine Taten (Mt 25,31-46):

Wenn der Menschensohn in seiner Herrlichkeit kommt und alle Engel mit ihm, dann wird er sich auf den Thron seiner Herrlichkeit setzen. Und alle Völker werden vor ihm versammelt werden und er wird sie voneinander scheiden, wie der Hirt die Schafe von den Böcken scheidet. Er wird die Schafe zu seiner Rechten stellen, die Böcke aber zur Linken. Dann wird der König denen zu seiner Rechten sagen: Kommt her, die ihr von meinem Vater gesegnet seid, empfangt das Reich als Erbe, das seit der Erschaffung der Welt für euch bestimmt ist! Denn ich war hungrig und ihr habt mir zu essen gegeben; ich war durstig und ihr habt mir zu trinken gegeben; ich war fremd und ihr habt mich aufgenommen; ich war nackt und ihr habt mir Kleidung gegeben; ich war krank und ihr habt mich besucht; ich war im Gefängnis und ihr seid zu mir gekommen. Dann werden ihm die Gerechten antworten und sagen: Herr, wann haben wir dich hungrig gesehen und dir zu essen gegeben oder durstig und dir zu trinken gegeben? Und wann haben wir dich fremd gesehen und aufgenommen oder nackt und dir Kleidung gegeben? Und wann haben wir dich krank oder im Gefängnis gesehen und sind zu dir gekommen? Darauf wird der König ihnen antworten: Amen, ich sage euch: Was ihr für einen meiner geringsten Brüder getan habt, das habt ihr mir getan. Dann wird er zu denen auf der Linken sagen: Geht weg von mir, ihr Verfluchten, in das ewige Feuer, das für den Teufel und seine Engel bestimmt ist! Denn ich war hungrig und ihr habt mir nichts zu essen gegeben; ich war durstig und ihr habt mir nichts zu trinken gegeben; ich war fremd und ihr habt mich nicht aufgenommen; ich war nackt und ihr habt mir keine Kleidung gegeben; ich war krank und im Gefängnis und ihr habt mich nicht besucht. Dann werden auch sie antworten: Herr, wann haben wir dich hungrig oder durstig oder fremd oder nackt oder krank oder im Gefängnis gesehen und haben dir nicht geholfen? Darauf wird er ihnen antworten: Amen, ich sage euch: Was ihr für einen dieser Geringsten nicht getan habt, das habt ihr auch mir nicht getan. Und diese werden weggehen zur ewigen Strafe, die Gerechten aber zum ewigen Leben.

Auffallend ist bei den Darstellungen im Tympanon, dass – bis auf wenige Ausnahmen – der Himmel immer links und die Hölle immer rechts dargestellt ist. Die mittelalterlichen Steinmetze hielten sich dabei streng an die biblische Vorgabe: Es ist Jesus, der diese Worte spricht. Jesus thront in der Mitte des Tympanons und blickt dem Kirchenbesucher entgegen. Das ist auch so auf dem Mittelportal der Westseite der Kathedrale von Poitiers (46.58057/0.35018):

In der Mitte thront Christus über allem; unter seinen Füßen werden die Menschen von Engeln in den Himmel oder in die Hölle geschickt. Im untersten Register werden die geöffneten Gräber dargestellt. Sie weisen auf Folgendes hin:

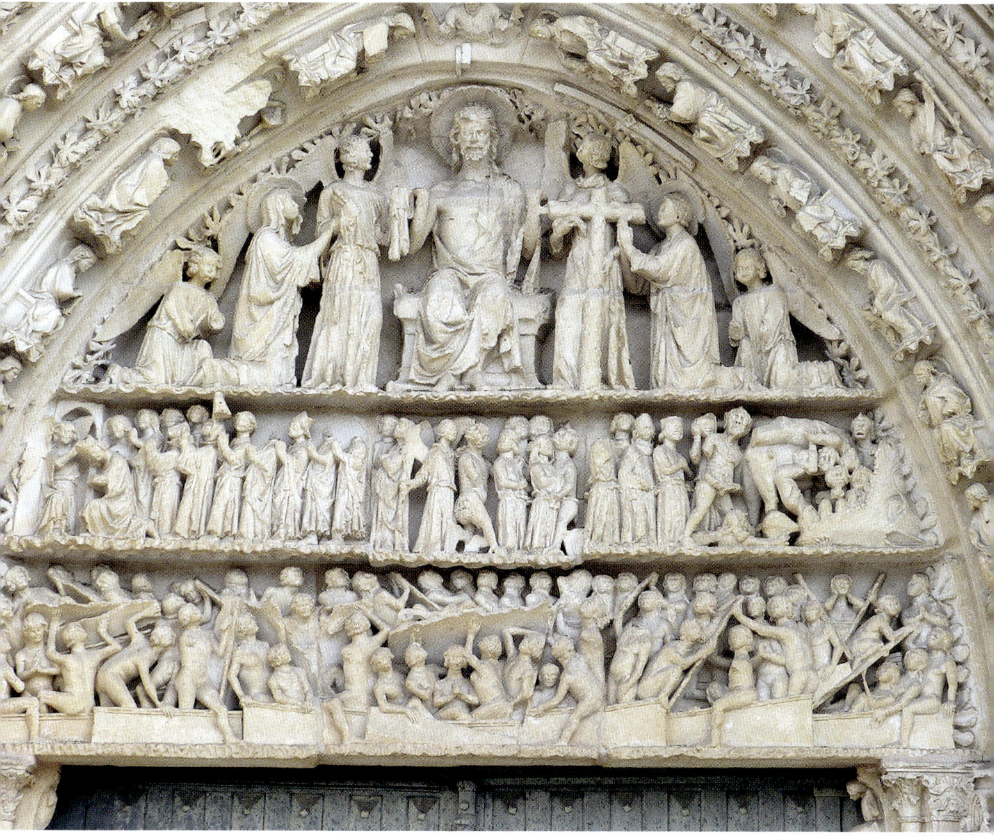

Poitiers, Kathedrale Saint Pierre und St. Paul, Tympanon, von unten nach oben:
Auferstehung der Toten, Weltgericht und Zuweisung der Menschen an den Himmel
oder an die Hölle, der thronende Christus zwischen Engeln, links die Jungfrau Maria.

- Die Auferweckung von den Toten erfolgt durch Jesus Christus. Durch seinen
  Kreuzestod und seine Auferstehung wird sie erst ermöglicht.
- Beim Jüngsten Gericht wird entschieden, ob die Auferstehung zum Heil oder Un-
  heil jedes Menschen erfolgt.

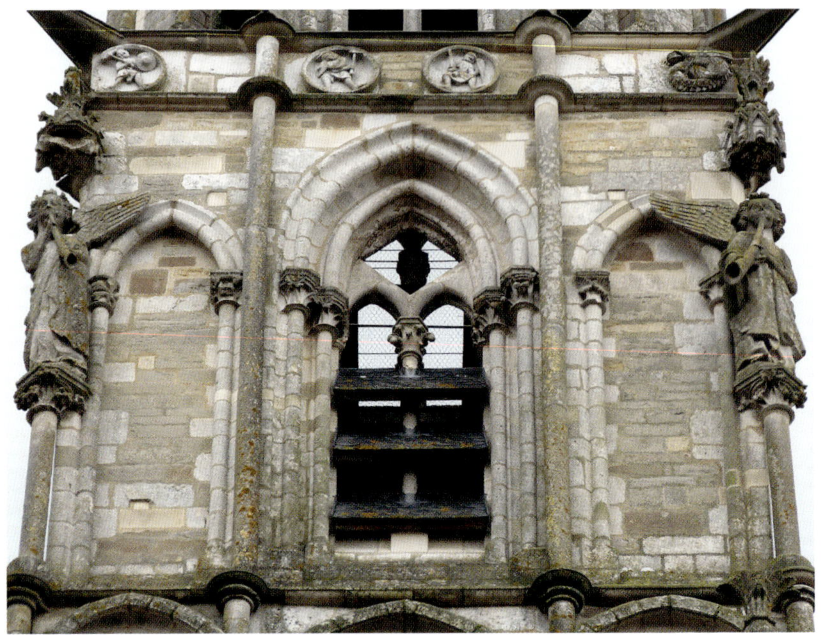

Saint-Père, Notre Dame, Turm, Engel blasen zum Jüngsten Gericht

Wie stelle ich mir die Auferstehung vor?

Am Turm der Kirche Notre-Dame in Saint-Père (47.45829/3.76513) blasen vier Engel mit
Posaunen in die vier Himmelsrichtungen zum Jüngsten Gericht, wie es von Mt 24,29-31
vor dem Kommen des Menschensohnes berichtet wird:

> Sofort nach den Tagen der großen Drangsal wird die Sonne verfinstert werden
> und der Mond wird nicht mehr scheinen; die Sterne werden vom Himmel fallen
> und die Kräfte des Himmels werden erschüttert werden. Danach wird das Zei-
> chen des Menschensohnes am Himmel erscheinen; dann werden alle Völker der
> Erde wehklagen und man wird den Menschensohn auf den Wolken des Himmels
> kommen sehen, mit großer Kraft und Herrlichkeit. Er wird seine Engel unter
> lautem Posaunenschall aussenden und sie werden die von ihm Auserwählten
> aus allen vier Windrichtungen zusammenführen, von einem Ende des Himmels
> bis zum andern.

Die posaunenblasenden Engel bilden den Auftakt des Jüngsten Gerichts. Die folgenden
Bilder zeigen, wie es weitergeht.

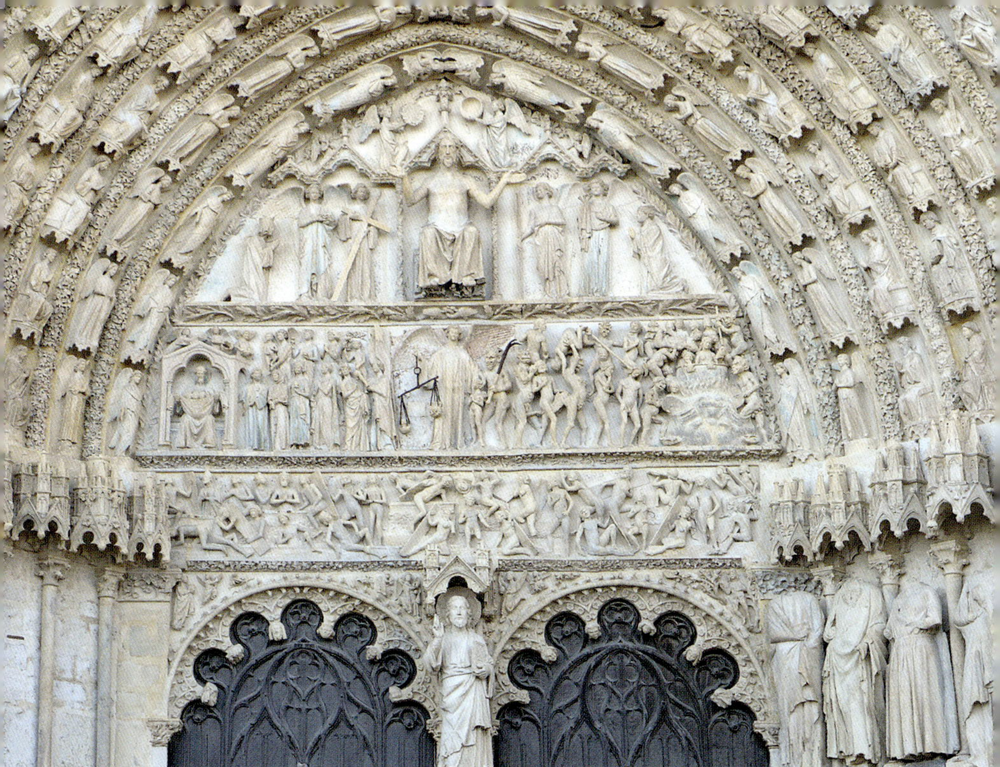

Bourges, Kathedrale Saint-Étienne, Mittelportal der Westseite, Tympanon mit Darstellung des Jüngsten Gerichts (47.08237/2.39817)

Ein besonders schönes Beispiel befindet sich über dem Mittelportal an der Westseite der Kathedrale von Bourges = (47.0824/2.3982). Im obersten Register thront Christus in der Mitte. Er wird von Engeln eingerahmt, die die Leidenswerkzeuge halten (von links nach rechts: Dornenkrone, Kreuz, Lanze, Nägel). Links und rechts knien neben den Engeln Maria und Apostel, die für die Seelen im Gericht bitten.

Unter dem thronenden Christus steht der Erzengel Michael, der eine Balkenwaage hält, mit der er die Seelenwägung vornimmt. Neben ihm schaut ein Teufel begierig auf die Seele, deren Gewicht zu leicht zu sein scheint. Während auf der linken Seite (von Christus aus gesehen) die Qualen der Hölle für die zu leicht befundenen einsetzen und der Kessel mit dem nie erlöschenden Feuer beschickt wird, ist auf der anderen Seite eine bunte Schar von Herrschern, Klerikern und »normalen« Menschen im Paradies angelangt. Sie wenden sich Abraham zu, der in seinem Schoß die Seelen der Gerechten hält. Im unteren Register ist zu sehen, wie die vom Todesschlaf Erweckten aus ihren Gräbern steigen.

Das Jüngste Gericht drückt die tiefe Sehnsucht nach Gerechtigkeit aus, die Papst Benedikt XVI. bei seiner Predigt auf dem Islinger Feld in Regensburg am 12. September 2006 so thematisiert, dass es uns allen aus der Seele spricht:

»Aber wollen wir nicht alle, daß einmal all den ungerecht Verurteilten, all denen, die ein Leben lang gelitten haben und aus einem Leben voller Leid in den Tod gehen mussten, daß ihnen allen Gerechtigkeit widerfährt? Wollen wir nicht alle, daß am Ende das Übermaß an Unrecht und Leid, das wir in der Geschichte sehen, sich auflöst; daß alle am Ende froh werden können, daß das Ganze Sinn erhält?«[5]

Einzelne Bildelemente, die auf Portalen dargestellt werden

Im Eingangsbereich der Cathédrale Saint-Jean-Baptiste in Bazas (44.43118/-0.20985) befindet sich diese Muschel, die leicht übersehen wird. Es kommt daher darauf an, dass man genau hinsieht. Die Jakobsmuschel ist das Attribut des heiligen Jakobus. Er trägt sie an seinem Hut, auf dem Mantel oder auf seiner Tasche. Deswegen ist die Jakobsmuschel das Erkennungszeichen der Pilger. Sie hat auch eine praktische Funktion, da sie zum Wasserschöpfen benutzt wird. Sie dient auch zum Schneiden z. B. von Brot.

An der Kirche San Pedro de la Rúa in Estella (42.66875/-2.02949) ist, wie bei vielen anderen romanischen Kirchen, über dem Kirchenportal die Darstellung einer segnenden Hand angebracht. Meist ist sie klein und unscheinbar, manchmal ist sie versteckt. Wer die Kirche besucht, soll ein von Gott Gesegneter sein und selbst zum Segen für andere werden (Gen 12,2).

Die steinerne Bibel

Kleine Bibelkunde

An Portalen und Kapitellen werden häufig biblische Szenen dargestellt. Hierbei gilt es, die dargestellte Szene richtig zu lesen und sie der richtigen Bibelstelle zuzuordnen. Dies erfordert sowohl ein genaues Hinsehen als auch Bibelkenntnisse.

Ein nacktes Paar unter einem Baum oder auch mit einem Apfel ist ein häufiges Motiv. Es zeigt Adam und Eva im Paradies beim Sündenfall (Gen 3).

Jeder Christ sollte die Szene kennen, bei der 13 Männer zum Mahl zusammensitzen und ein junger Mann seinen Kopf an dessen Brust legt, der in der Mitte sitzt. Es ist das letzte Abendmahl Jesu mit seinen Jüngern, bei dem sich Johannes an die Brust Jesu legt, um ihn zu fragen, wer ihn verraten würde (Joh 13,25). In einigen Darstellungen reicht

---

5 http://www.vatican.va/content/benedict-xvi/de/homilies/2006/documents/hf_ben-xvi_hom_20060912_regensburg.html

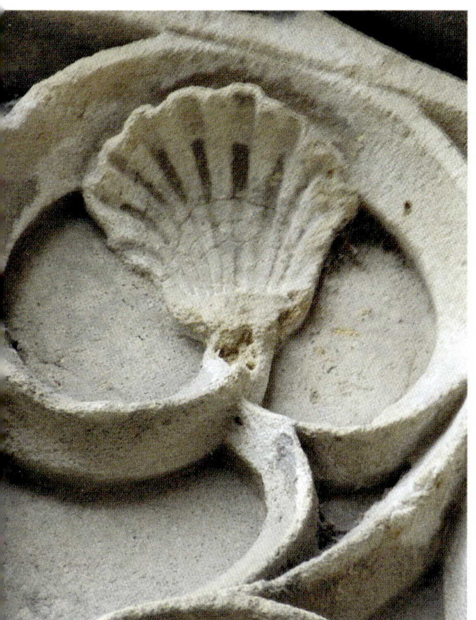

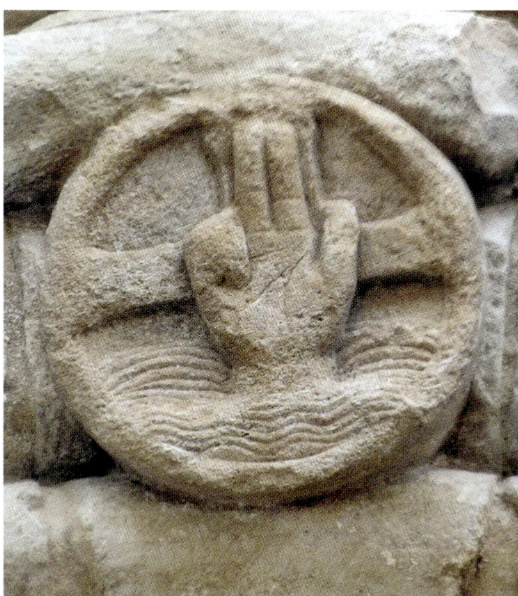

Bazas, Eingangsbereich der Cathédrale Saint-Jean-Baptiste, Darstellung einer Muschel

Estella, San Pedro de la Rúa, segnende Hand über dem Kirchenportal

Jesus einem Apostel auf der anderen Seite ein Stück Brot. Damit kennzeichnet Jesus Judas Iskariot als Verräter (Joh 13,26).

Schwieriger wird es, wenn ein Mann auf einem Esel sitzend und vor ihnen ein Engel dargestellt ist. Hier bedarf es guter Bibelkenntnisse. Es ist die Szene, bei der ein Engel dem Esel den Weg versperrte und Bileam auf dessen Rücken nicht weiterkam (Num 22,22). So sind die Darstellungen an den gotischen und vor allem romanischen Kirchen mitunter voller biblischer Szenen, sodass man zu Recht von in Stein gehauenen Bibeln sprechen kann, kurz »Steinerne Bibeln« genannt.

Bourges, ein Beispiel der »steinernen Bibel«

Mit dem Bau der gotischen, dem heiligen Stephan geweihten Kathedrale (47.08208/ 2.39903) wurde in Bourges im Jahr 1195 begonnen. Die fünfschiffige Kathedrale besitzt im Westportal einen Fries, der regelrecht als in Stein gehauene Bibel zu bezeichnen ist. An den Jakobus-Pilgerwegen ist dies einzigartig. Auf der ganzen Breite der Westfassade sind Szenen der Schöpfung und der Sintflut dargestellt.

Es werden noch weitere Geschichten aus dem Alten Testament dargestellt, nämlich die Opferung des Isaak (Gen 22,1-18). Sie erscheint auf einem Kapitell.

Die Geschichte von der Opferung Isaaks, besser: von der Bindung Isaaks, weil Isaak gebunden und nicht geopfert wird, wird hier in Auszügen wiedergegeben:

> Nach diesen Ereignissen stellte Gott Abraham auf die Probe. Er sprach zu ihm: Abraham! Er sagte: Hier bin ich. Er sprach: Nimm deinen Sohn, deinen einzigen, den du liebst, Isaak, geh in das Land Morija und bring ihn dort auf einem der Berge, den ich dir nenne, als Brandopfer dar! Frühmorgens stand Abraham auf, sattelte seinen Esel, nahm zwei seiner Jungknechte mit sich und seinen Sohn Isaak, spaltete Holz zum Brandopfer und machte sich auf den Weg zu dem Ort, den ihm Gott genannt hatte. (Gen 22, 1-3)..... Als sie an den Ort kamen, den ihm Gott genannt hatte, baute Abraham dort den Altar, schichtete das Holz auf, band seinen Sohn Isaak und legte ihn auf den Altar, oben auf das Holz. Abraham streckte seine Hand aus und nahm das Messer, um seinen Sohn zu schlachten. Da rief ihm der Engel des HERRN vom Himmel her zu und sagte: Abraham, Abraham! Er antwortete: Hier bin ich. Er sprach: Streck deine Hand nicht gegen den Knaben aus und tu ihm nichts zuleide! Denn jetzt weiß ich, dass du Gott fürchtest; du hast mir deinen Sohn, deinen einzigen, nicht vorenthalten. Abraham erhob seine Augen, sah hin und siehe, ein Widder hatte sich hinter ihm mit seinen Hörnern im Gestrüpp verfangen. Abraham ging hin, nahm den Widder und brachte ihn statt seines Sohnes als Brandopfer dar. (Gen 22,9-13)

Ein Engel verhindert die Tötung Isaaks, stattdessen soll Abraham den Widder opfern, der sich mit seinen Hörnern im Gestrüpp verfangen hat. Der Steinmetz setzt diese Wandlung geschickt in Stein um: Die zentrale Figur ist Isaak, der geopfert werden soll. Er steht an der Ecke des Kapitels. Auf der einen Seite steht das scheinbar geforderte Opfer, das Abraham ausführen will. Doch hier tritt der Engel als Bote Gottes hinzu. Er verhindert die Tötung, indem er mit seiner Linken das Schwert an der Klinge ergreift. Mit der Rechten verweist er auf das bereitstehende Opfertier.

Zu dieser nicht einfach zu deutenden Geschichte stehen verschiedene Hypothesen im Raum. Vielleicht ist hier ein Hinweis auf die Rätselhaftigkeit Gottes angebracht.

Ein anderes Kapitell bildet Bileam auf der Eselin ab (Num 22).

König Balak beauftragt den Seher Bileam, das Volk Israel zu verfluchen, d. h., Gott soll Schaden (Tod und Gefangenschaft) über Israel bringen. Mit diesem Auftrag reitet Bileam los, um ihn zu erfüllen:

> Aber Gott wurde zornig, weil Bileam mitging, und der Engel des HERRN trat Bileam als Widersacher in den Weg, als Bileam auf seiner Eselin dahinritt, begleitet von zwei jungen Männern. Die Eselin sah den Engel des HERRN auf

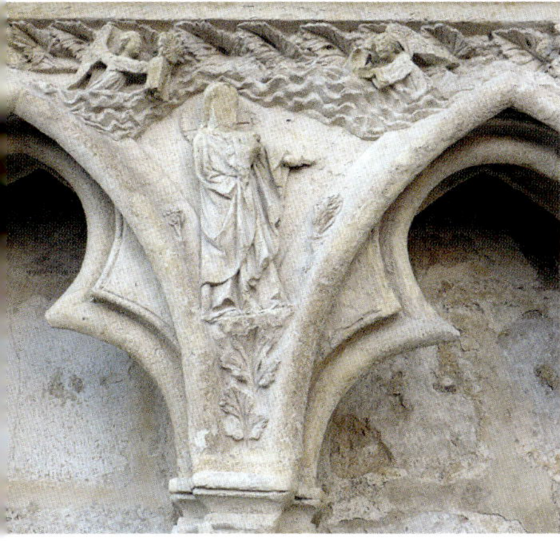

Gott trennt das Wasser vom Land (Gen 1,6-7).

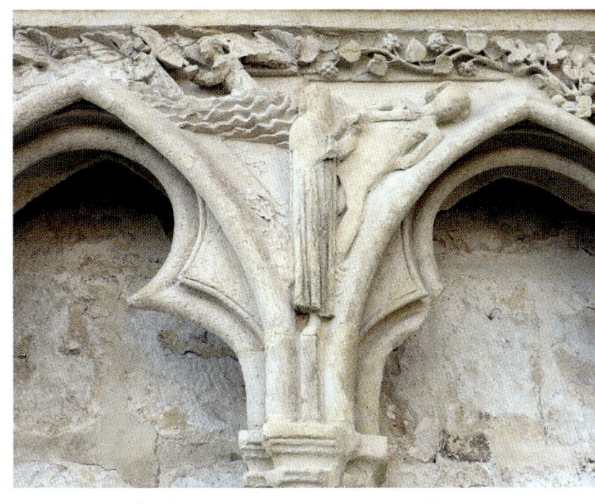

Gott erschafft den Menschen aus Staub (Gen 2,7).

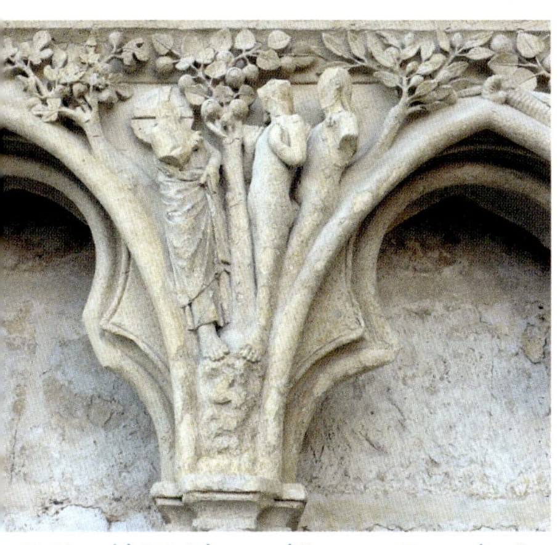

Gott verbietet Adam und Eva, vom Baum der Erkenntnis zu essen (Gen 3,3).

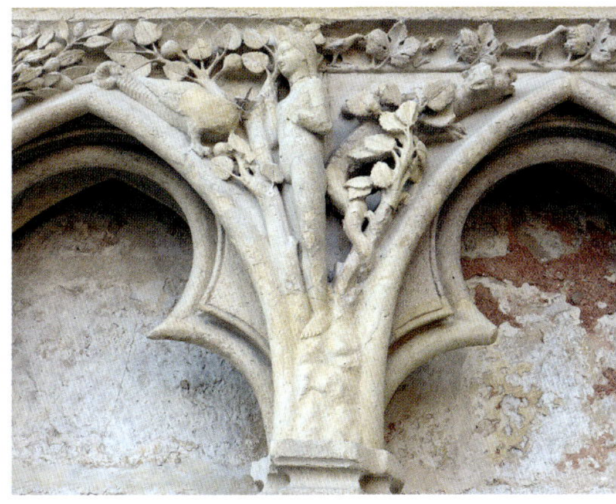

Eva wird von der Schlange verführt und nimmt vom verbotenen Baum (Gen 3,4-5).

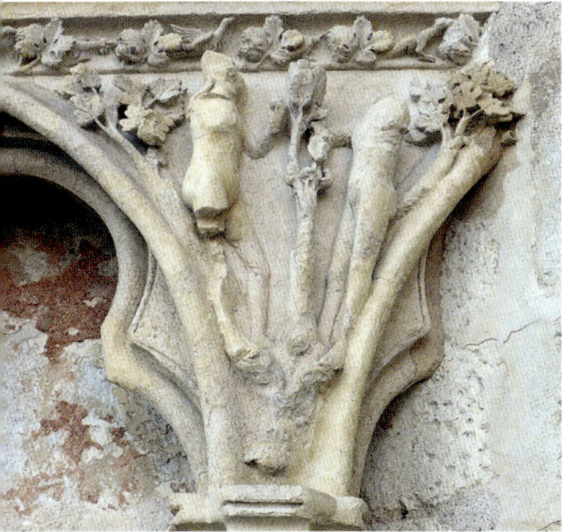

Eva gibt Adam von der verbotenen Frucht (Gen 3,6).

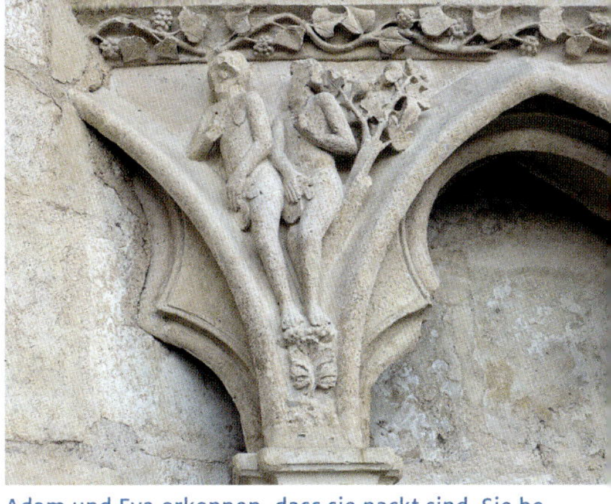

Adam und Eva erkennen, dass sie nackt sind. Sie bedecken ihre Blöße mit Feigenblättern (Gen 3,7).

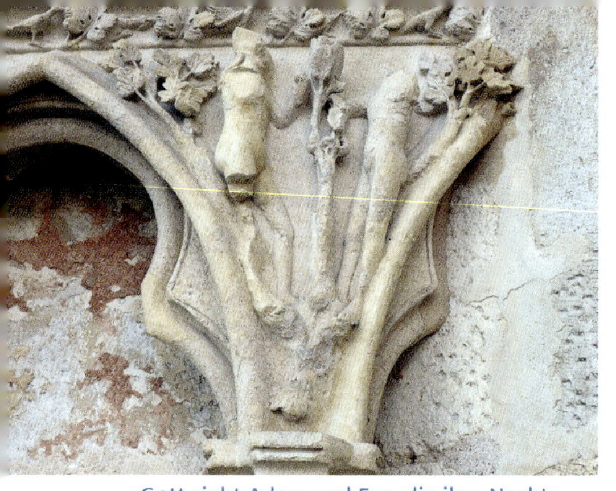

Gott sieht Adam und Eva, die ihre Nackt-
heit erkannt haben (Gen 3,9-11).

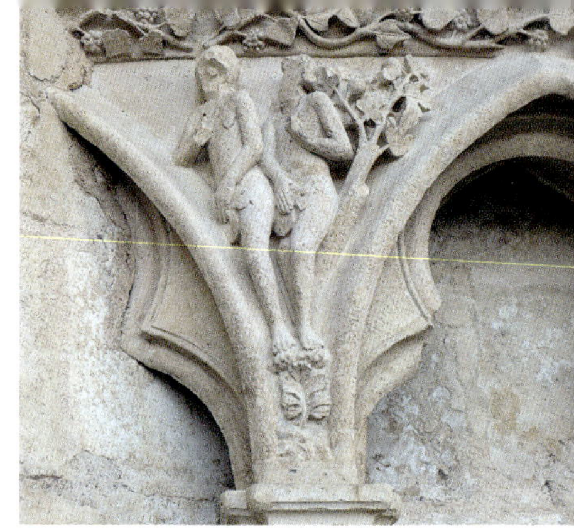

Adam und Eva werden aus dem Paradies
vertrieben (Gen 3,24).

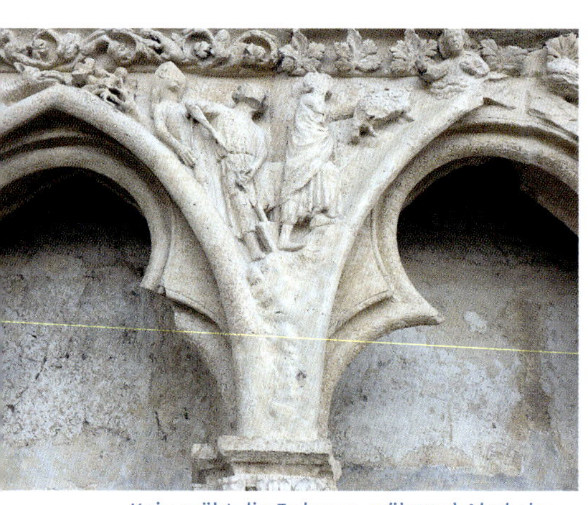

Kain gräbt die Erde um, während Abel als
Schafhirte tätig ist (Gen 4,2).

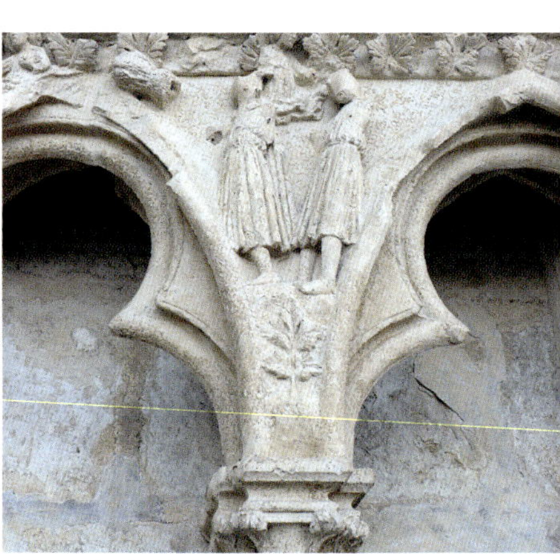

Kain und Abel bringen ihre Opfer dar. Gott
nimmt das Opfer von Abel an und lehnt das
Opfer von Kain ab (Gen 4,3-6).

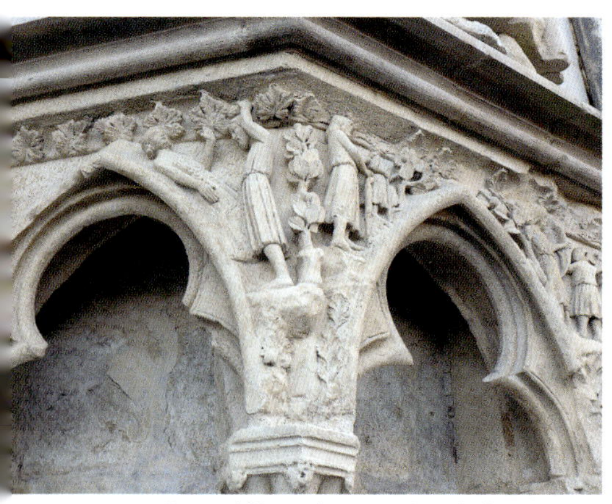

Kain erschlägt seinen Bruder Abel
(Gen 4,8).

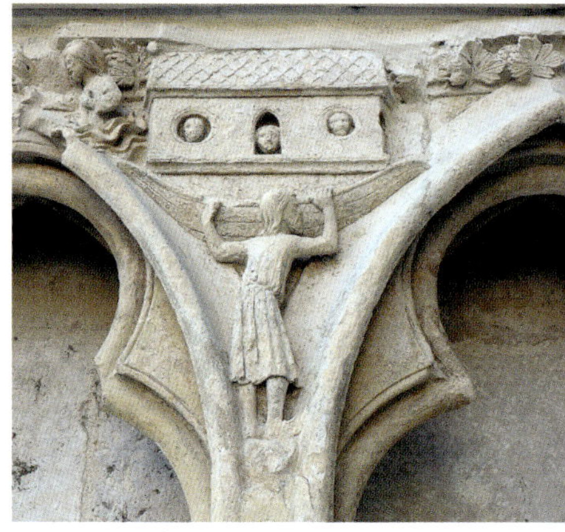

Noach baut eine Arche (Gen 6,14-22).

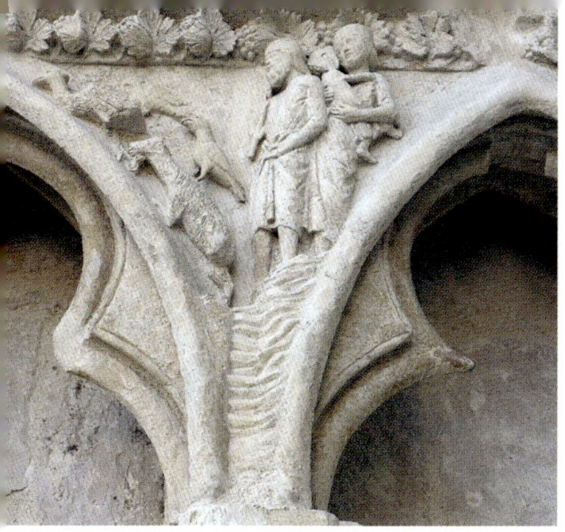

Während das Wasser steigt, holt Noach seine Familie und die Tiere in die Arche (Gen 7,13-14).

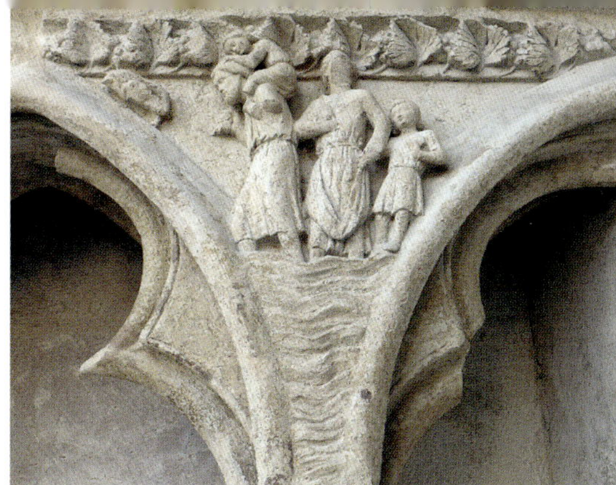

Das Wasser steigt (Gen 7,10-12).

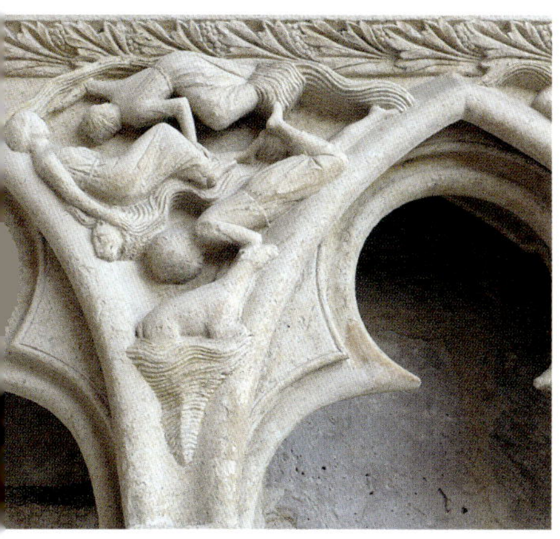

Menschen und Tiere ertrinken (Gen 7,20-22).

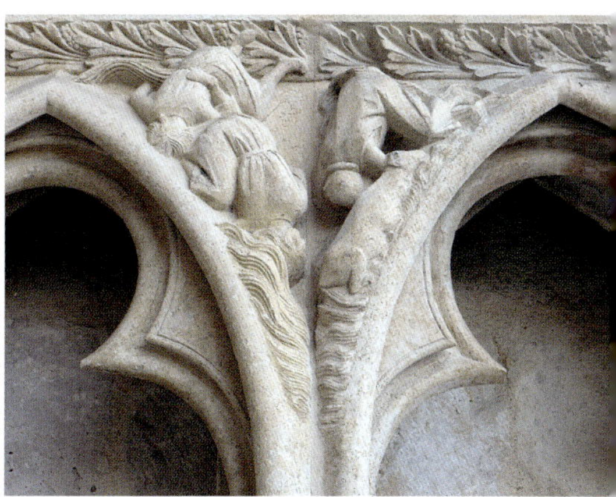

Menschen und Tiere ertrinken in der Flut.

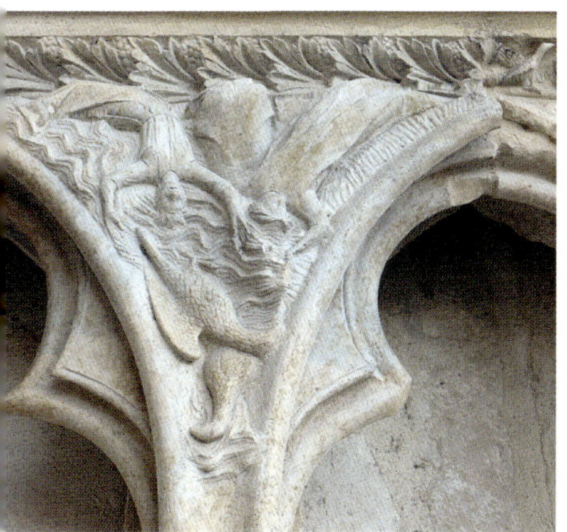

Menschen und Tiere ertrinken.

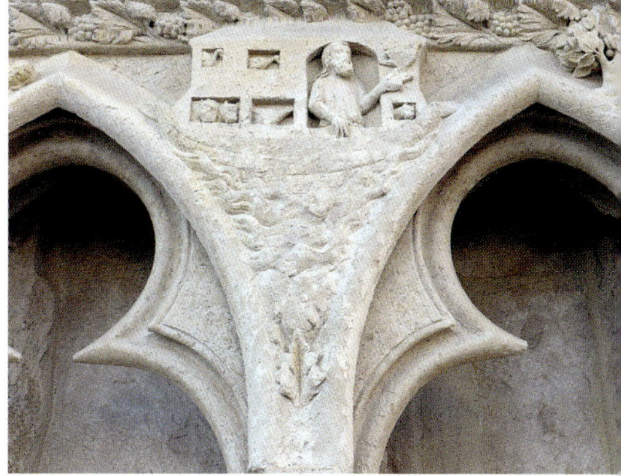

Nachdem es aufgehört hat zu regnen, schickt Noach eine Taube aus. Sie kommt mit einem Ölzweig zurück (Gen 8,8-11).

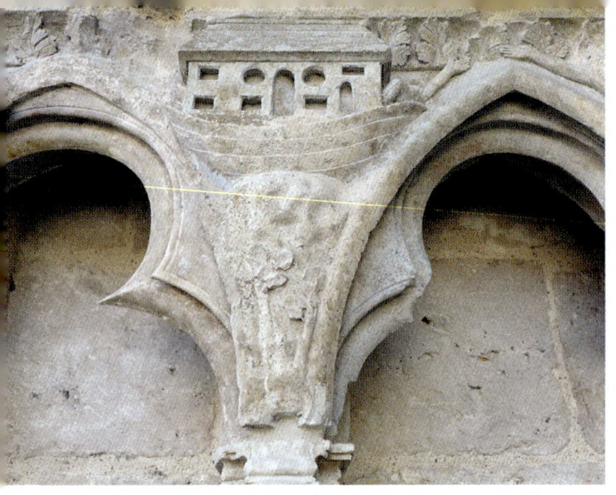
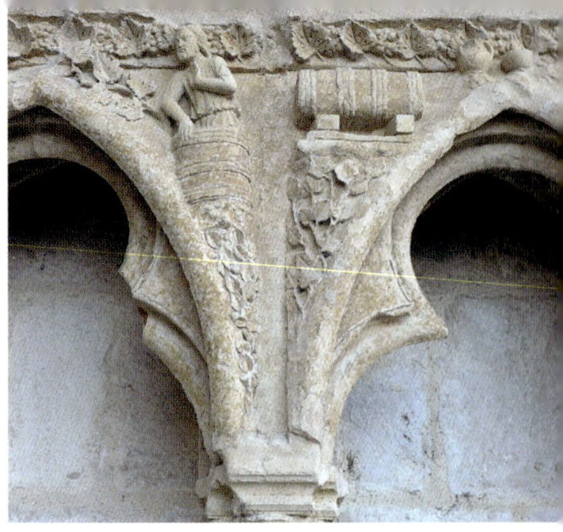

Gott schließt mit Noach den Bund, die Erde nicht wieder zu vernichten (Gen 9,11-17).

Noach baut Rebstöcke an und gewinnt daraus Wein (Gen 9,20).

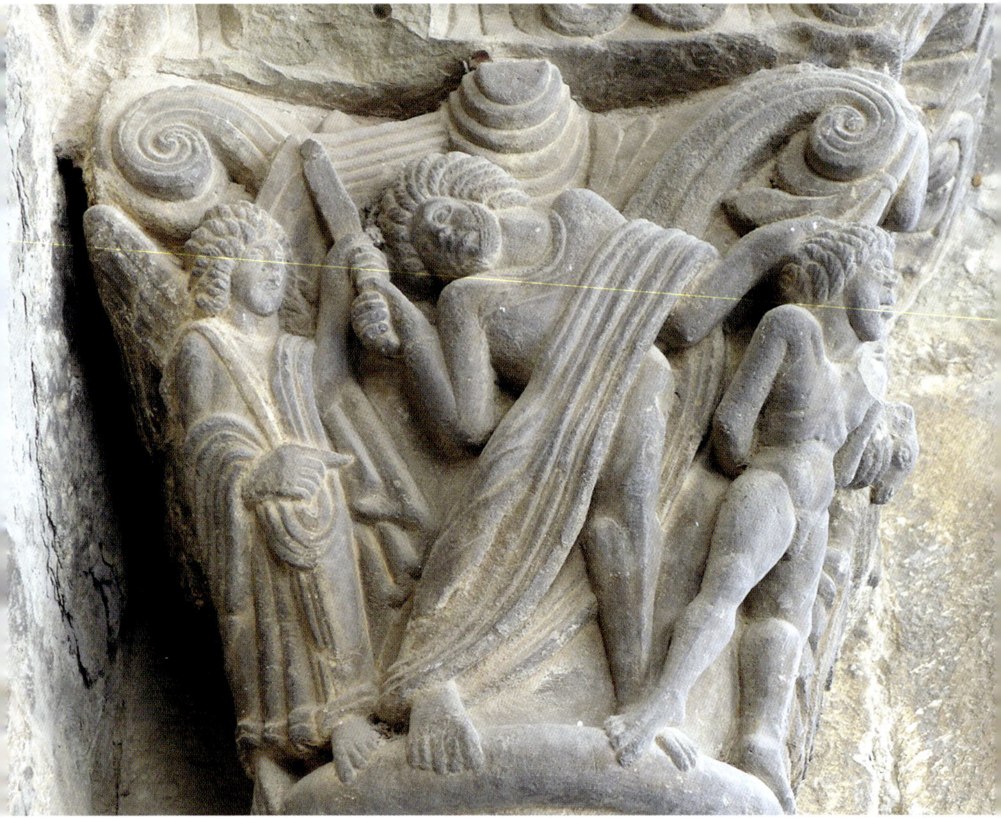

Jaca, Kathedrale San Pedro, Kapitell. Ein Engel greift ein, als Abraham, wie von Gott verlangt, seinen Sohn opfern will. Das Bildthema wird auch als »Bindung Isaaks« bezeichnet (42.57059/-0.54935).

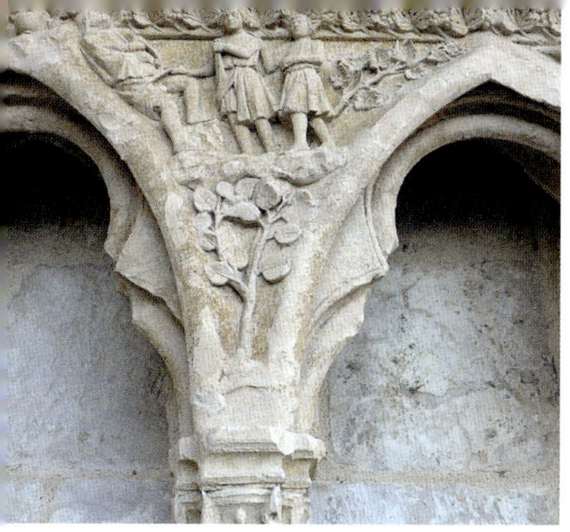

Noach betrinkt sich und legt sich entblößt nieder. Sem und Jafet decken ihn zu (Gen 9,21-23).

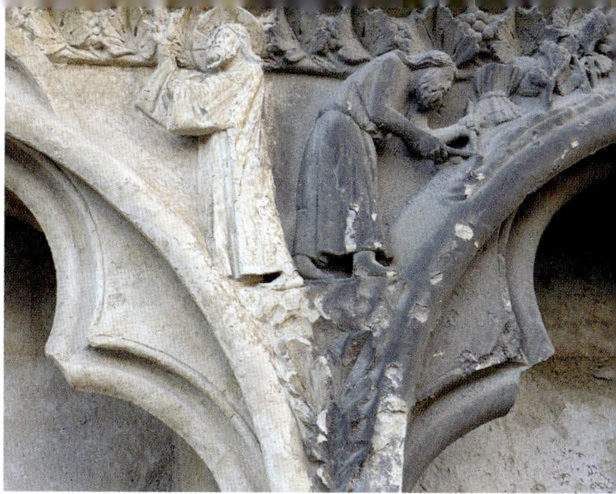

Jesus erzählt das Gleichnis von dem Feigenbaum, der keine Früchte trägt. Der Winzer will dem Feigenbaum noch eine Chance geben und lockert den Boden auf (Lk 13,6-9).

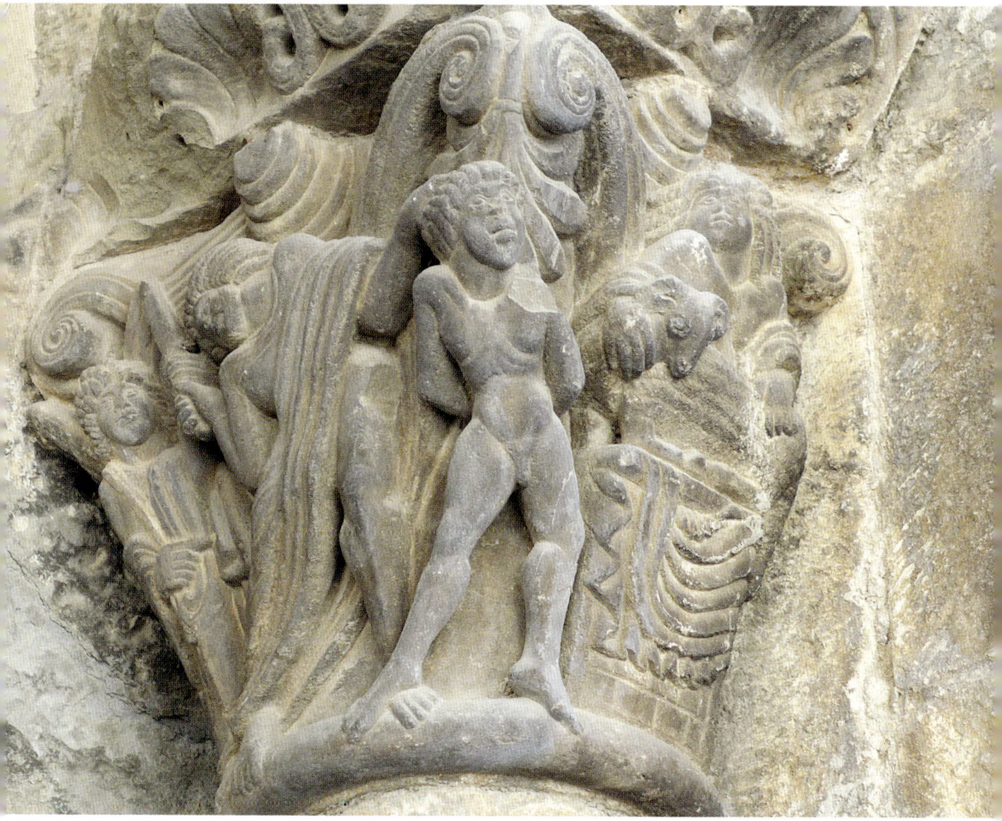

Jaca, Kathedrale, Kapitell mit Darstellung der Bindung Isaaks, von rechts gesehen.

> dem Weg stehen, mit dem gezückten Schwert in der Hand, und sie verließ den Weg und wich ins Feld aus. Da schlug sie Bileam, um sie auf den Weg zurückzubringen. Darauf stellte sich der Engel des HERRN auf den engen Weg zwischen den Weinbergen, der zu beiden Seiten Mauern hatte. Als die Eselin den Engel des HERRN sah, drückte sie sich an der Mauer entlang und drückte dabei das Bein Bileams gegen die Mauer. Da schlug Bileam sie wieder. Der Engel des HERRN ging weiter und stellte sich an eine enge Stelle, wo es weder rechts noch links eine Möglichkeit gab auszuweichen. Als die Eselin den Engel des HERRN sah, ging sie unter Bileam in die Knie. Bileam aber wurde wütend und schlug die Eselin mit dem Stock. Da öffnete der HERR der Eselin den Mund und die Eselin sagte zu Bileam: Was habe ich dir getan, dass du mich jetzt schon zum dritten Mal schlägst? Bileam erwiderte der Eselin: Weil du mich verhöhnst. Hätte ich ein Schwert dabei, dann hätte ich dich jetzt schon umgebracht. Die Eselin antwortete Bileam: Bin ich nicht deine Eselin, auf der du seit eh und je bis heute geritten bist? War es etwa je meine Gewohnheit, mich so zu benehmen? Da sagte er: Nein. Nun öffnete der HERR dem Bileam die Augen und er sah den Engel des HERRN auf dem Weg stehen, mit dem gezückten Schwert in der Hand. Da verneigte sich Bileam und warf sich auf sein Gesicht nieder. Der Engel des HERRN sagte zu ihm: Warum hast du deine Eselin dreimal geschlagen? Siehe, ich bin dir als Widersacher in den Weg getreten, weil der Weg in meinen Augen abschüssig ist. Die Eselin hat mich gesehen und ist mir schon dreimal ausgewichen. Wäre sie mir nicht ausgewichen, dann hätte ich dich jetzt schon umgebracht, sie aber am Leben gelassen. Bileam antwortete dem Engel des HERRN: Ich habe gesündigt, weil ich nicht erkannt habe, dass du dich mir in den Weg gestellt hast. Jetzt aber will ich umkehren, wenn mein Weg in deinen Augen böse ist. (Num 22-34)

Auch hier stellt der Steinmetz die Wendung der Geschichte in hervorragender Weise dar: Bileam und der Körper der Eselin stehen ganz unter dem Auftrag Balaks. Der Kopf der Eselin an der Ecke des Kapitells bringt die Wendung, denn sie erblickt den Engel, der statt dem Fluch den Segen über Israel bringt.

Die beiden biblischen Geschichten mit ihren Wendungen – der Opferung des Isaaks und Bileam auf der Eselin – zeigen Situationen der Veränderung. Auch wir leben und erleben, dass wir nur die eine Seite kennen, die Tradition, den Auftrag. Kaum jemand fragt sich, ob das auch der Wille Gottes ist. Fehlt nicht auch in Diskussionen mitten in der Kirche nicht oft das Verständnis des anderen? Könnte eine Sensibilität hierfür nicht neue Wege mit Gott aufzeigen? Bin ich imstande, meine Denkmuster zu hinterfragen und für Gott offen zu sein?

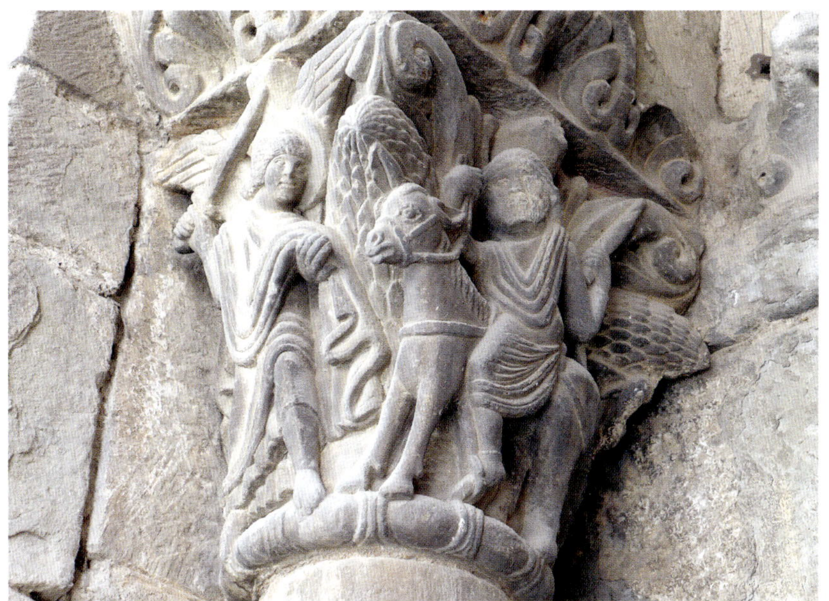

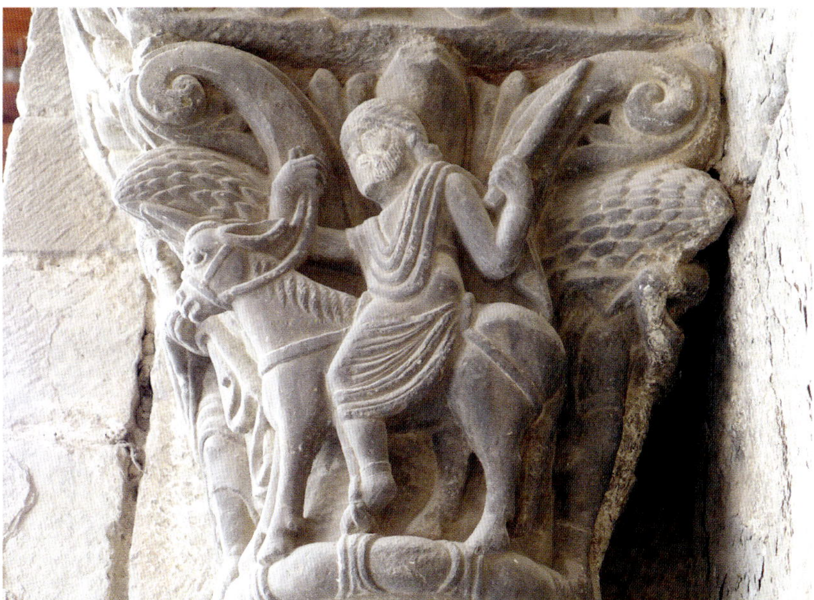

Oben: Jaca, Kathedrale San Pedro, Südportal. Ein Engel hält Bileam auf.
Unten: Das gleiche Kapitell, von der Seite gesehen. (42.57058/-0.54936)

Diese beiden Kapitelle zeigen exemplarisch in herausragender Weise, dass die steinerne Bibel nicht nur einfach eine bildliche Darstellung biblischer Geschichten ist. In ihrer kunstvollen Darstellung sind diese Bilder auch Lehrbücher unseres Glaubens und unseres Lebens.

Die Vielfalt der Darstellungen aus der Lebens- und Vorstellungswelt der Menschen

Die Vielfalt der Darstellungen, die sich häufig auf den Kapitellen findet, ist überwältigend. Sie bildet das Leben der Menschen und ihren Alltag ab und natürlich auch die Pilger selbst.

Darstellungen von Pilgern

Wie sehr der Jakobsweg mit der Wallfahrt nach Santiago de Compostela verbunden ist, zeigt sich auch in den verschiedenen Darstellungen von Pilgern an den Kirchen am Jakobsweg.

Aus dem Alltag der Menschen

An der Stiftskirche Saint-Léonard in Saint-Léonard-de-Noblat (45.83689/1.48943) versucht dieser Mann, sich einen Stachel aus der Fußsohle zu entfernen. Arme Menschen gingen barfuß, was immer wieder zu solchen Verletzungen führte. Das Motiv ist bereits in der Kunst der Antike bekannt.

Freche Darstellungen

Zu frechen Darstellungen kam es oft durch Unzufriedenheit der Steinmetze. Dies konnte persönliche Gründe haben, aber auch unpünktliche Lohnzahlungen. Mit frechen Darstellungen an den Kapitellen rächten sich die Steinmetze am Bauherrn oder an den Bewohnern des Ortes.

An der Stiftskirche Notre Dame in Semur-en-Auxois (47.49054/4.33271) streckt ein Männerkopf den Leuten seine Zunge heraus. Das Gesicht macht einen angewiderten Eindruck.

Auch an der Stiftskirche Saint-Léonard in Saint-Léonard-de-Noblat (45.83689/1.48943) wird dem Betrachter die Zunge entgegengestreckt.

Wie gehen wir mit unserem Ärger und unserem Unmut um? Sprechen wir ihn aus, damit Änderungen möglich werden, oder tragen wir bis an unser Lebensende unseren Unmut den Menschen nach?

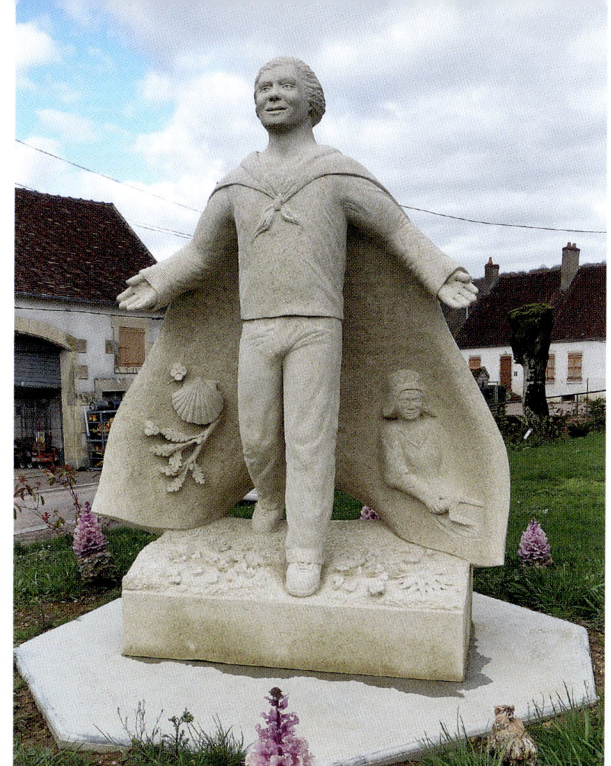

Châteauneuf-Val-de-Bargis, Kirche Saint-Étienne, Pilgerdenkmal (47.28361/3.22645). Auf der Innenseite seines Pilgermantels ist eine Jakobsmuschel zu sehen.

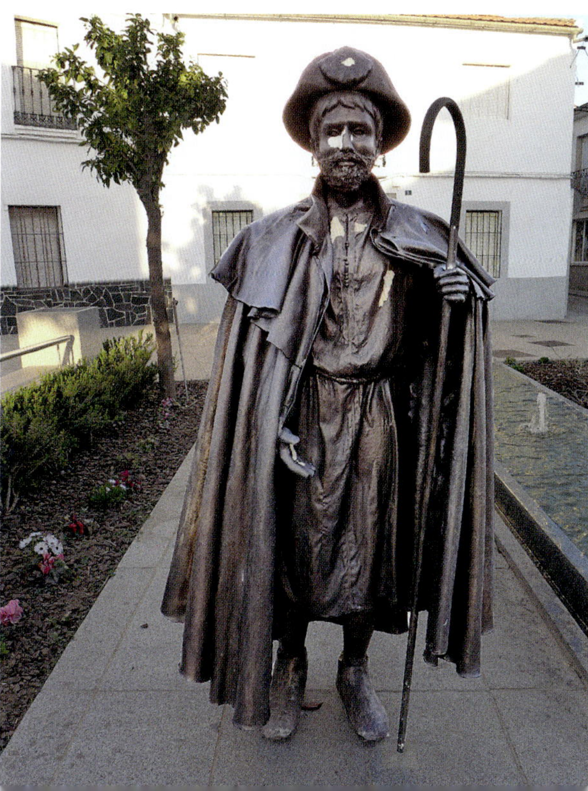

Villanueva del Duque, Pilgerstatue (38.3930/-5.0000). Bei diesem Pilger ist bereits »der Lack ab«.

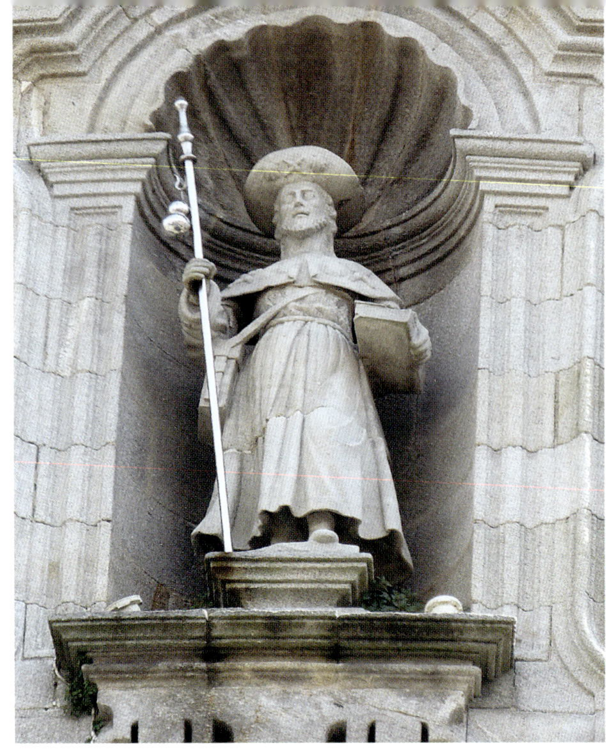

Pontevedra, Iglesia de la Virgen Peregrina (Kirche der jungfräulichen Pilgerin) (42.43070/-8.64374). Hier ist der Apostel Jakobus mit zahlreichen Attributen zu sehen: Als Apostel mit Buch in der linken Hand; als Pilger mit Pilgerstab mit Kalebasse in der rechten Hand, gekreuzte Pilgerstäbe und Jakobsmuscheln am Pilgerhut und Pelerine, Pilgertasche umhängend.

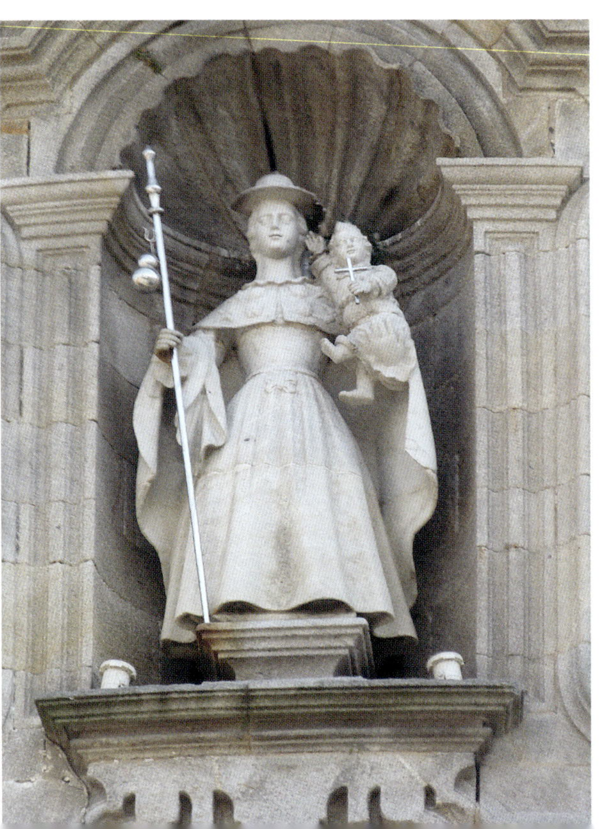

An der Fassade der gleichen Kirche ist auch Maria mit dem Jesuskind als Pilgerin dargestellt. Sie hält das Jesuskind auf dem Arm, das an einem Kreuzstab in der Hand zu erkennen ist. Sie trägt einen Hut auf dem Kopf und einen Pilgerstab in der Hand. Der Umhang, den sie um die Schulter gelegt hat, ist reich mit Jakobsmuscheln besetzt. Ihre Darstellung ist so zu verstehen, dass sie selbst als Pilgerin die Pilger auf ihrem Weg beschützt und begleitet.

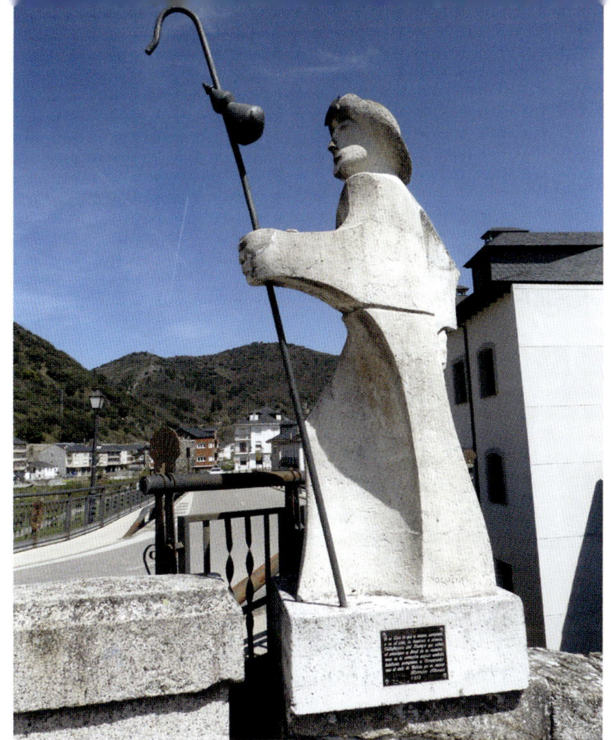

Villafranca del Bierzo, modernes Pilgerdenkmal am Ortsausgang (42.6089/-6.8112), vor dem Aufstieg zur Passhöhe des Cebreiro.

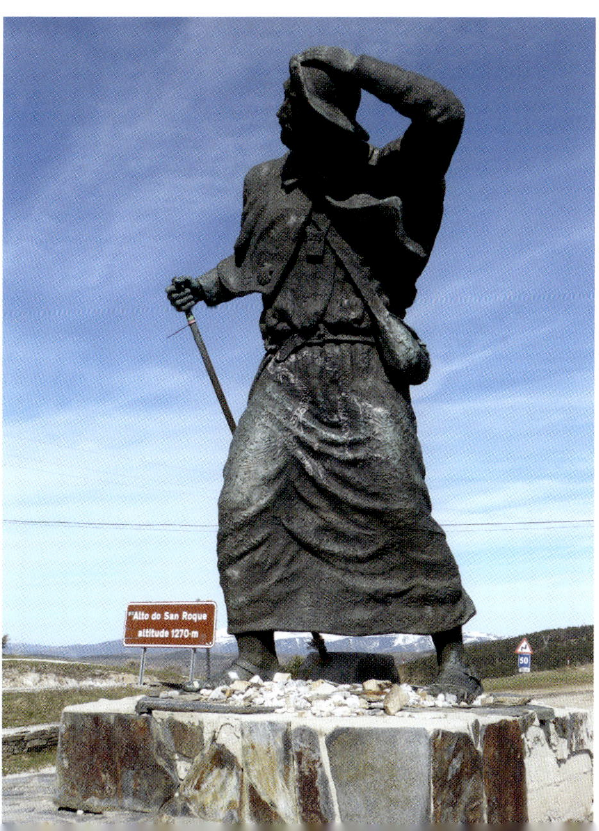

Ato San Roque, 1260 m hoch, überlebensgroßes Pilgerdenkmal. Der Pilger stemmt sich Wind und Wetter entgegen. (42.6987/-7.0844).

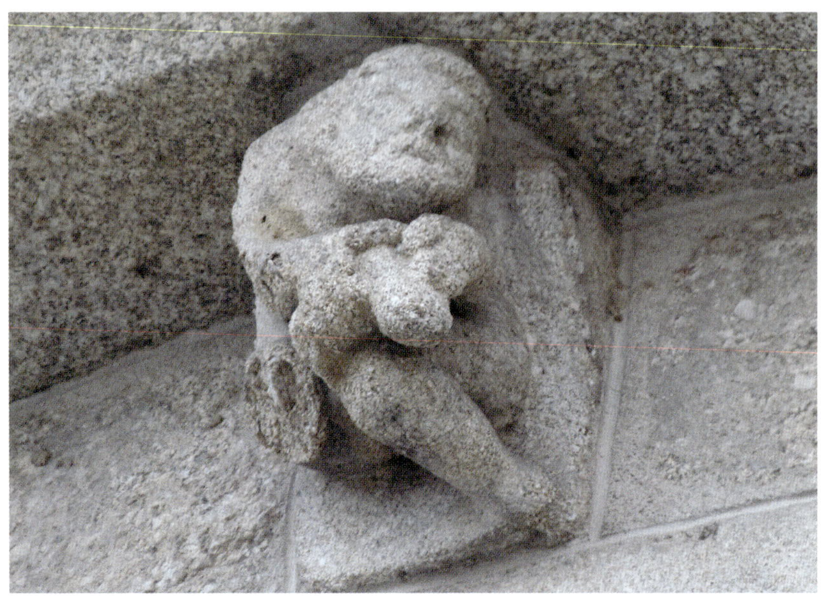

Saint Léonard in Saint-Léonard-de-Noblat, Stiftskirche. Ein Mann zieht einen Dorn aus seinem Fuß.

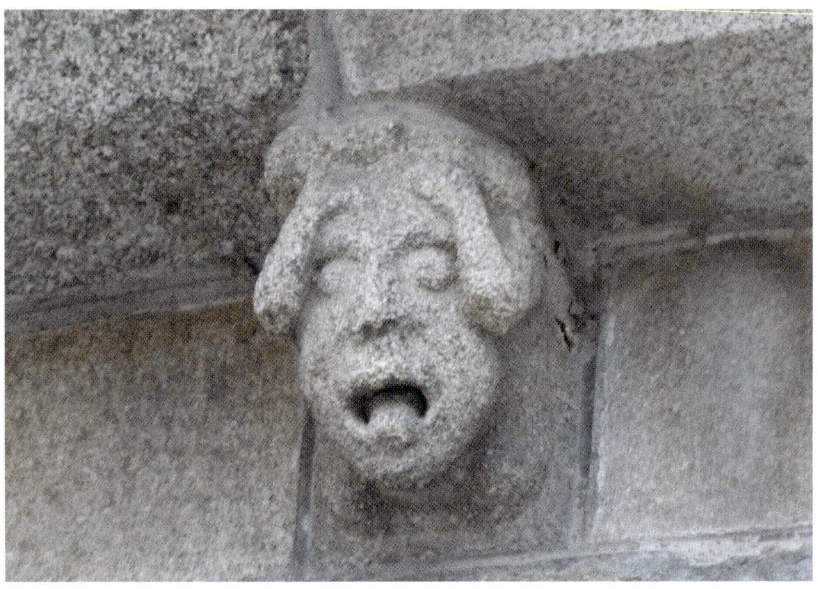

Ebenda, ein Kopf zeigt Angst und Schrecken

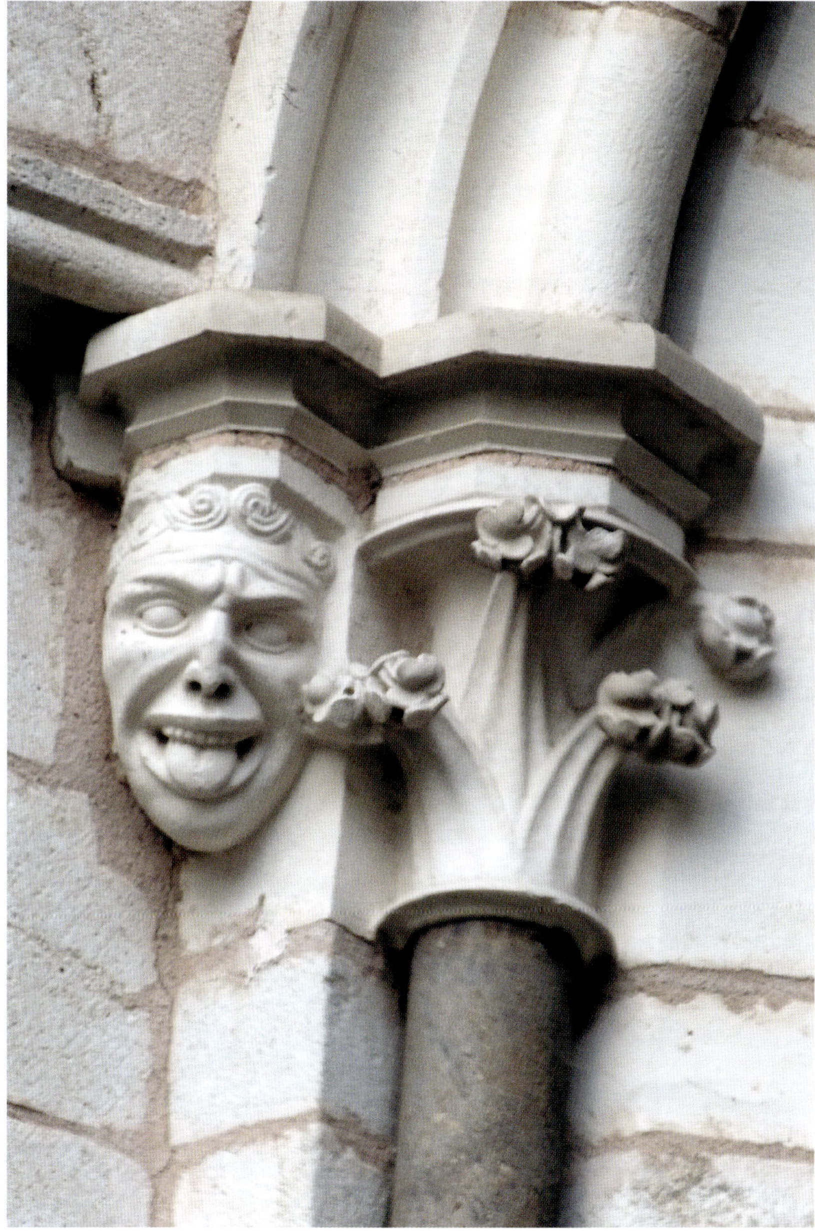

Hier ist ein schmerzvoll verzerrtes Gesicht mit herausgestreckter Zunge zu sehen. (47.49043/4.33327)

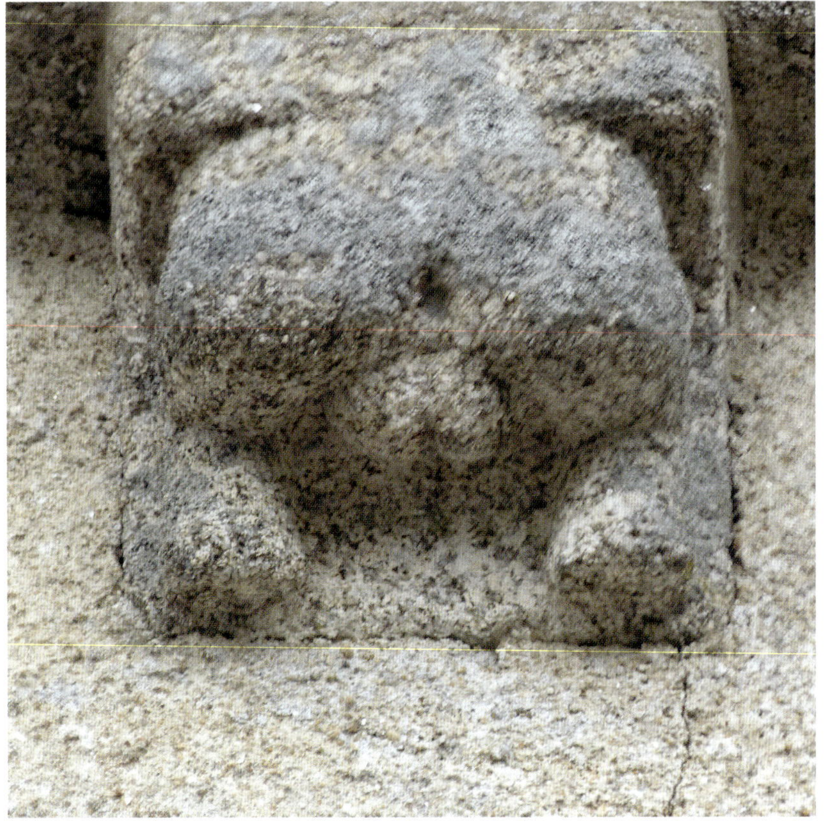

Châtelus-le-Marcheix, Assomption de la Vierge, Hinterteil eines Mannes

Sexuelle Darstellungen

Zur Zeit der Romanik hatte man einen sehr natürlichen Umgang mit der Körperlichkeit des Menschen. So ist es nicht verwunderlich, dass an einzelnen Kirchen auch Kapitelle mit sexuellen Darstellungen zu sehen sind.

An der Kirche Assomption de la Vierge in Châtelus-le-Marcheix (45.99938/1.61211) streckt ein Mann den blanken Hintern – seine Genitalien sind deutlich zu sehen – dem Betrachter entgegen.

Auch an der Südseite der Kathedrale von Bourges (47.08219/2.39906) zeigt ein ein Mann den Betrachtern seinen entblößten Hintern.

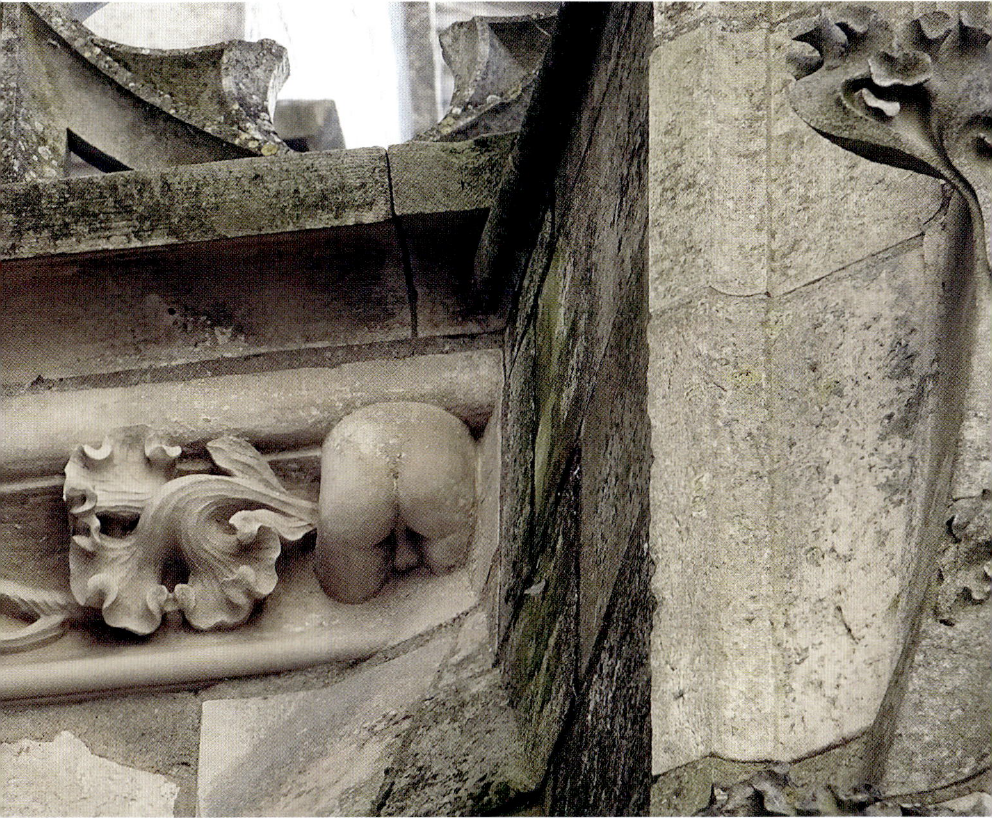

Bourges, Kathedrale Saint Étienne, Südseite, Hinterteil eines Mannes

Abwehr des Bösen

Darstellungen von Dämonen befinden sich an Randzonen des Außenbaus: Sockel, Gesimse, Fenster und Dachansatz. Die nach außen gerichteten Fratzen sollen Dämonen davon abhalten, in das Kircheninnere vorzustoßen und die Gläubigen bei ihren Gebeten zu stören.

Besonders aus dem Westen, dem Totenreich, dem Reich der Dämonen, drängen sie auf die Kirche ein. Daher haben viele romanische Kirchen ein Westwerk, in dessen Obergeschoss sich meist eine dem Erzengel Michael geweihte Kapelle befindet. Er soll die Dämonen aus dem Westen abwehren.

An der Kirche Saint-Laurent et Notre-Dame in Gargilesse-Dampierre (46.51245/ 1.59691) sind Köpfe von Dämonen zu sehen.

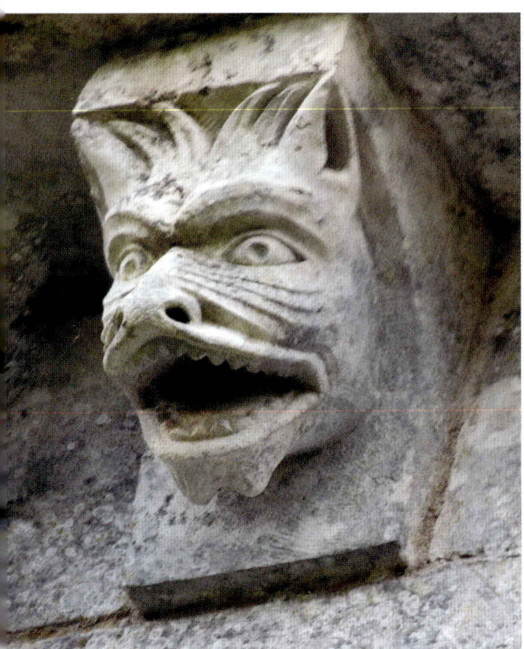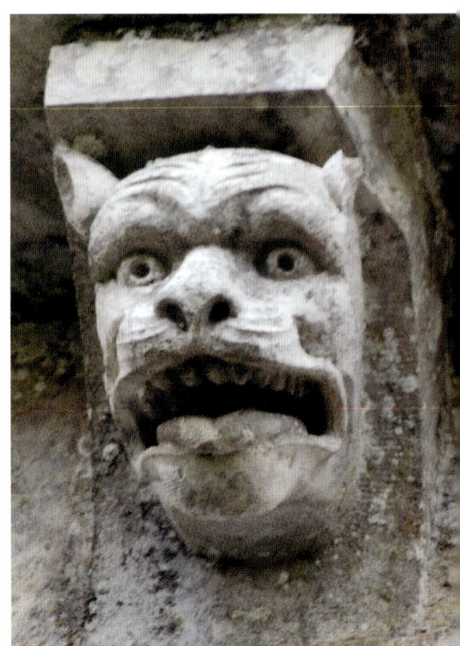

Gargileesse-Dampierre, Saint-Laurent et Notre-Dame, Konsolen mit Köpfen von Dämonen

In der Stiftskirche Saint-Léonard in Saint-Léonard-de-Noblat (45.83689/1.48943) finden sich auf Kapitellen viele Darstellungen von Dämonen. Sie befinden sich in der Eingangshalle und in der Kirche. Einige Dämonen waren sogar in der Lage, Säulen zu verschlingen, eine Darstellung, die öfter an romanischen Kirchen zu sehen ist. Was konnten diese Dämonen dann erst den Menschen Schlimmes antun?

Am Portal der Kirche San Sebastián in Donostia-San Sebastián (46.39140/1.52884) kämpft ein Mensch mit Schwert und Schild gegen das Böse. Das Böse hat sich bereits am Schild festgebissen.

Phantastische Darstellungen

An der Kirche San Pedro de la Rúa in Estella (42.66875/-2.02949) befindet sich auf der rechten Seite des Portals diese Darstellung: Ein Kentaur zielt mit Pfeil und Bogen auf eine Sirene, deren menschlicher Oberkörper in zwei Fischschwänze ausläuft. Solche Mischwesen werden in der mittelalterlichen Kunst sehr unterschiedlich gedeutet. Sie können als Dämonen verstanden werden, die die Seelen bedrohen, als Symbole menschlicher Laster, von Sinnlichkeit und Versuchung, oder als Menschen, die am Rande der Zivilisation leben.

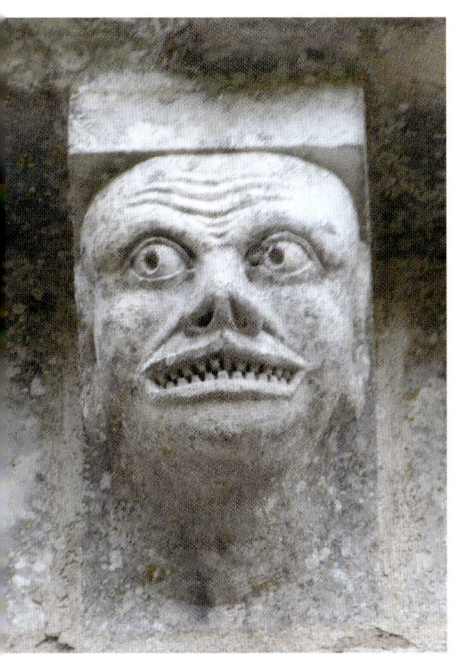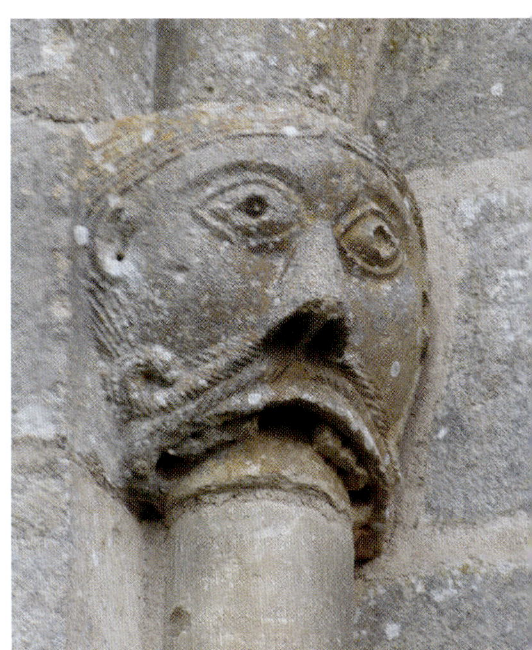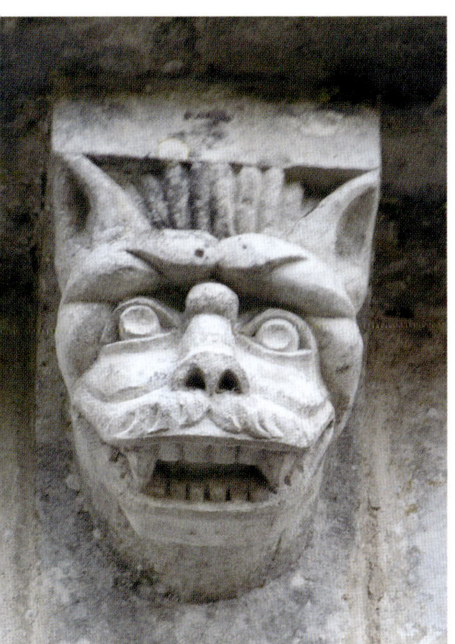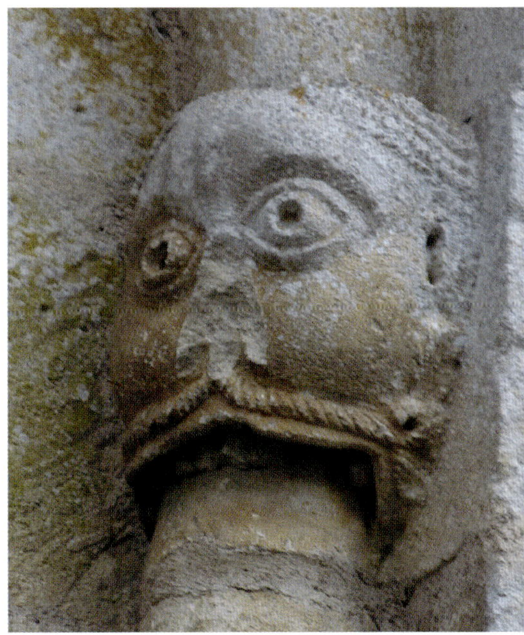

Gargileesse-Dampierre, Saint-Laurent et Notre-Dame, Konsolen mit Köpfen von Dämonen

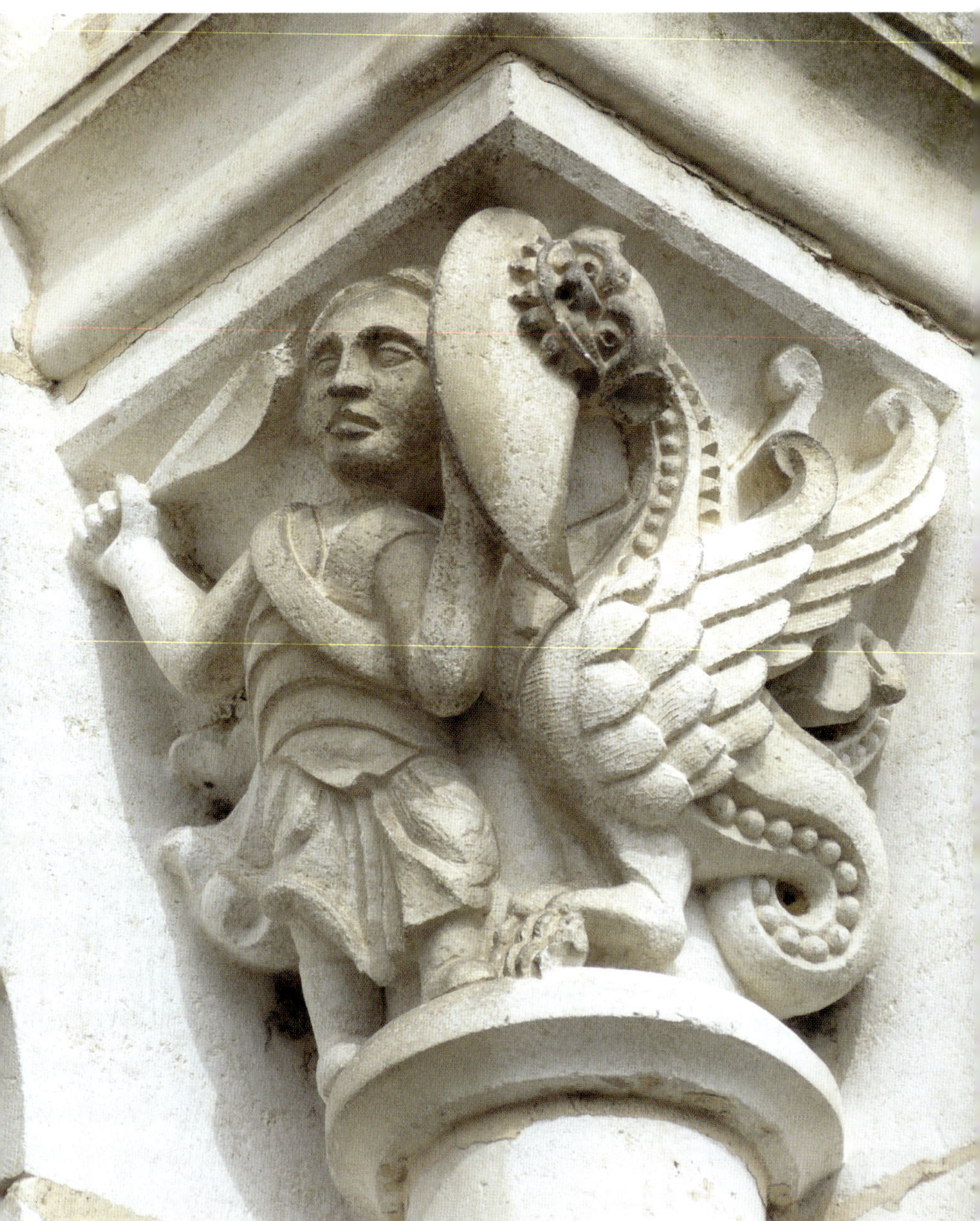

Donostia-San Sebastián, Kirche San Sebastián Martir, Kapitell. Ein Krieger mit Schwert kämpft gegen ein Fabelwesen, das sich in seinen Schild verbissen hat.

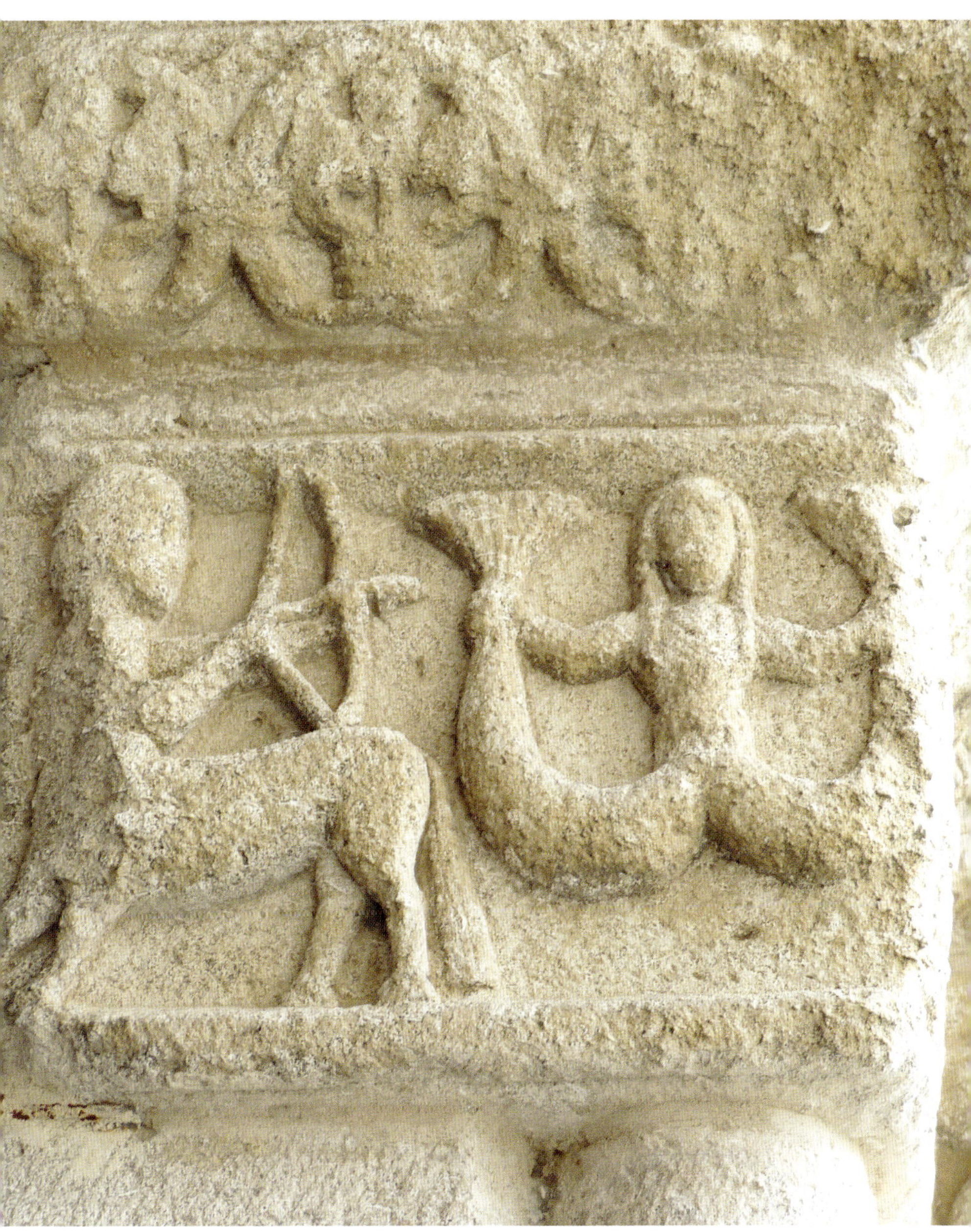

Estella, San Pedro de la Rua. Ein Kentaur schießt mit Pfeil und Boden auf eine Sirene.

KIRCHEN AM »CAMINO«

Châteauroux

Die Kirche Saint-André in Châteauroux wurde im 19. Jh. errichtet. Sie besitzt ein Tympanon, das an die Tradition der Romanik anschließt.

Jesus steht hier nicht im, sondern vor dem Tympanon. Er hält in der linken Hand ein Buch und hat die rechte Hand zum Segen erhoben. Wie so häufig werden die Menschen von einem Engel links in den Himmel, rechts in die Hölle geführt. Auch ein König und ein Bischof werden vom Teufel in den Höllenschlund gezogen. Damit könnte gezeigt werden, dass nicht Titel oder Ämter wichtig sind, sondern die Art und Weise, wie man als Christ gelebt hat.

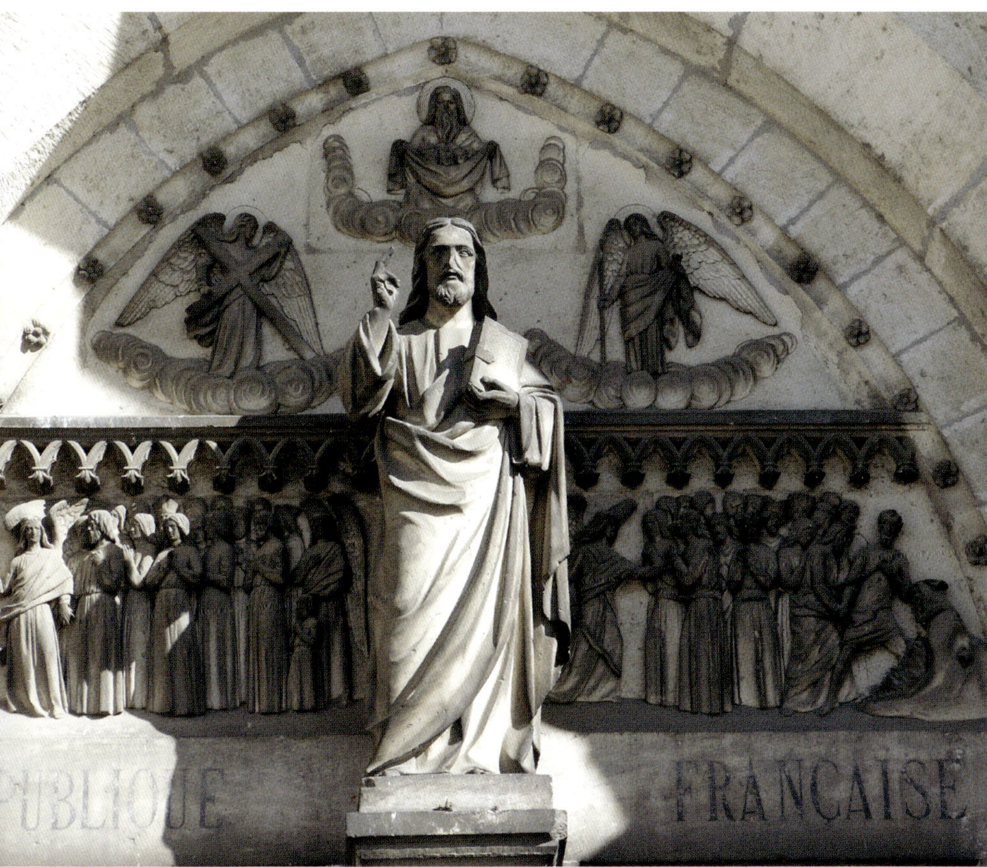

Châteauroux, Saint-André. Der segnende Christus steht vor einer Darstellung des Jüngsten Gerichts. (46.81188/1.69931)

Saint-Palais

Die Kirche Sainte-Marie-Madeleine in **Saint-Palais** (43.32638/-1.03507) wurde in der Mitte des 19. Jh. errichtet. Sie besitzt ein Tympanon mit moderner Darstellung.

In diesem Tympanon steht in der Mitte eine Trauernde. Hinter ihr ist ein Kreuz zu sehen. Zu beiden Seiten schwebt ein Engel, in der einen Hand ein Schwert, mit der anderen Hand nach oben zeigend. Hinter ihren Flügeln liegen kauernd je ein Dämon, dessen Körperhaltung Angst und Schrecken vor den Engeln ausdrückt. Diese Darstellung weist darauf hin, dass man trotz aller Trauer damit rechnen darf, dass die Verstorbenen in die Nähe Christi gelangen.

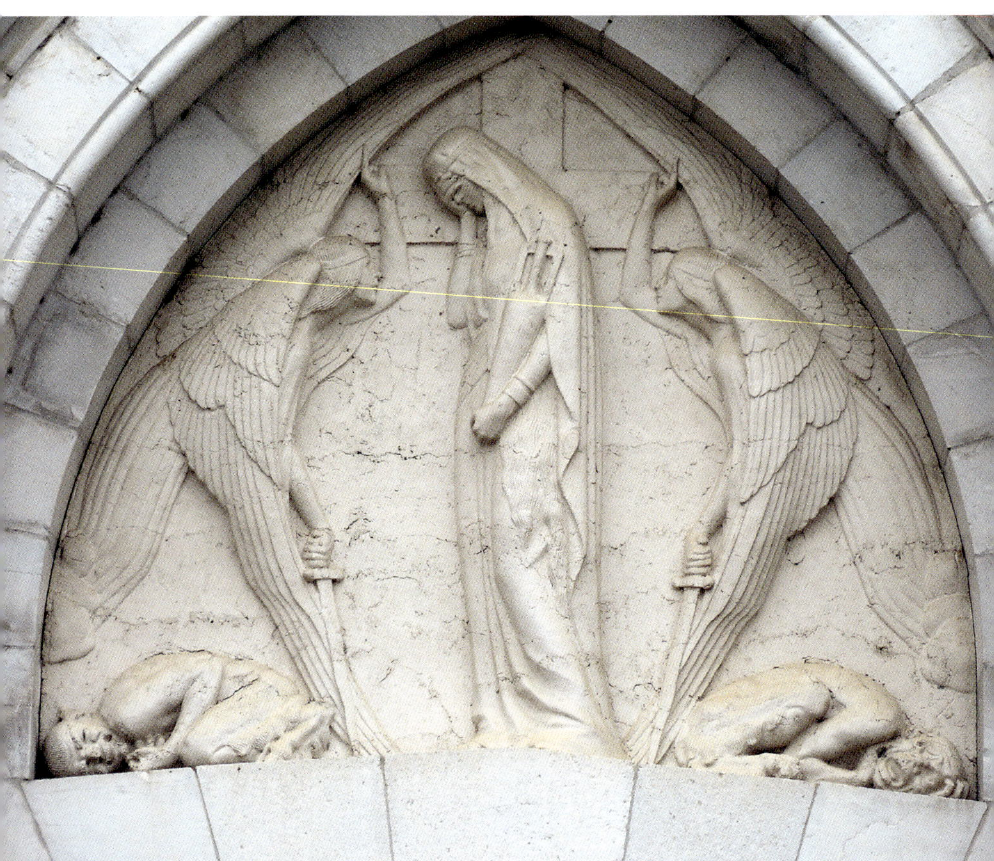

Saint-Palais, Sainte-Marie-Madaleine

Lacarre

Die Kirche Saint-Martin **in Lacarre** (43.19057/-1.16503) besitzt ein Tympanon, das als Kriegerdenkmal für die im Ersten Weltkrieg gefallenen Soldaten gestaltet ist. Er kostete bis zu seinem Ende insgesamt neun Millionen Soldaten das Leben.

In diesem Tympanon liegt ein gefallener Soldat auf dem Rücken. Unter dem Kreuz sind die Namen der im Ersten Weltkrieg getöteten Männer dieser Gemeinde eingraviert.

Sind die Toten für uns weg und vergessen, ganz nach dem Spruch, »Aus den Augen, aus dem Sinn.«, oder erinnern wir uns regelmäßig der Verstorbenen, insbesondere derer, denen wir für unser Leben viel zu verdanken haben?

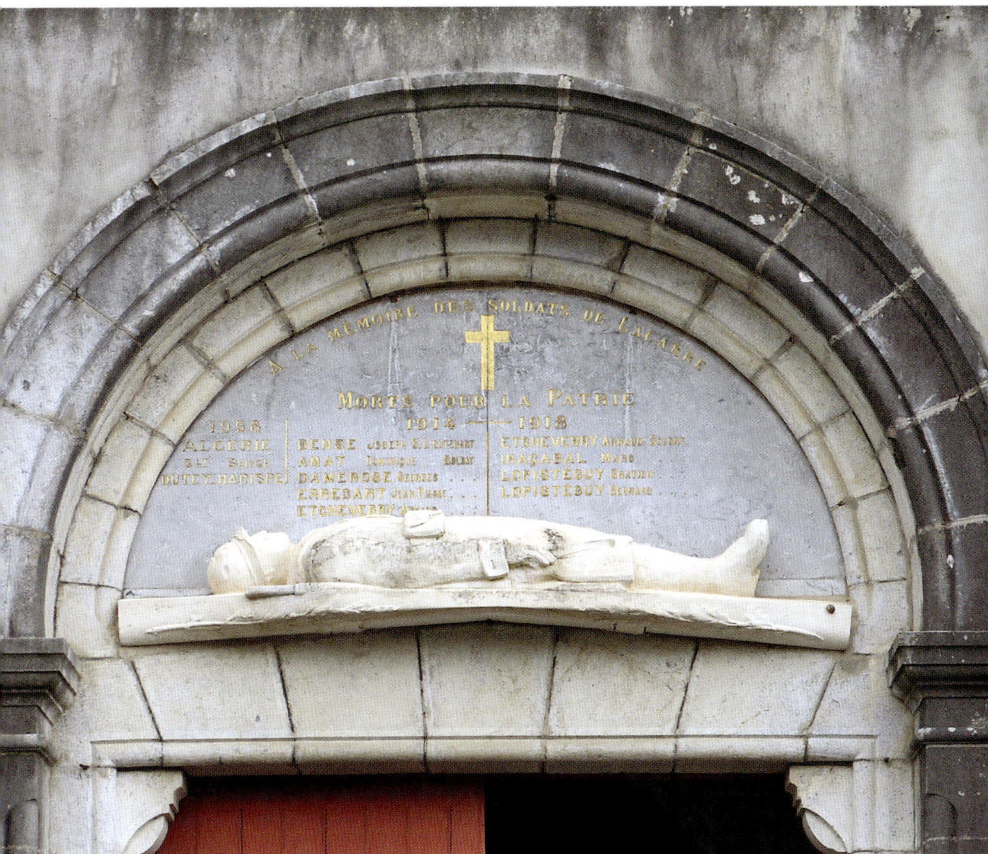

Lacarre, Saint-Martin, Kriegerdenkmal für die Gefallenen des Ortes

Roncesvalles

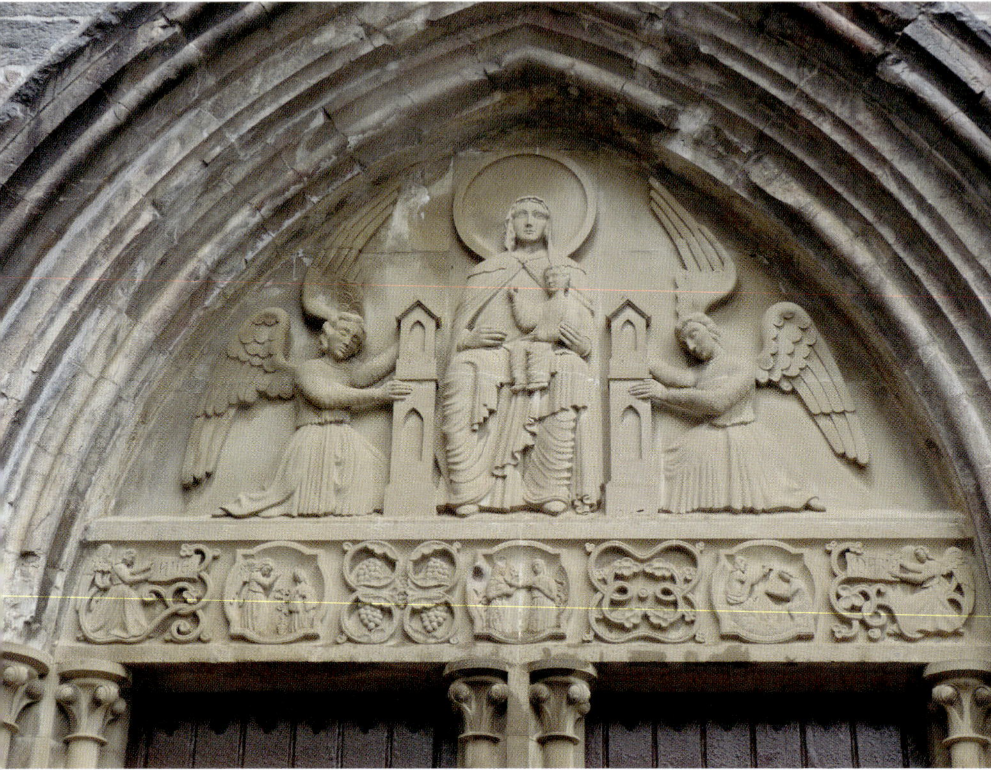

Roncesvalles, Real Colegiata de Santa Maria, Tympanon, Engel huldigen Maria und Jesus
(43.00990/-1.31960)

Das Tympanon der Kirche Real Colegiata de Santa Maria in **Roncesvalles** (43.00990/-1.31960) verweist auf das Innere der Kirche, die eine sehr qualitätvolle Marienstatue des 14. Jh. besitzt. Das Kind Jesus sitzt auf dem Schoß seiner Mutter Maria; neben dem Thron knien zwei geflügelte Engel.

Auf dem Fries darunter befinden sich drei Darstellungen aus dem Leben Mariens: Links bringt der Engel Gabriel Maria die Botschaft, dass sie die Mutter des Erlösers sein wird (Lk 1,26-27). In der Mitte ist zu sehen, dass Maria Elisabeth besucht (Lk 1,39-40). Rechts wird Maria zur Himmelskönigin gekrönt. Links und rechts außen hält ein Engel ein Spruchband in den Händen.

Die Verkündigung an Maria berichtet der Evangelist Lukas (1,26 – 38) mit folgenden Worten:

Im sechsten Monat wurde der Engel Gabriel von Gott in eine Stadt in Galiläa namens Nazaret zu einer Jungfrau gesandt. Sie war mit einem Mann namens Josef verlobt, der aus dem Haus David stammte. Der Name der Jungfrau war Maria. Der Engel trat bei ihr ein und sagte: Sei gegrüßt, du Begnadete, der Herr ist mit dir. Sie erschrak über die Anrede und überlegte, was dieser Gruß zu bedeuten habe. Da sagte der Engel zu ihr: Fürchte dich nicht, Maria; denn du hast bei Gott Gnade gefunden. Siehe, du wirst schwanger werden und einen Sohn wirst du gebären; dem sollst du den Namen Jesus geben. Er wird groß sein und Sohn des Höchsten genannt werden. Gott, der Herr, wird ihm den Thron seines Vaters David geben. Er wird über das Haus Jakob in Ewigkeit herrschen und seine Herrschaft wird kein Ende haben. Maria sagte zu dem Engel: Wie soll das geschehen, da ich keinen Mann erkenne? Der Engel antwortete ihr: Heiliger Geist wird über dich kommen und Kraft des Höchsten wird dich überschatten. Deshalb wird auch das Kind heilig und Sohn Gottes genannt werden. Siehe, auch Elisabet, deine Verwandte, hat noch in ihrem Alter einen Sohn empfangen; obwohl sie als unfruchtbar gilt, ist sie schon im sechsten Monat. Denn für Gott ist nichts unmöglich. Da sagte Maria: Siehe, ich bin die Magd des Herrn; mir geschehe, wie du es gesagt hast. Danach verließ sie der Engel.

Die Begegnung von Maria und Elisabeth wird anschließend geschildert (Lk 1,39-56). Nachdem der Engel Gabriel Maria verkündet hat, dass sie Gottes Sohn gebären wird, trifft sie ihre Verwandte Elisabeth. Elisabeth, selber schwanger mit Johannes dem Täufer, erkennt Maria als Erste als »Mutter ihres Herrn«. Die Antwort Marias auf die Frage »Wer bin ich...« ist das berühmte Loblied »Magnifkat« (nach dem lateinischen Wort, mit dem es beginnt, benannt). Maria besingt darin ihre eigene Geschichte: Gott hat Großes an ihr getan. Sie verweist auf die neue Schöpfung, die mit der Geburt Jesu beginnt, und vertraut sich ihm an. Gott hat sich als zuverlässig erwiesen und wird es immer sein:

In diesen Tagen machte sich Maria auf den Weg und eilte in eine Stadt im Bergland von Judäa. Sie ging in das Haus des Zacharias und begrüßte Elisabet. Und es geschah, als Elisabet den Gruß Marias hörte, hüpfte das Kind in ihrem Leib. Da wurde Elisabet vom Heiligen Geist erfüllt und rief mit lauter Stimme: Gesegnet bist du unter den Frauen und gesegnet ist die Frucht deines Leibes. Wer bin ich, dass die Mutter meines Herrn zu mir kommt? Denn siehe, in dem Augenblick, als ich deinen Gruß hörte, hüpfte das Kind vor Freude in meinem Leib. Und selig, die geglaubt hat, dass sich erfüllt, was der Herr ihr sagen ließ. Da sagte Maria: Meine Seele preist die Größe des Herrn und mein Geist jubelt über Gott, meinen Retter. Denn auf die Niedrigkeit seiner Magd hat er geschaut. Siehe, von nun an preisen mich selig alle Geschlechter. Denn der Mächtige hat Großes an mir getan und sein Name ist heilig. Er erbarmt sich von Geschlecht zu

> Geschlecht über alle, die ihn fürchten. Er vollbringt mit seinem Arm machtvolle Taten: Er zerstreut, die im Herzen voll Hochmut sind; er stürzt die Mächtigen vom Thron und erhöht die Niedrigen. Die Hungernden beschenkt er mit seinen Gaben und lässt die Reichen leer ausgehen. Er nimmt sich seines Knechtes Israel an und denkt an sein Erbarmen, das er unseren Vätern verheißen hat, Abraham und seinen Nachkommen auf ewig. Und Maria blieb etwa drei Monate bei ihr; dann kehrte sie nach Hause zurück.

Die Begegnung von Maria und Elisabeth ist ein beliebtes und häufig dargestelltes Bildthema der christlichen Kunst. Sie werden es auf dem Jakobsweg häufiger finden.

Was hat Gott Großes an uns getan? Was ist uns unverdient geschenkt worden? Weisen wir mit unserem Leben auf Gott hin?

Die Krönung Marias beruht auf dem Glauben an die leibliche Aufnahme Marias in den Himmel und ihre Verherrlichung. Sie ist Ausdruck der Verehrung Marias als Mutter Jesu. Die Aufnahme Marias in den Himmel wird seit dem 12. Jh. dargestellt.

Eunate

Die Kirche **Santa Maria de Eunate** (42.67235/-1.76154) ist ein oktogonaler romanischer Bau, der außerhalb einer Ortschaft steht. Seine Fenster besitzen gestaffelte Archivolten. Das Portal der Kirche ist beherrscht von Säulen und Rundbögen. Einige Rundbögen sind verziert, die anderen sind glatt. Das herausragende Merkmal dieser Kirche sind ihre Kapitelle an Türen, Fenstern und den sie umgebenden Arkaden. Die beiden Kapitelle zeigen jeweils, von Ornamenten eingefasst, einen bärtigen männlichen Kopf.

Das romanische Fenster ist ganz von Rundungen beherrscht. Die Alabasterscheibe lässt etwas Licht in das Kircheninnere. Über dem Fenster sind die Köpfe dreier Dämonen abgebildet, die das Böse aus dem Kircheninneren fernhalten sollen. Andere Fenster der Kirche von Eunate sind blind, d. h., sie besitzen keinen Mauerdurchbruch in das Innere der Kirche, um Licht hinein zu lassen. Sie besitzen jedoch diese Rundbögen, Kapitelle und die Darstellung dreier Dämonenköpfe darüber. Auf diese Weise ergeben die acht Fassaden der Kirche ein harmonisches Ganzes, das die Rundbögen der Romanik rhythmisch zusammenfasst. Die Kirche ist von einem Umgang umgeben. An den Säulenabschlüssen sind Kapitelle mit den unterschiedlichsten Darstellungen. Einige sind noch gut erhalten, andere stark verwittert.

Können wir etwas gelten lassen, was wir nicht verstehen, zu dem wir keinen Zugang finden, das uns fremd ist?

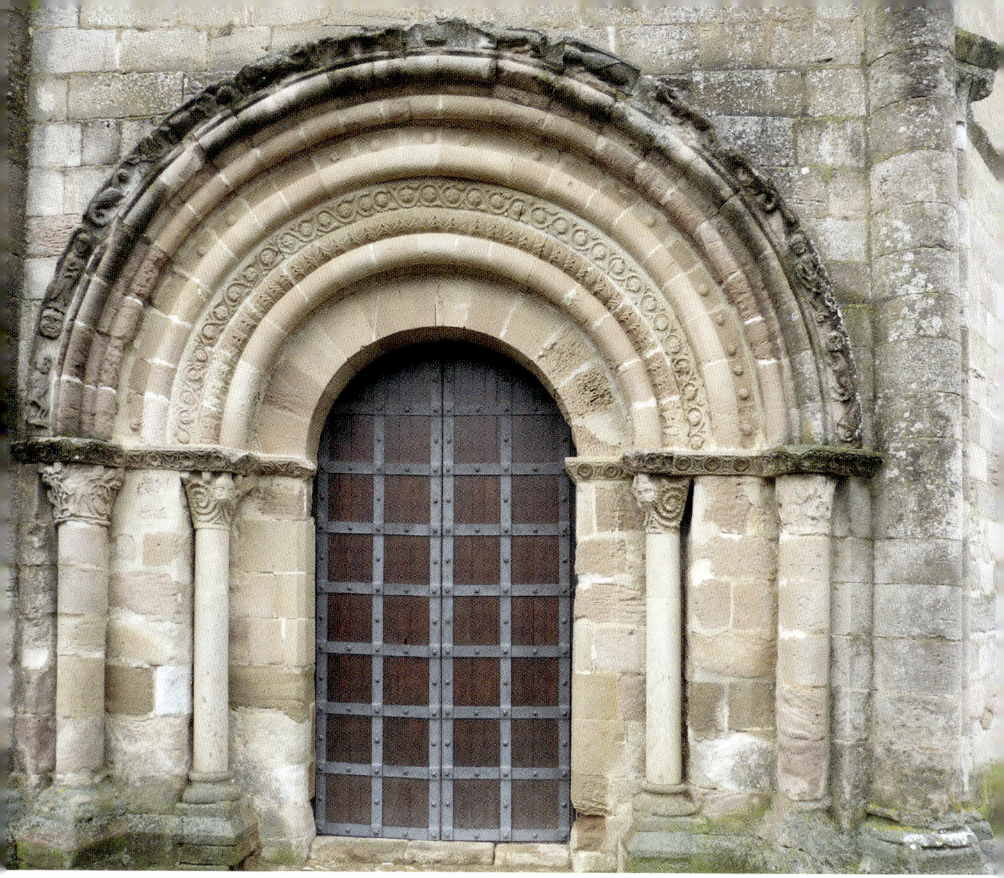

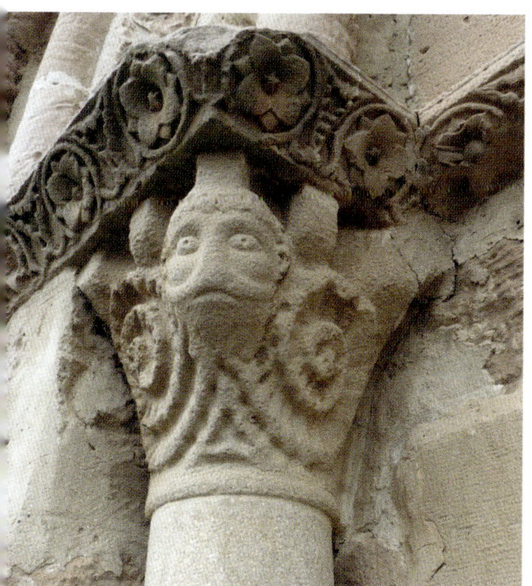

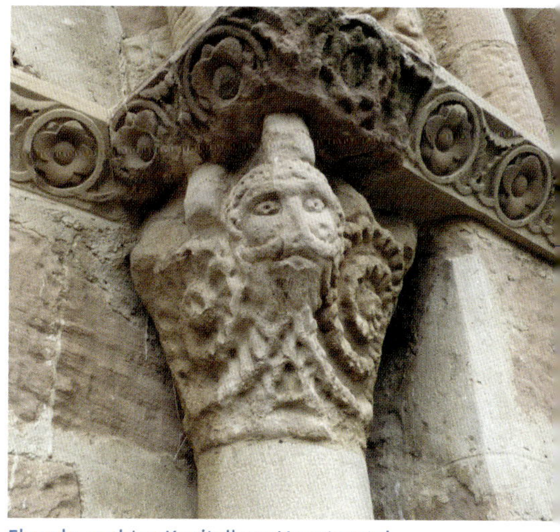

Eunate, Santa Maria, Portal

Ebenda, Hauptportal, linkes Kapitell

Ebenda, rechtes Kapitell am Hauptportal

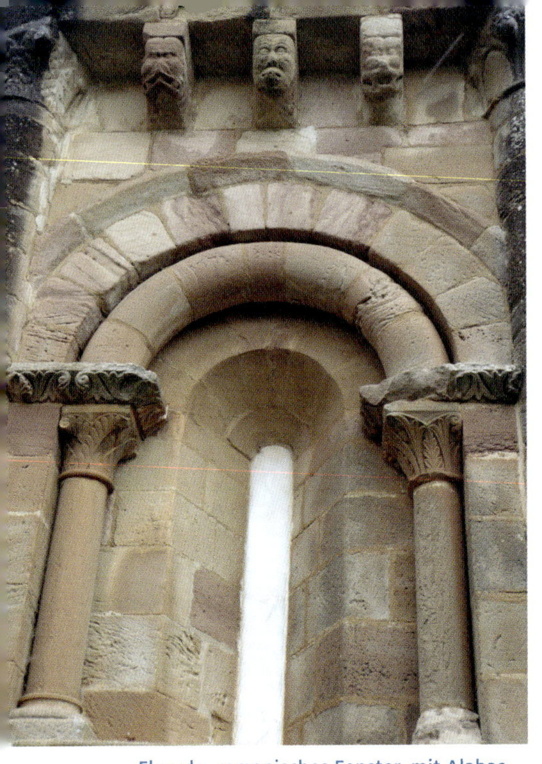

Ebenda, romanisches Fenster, mit Alabaster verschlossen

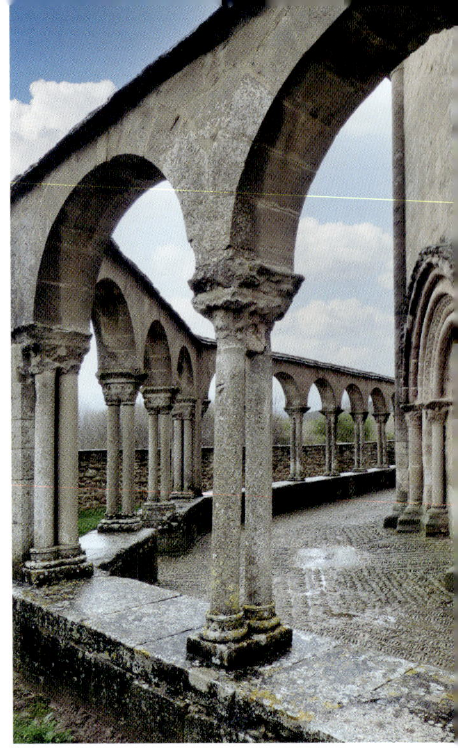

Ebenda, oktogonaler Umgang der Kirche

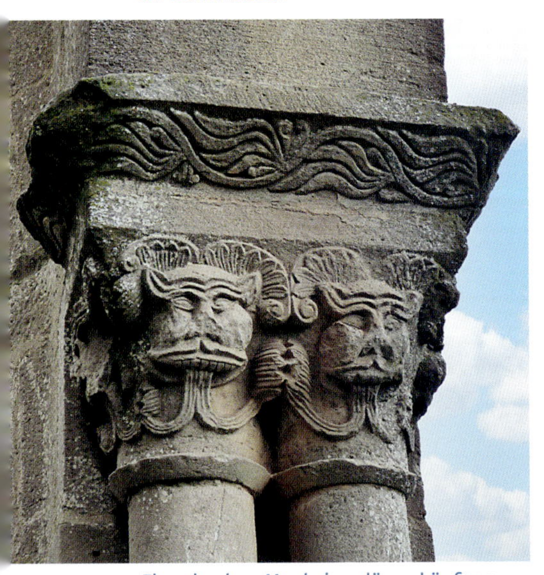

Ebenda, dem Maul eines löwenköpfigen Dämons entspringt ein ornamentales Band.

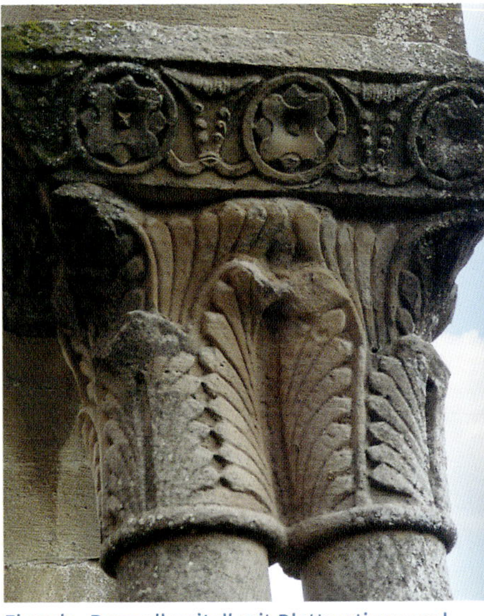

Ebenda, Doppelkapitell mit Blattmotiven und Ornamentfries

Puente la Reina

Die Kirche **Parroquia de Santiago** (42.67219/-1.81414) besitzt ein verwittertes Portal mit mozarabischen Einflüssen.

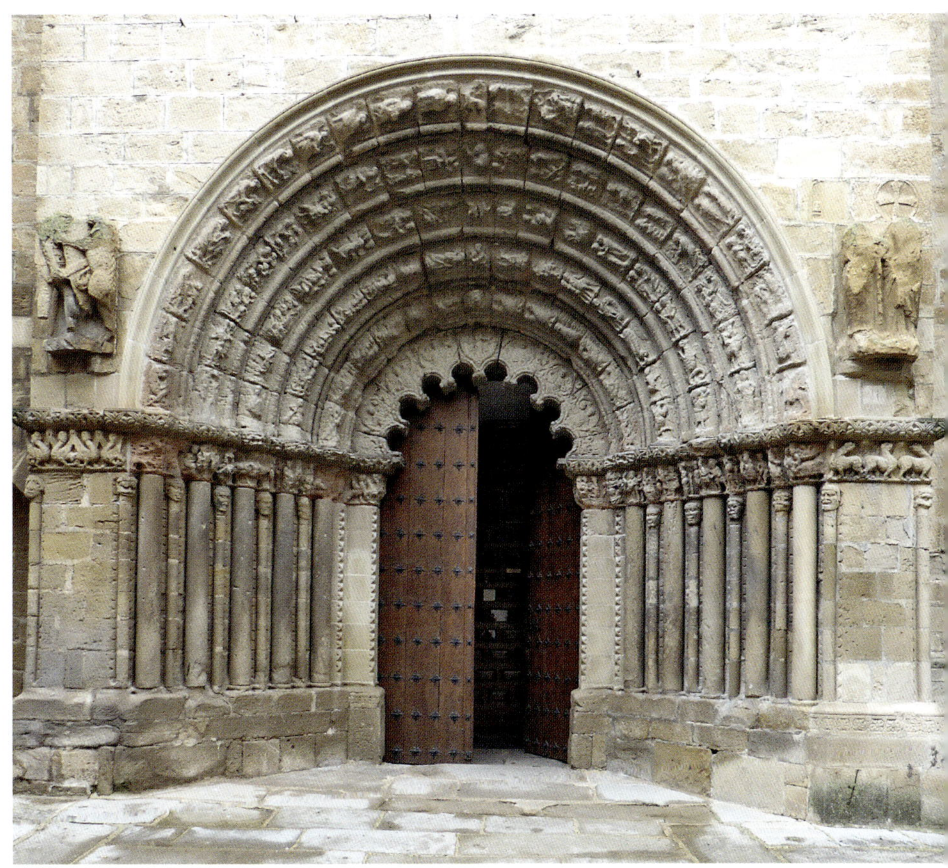

Puente la Reina, Jakobskirche, Portal

Wegen der Verwitterung der Kapitelle dieses Portals kann man ihre Szenen kaum erkennen. Die figürlichen Kapitelle in Augenhöhe laden dazu ein, sich die Zeit zu nehmen und genau hinzusehen, um die Darstellungen zu entschlüsseln.

Die Darstellungen in den Archivolten sind besser erhalten. In den äußeren vier Archivolten sind deutlich Menschen zu erkennen, innen sind Tiere und mindestens ein Engel zu sehen.

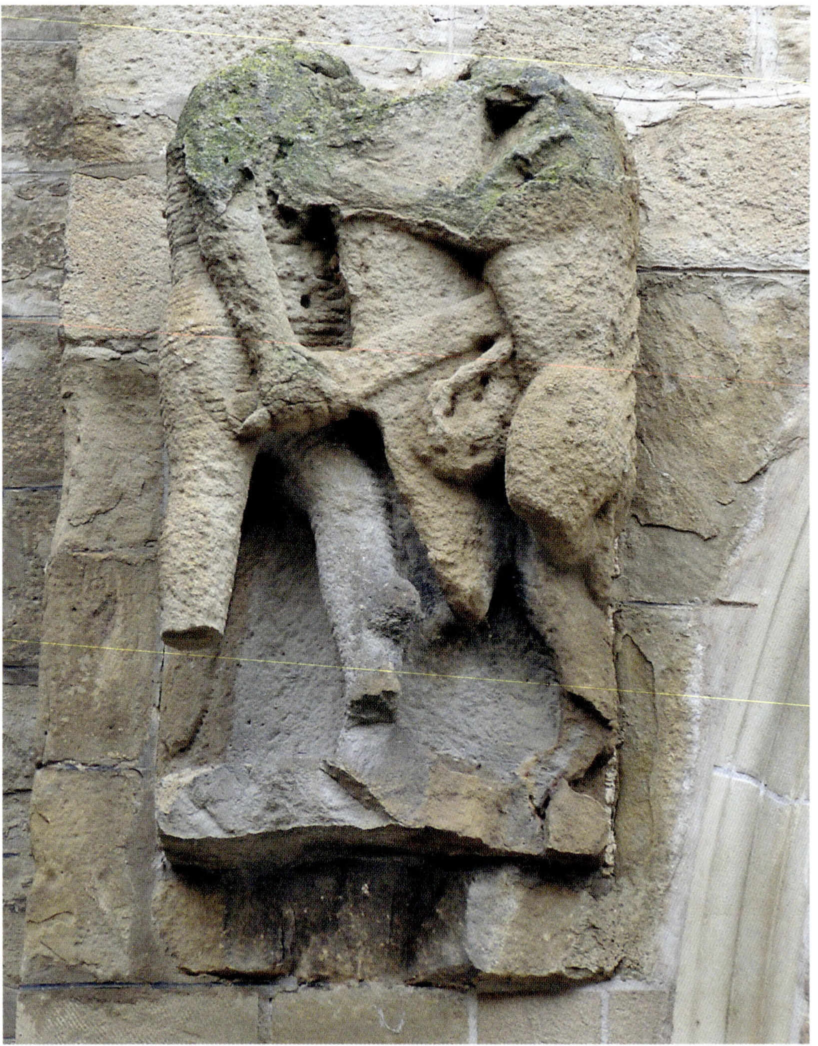

Links an der Fassade fällt ein Löwe einen Mann an, der den Angriff mit dem Schild abwehrt und sein Schwert in dessen Unterleib stößt.

Bekämpfen wir unsere Schattenseiten (Neid, Missgunst, Eifersucht, Misstrauen ...), wenn sie uns überfallen?

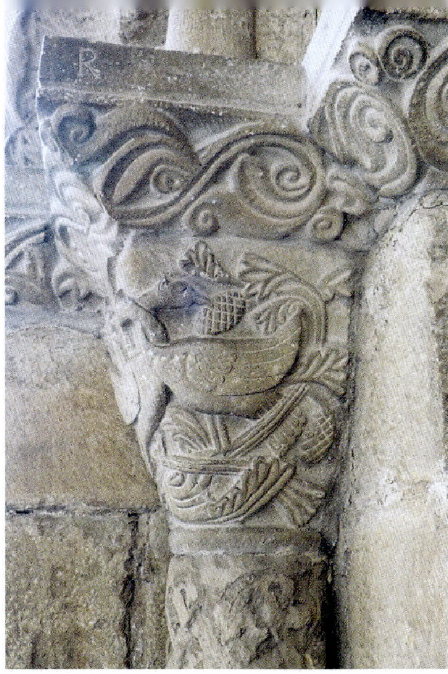

Zwei mit den Hälsen verschlungene Vögel picken Samen aus den Zapfen (= ewiges Leben).

Auch wir dürfen vom Brot des Lebens essen.

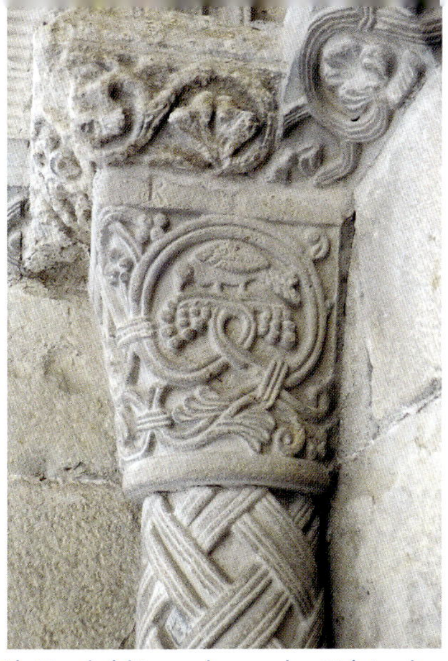

Ein Vogel pickt von oben an den Weintrauben.

Wir sind zur Feier der Eucharistie eingeladen und dürfen im konsekrierten Brot und Wein den Leib und das Blut Christi kosten.

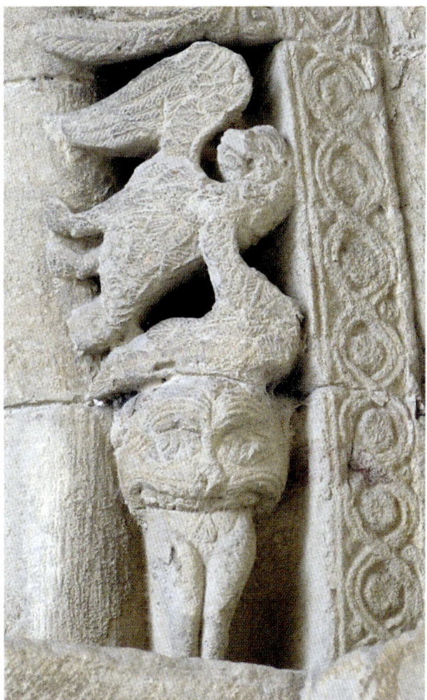

Ein Dämon frisst eine Frau, von der noch der Unterleib und die Beine zu sehen sind. Darüber ein Vogel.

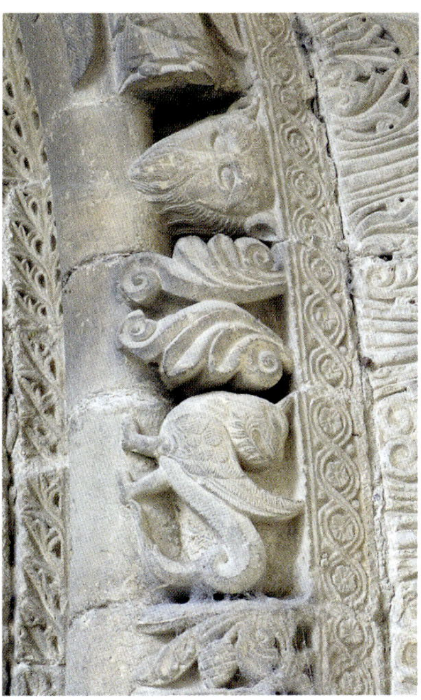

Ein Dämon mit Spitzohren, darunter zwei einander zugewandte Palmetten, ein Fabelwesen und florale Ornamente.

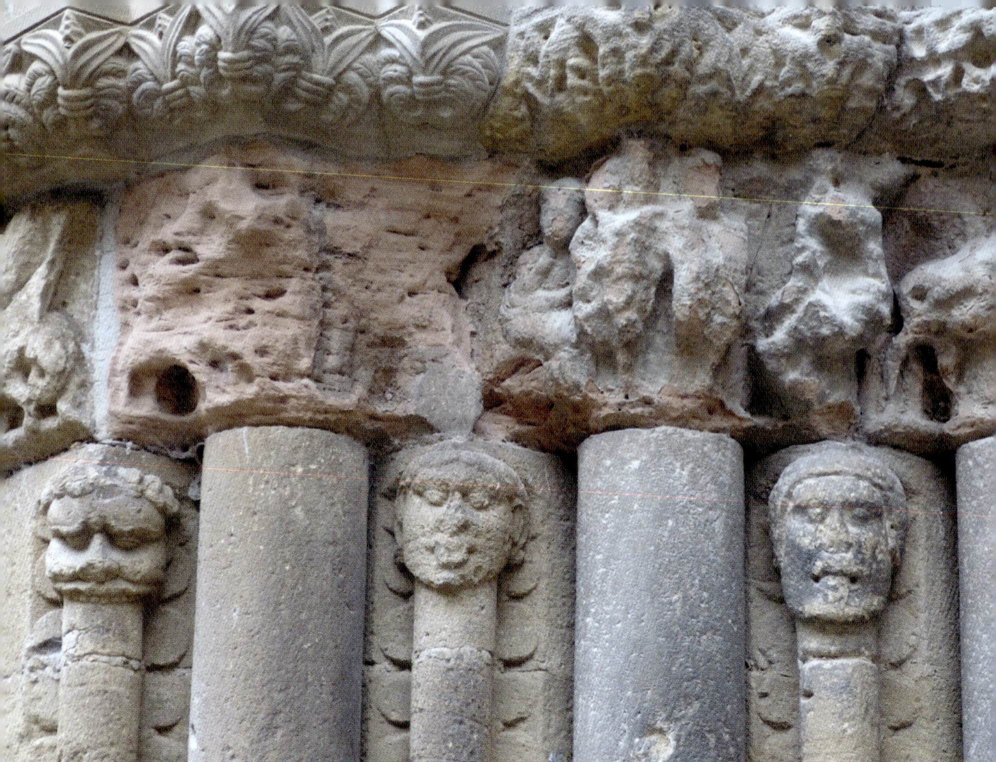

Die Zeit nagt am Stein, aber auch an uns Menschen.

Wie gehen wir mit unserer Vergänglichkeit um?

Ein Dämon frisst eine Säule auf, zwei Gesichter strecken dem Pilger frech die Zunge entgegen. Die Bilder sollten Dämonen verscheuchen und Unheil abwenden. Uns stellen sie Fragen:

Verschlingen wir mit unserer Lebensweise die Ressourcen unseres Planeten und hinterlassen wir nachfolgenden Generationen eine geplünderte Erde?

Sind auch wir zu unseren Mitmenschen frech oder eher liebevoll und verständnisvoll? An welcher Grundhaltung haben wir Freude?

Am Ortsausgang befindet sich »El puente de la reina«, die »Brücke der Königin« (42.67108/-1.81954), nach der diese Stadt benannt wurde. Die Brücke soll von der Gemahlin König Sancho Garcés III. (um 990 –1035) oder deren Schwiegertocher Dona

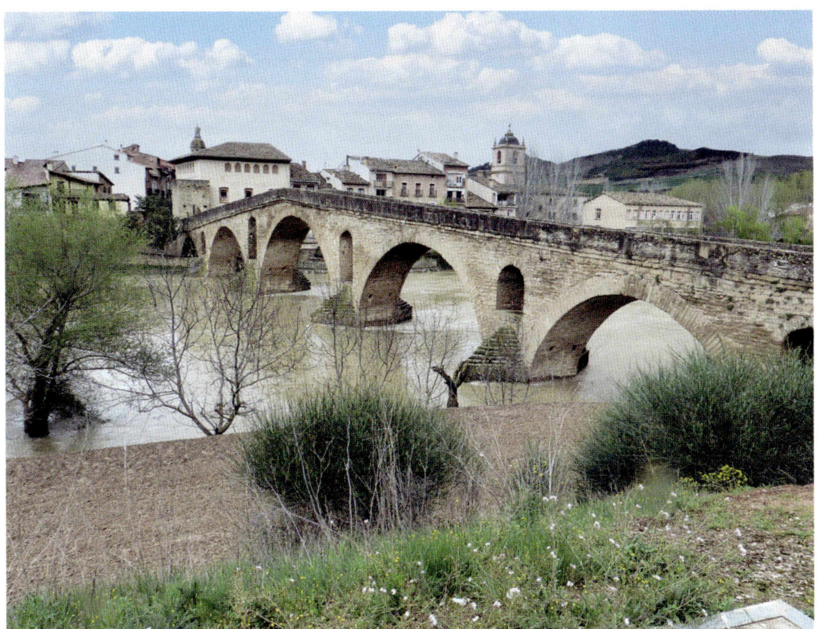

Pilgerbrücke über den Arga bei Puente la Reina

Estefani gestiftet worden sein. Ohne Brücke und ohne Fähre gibt es an diesem Fluss für den Pilger kein Weiterkommen, insbesondere bei Hochwasser, so wie auf diesem Bild. Brücken verbinden nicht nur die beiden Ufer, sondern auch Menschen.

Der Papst wird seit dem 5. Jh. als »Pontifex Maximus« bezeichnet, als der »oberste Brückenbauer«. Er baut eine Brücke zwischen Gott und den Menschen.

Sind auch wir Brückenbauer? Bauen wir Mauern, wenn unterschiedliche Positionen aufeinandertreffen, oder bauen wir Brücken, damit eine Annäherung möglich wird, dass zumindest der Kontakt erhalten bleibt?

Cirauqui

Die Kirche San Román in **Cirauqui** (42.67568/-1.89168) besitzt ein sehr gut erhaltenes Portal mit abgestuften Archivolten und maurischen Einflüssen.

Dieses Portal ist von der maurischen Kunst geprägt. Keines der Muster wiederholt sich in den neun Archivolten. Von der ersten Gestalt neben der Tür ist nur der Ober-

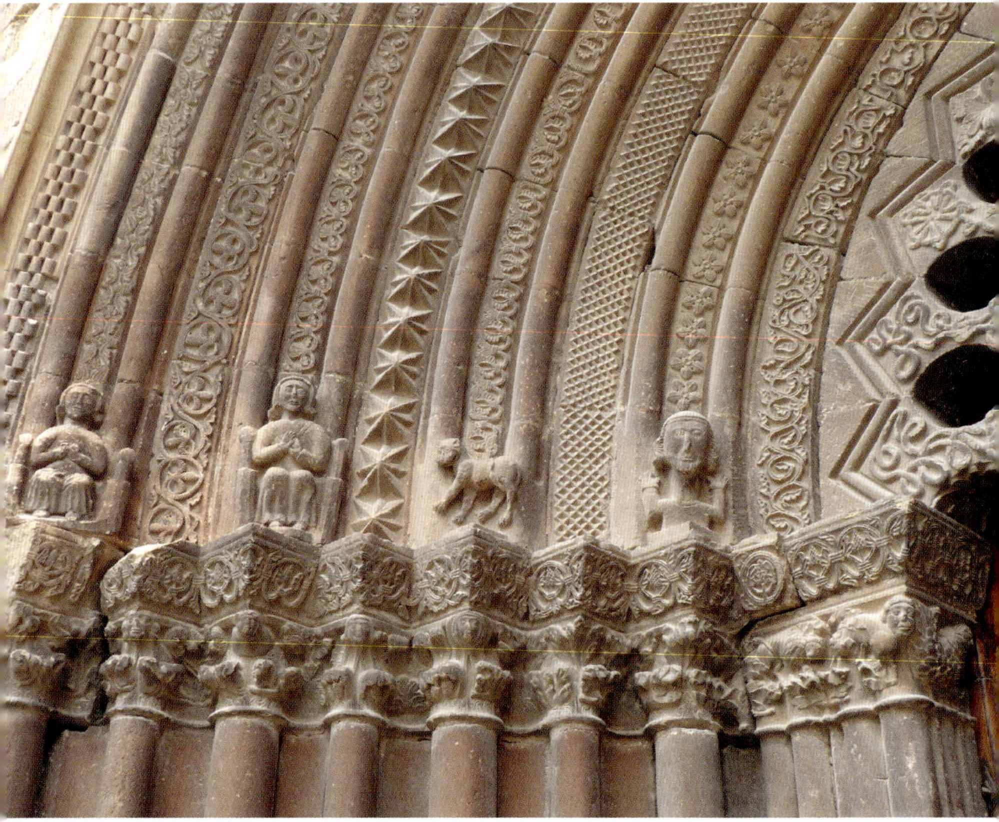

Cirauqui, San Román, Archivolte

körper zu sehen. Sie hat grüßend ihre Hände erhoben. Drei Menschen und ein Tier sind über den Kapitellen zu sehen: Die beiden Menschen außen links sitzen auf einem Thron und sind dadurch als Herrscher erkenntlich.

Wie gehe ich mit meiner Macht über Menschen um, zu ihrem oder zu meinem Wohle?

Auf der rechten Seite ist die Aufteilung genauso. Den beiden weltlichen Herrschern auf dem Thron auf der linken Seite stehen hier kirchliche Herrscher gegenüber, ein Bischof und ein Abt. Diese Gegenüberstellung zwischen weltlicher und kirchlicher Macht zeigt die mittelalterliche Gewaltenteilung zwischen der Welt und der Kirche. An diesem Portal begegnen sich beide Seiten auf Augenhöhe.

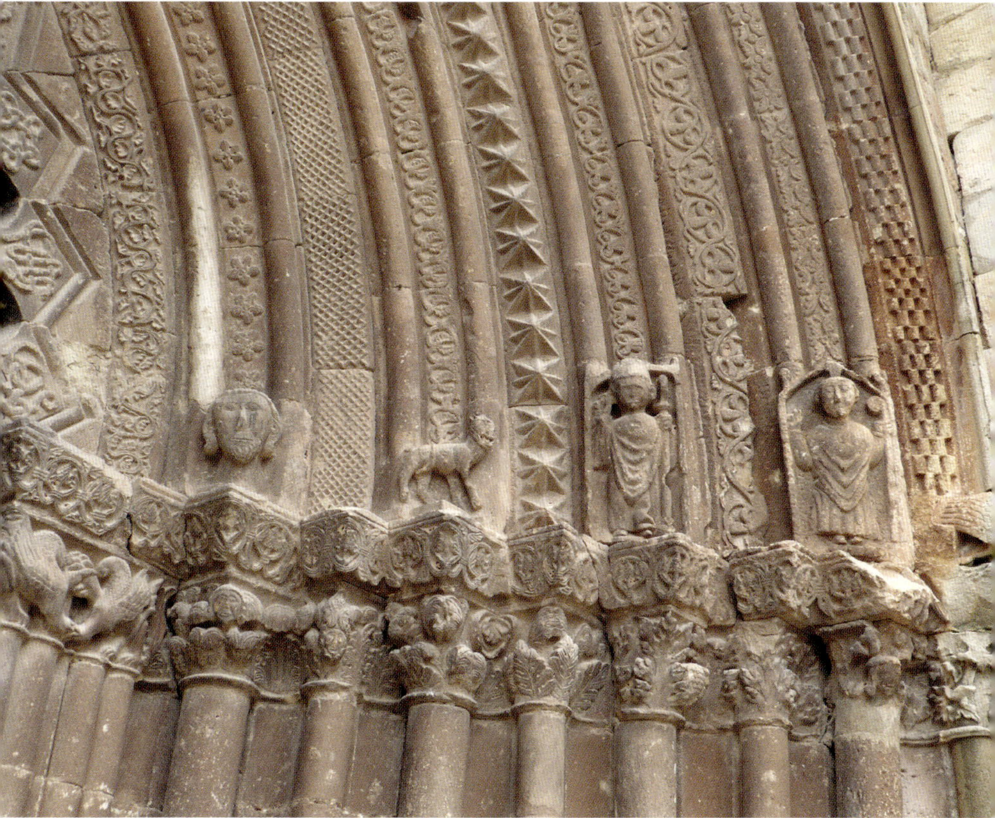

Cirauqui, San Román, Archivolte

Folgt man den Archivolten nach oben, so kommt man – von beiden Seiten – beim Osterlamm an, dem Zeichen für Jesus Christus, den Sohn Gottes. Ganz außen sieht man eine segnende Hand. Gott spendet seinen Segen der weltlichen und der kirchlichen Macht und allen Besuchern der Kirche. Die weltlichen und die kirchlichen Fürsten erhalten ihr Amt und ihre Stellung von Gott. Ihm gegenüber haben sie sich letztlich zu verantworten. Dieser Verantwortung kann sich niemand entziehen, weder ein weltlicher noch ein kirchlicher Herrscher.

Sehen auch wir uns in der Verantwortung Gott gegenüber?

Die gleichen Darstellungen sind am Portal der Kirche San Pedro de la Rúa in Estella (42.66886/-2.02942) zu sehen, jedoch in einem schlechteren Zustand.

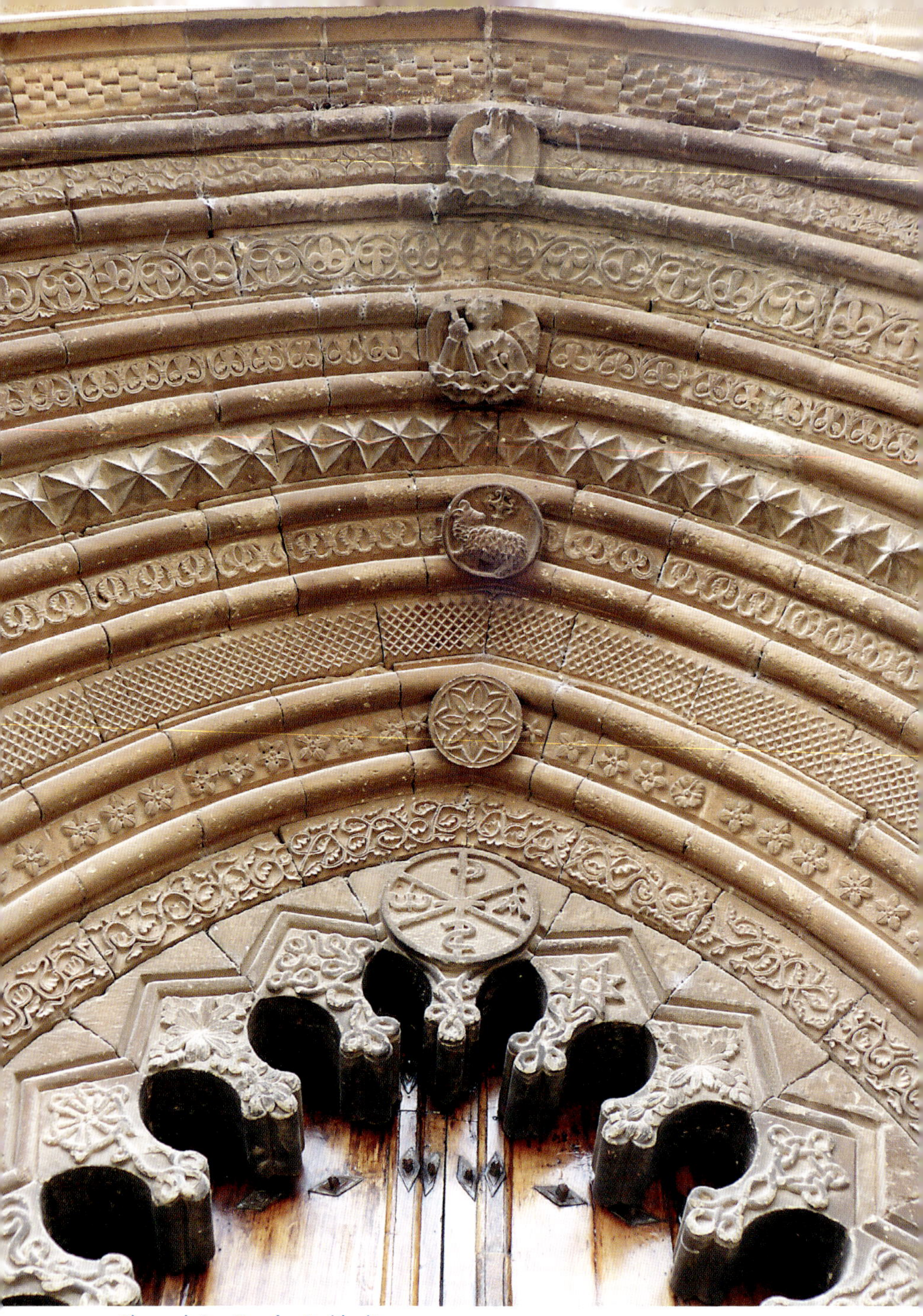

Cirauqui, San Román, Archivolte

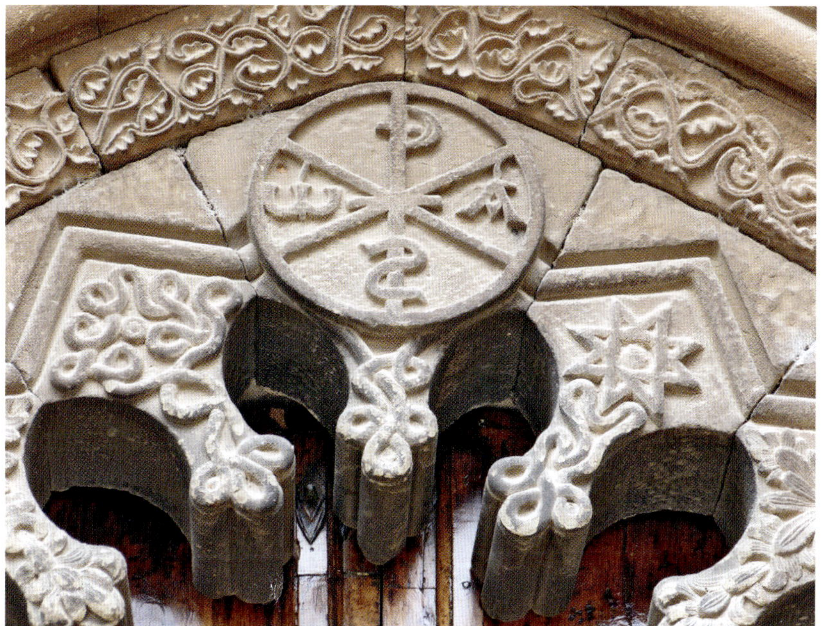

Cirauqui, San Román, Archivolte, Christusmonogramm

Im Scheitel des Portals ist ein Christogramm zu sehen, das auf den den Namen Christi verweist. Am mittleren Balken ist rechts oben eine kleine Schleife zu sehen, die für das Rho (lateinisch r) steht, das im griechischen Wort auf X (Chi, lateinisch Ch) folgt. Bei genauerer Betrachtung fällt auf, dass alle Buchstaben des Namens Christus in das Monogramm eingeschrieben sind. In der Schleife des Rho ist ein horizontaler Strich zu sehen, der ein T andeuten soll. Das I lässt sich in den vertikalen Längen erkennen, das U in den von dem X gebildeten Segmenten. Eine Unterscheidung von U und V wurde erst in der Renaissance vorgenommen. Das S schließlich rankt sich unten um die vertikale Achse.

Alpha und Omega stehen für Gott als den Anfang und das Ende der Geschichte. Das S erinnert zugleich an die Kupferschlange des Mose:

> Mose machte also eine Schlange aus Kupfer und hängte sie an einer Stange auf. Wenn nun jemand von einer Schlange gebissen wurde und zu der Kupferschlange aufblickte, blieb er am Leben. (Num 21,9)

> Und wie Mose die Schlange in der Wüste erhöht hat, so muss der Menschensohn erhöht werden. (Joh 3,14)

Die Archivolten über dem Tympanon sind mit verschiedenen Schmuckfriesen ausgefüllt, deren Mitte jeweils mit einem Kreis markiert wird. In diesem Kreis befinden sich übereinander ein Blütenornament, das Lamm Gottes, ein Engel mit dem Kreuz Christi und ganz oben eine segnende Hand.

Das Lamm Gottes nimmt Bezug auf das Neue Testament. Im Johannes-Evangelium bezeichnet Johannes der Täufer Christus mit diesem Begriff (Joh 1,29):

> Am Tag darauf sah er Jesus auf sich zukommen und sagte: Seht, das Lamm Gottes, das die Sünde der Welt hinwegnimmt!

Im nächsten Kreis hält ein Engel das Kreuz Jesu. Im letzten Kreis ist eine segnende Hand abgebildet. Jeder, der diese Kirche betritt, soll Segen empfangen und damit selbst zum Segen für andere werden.

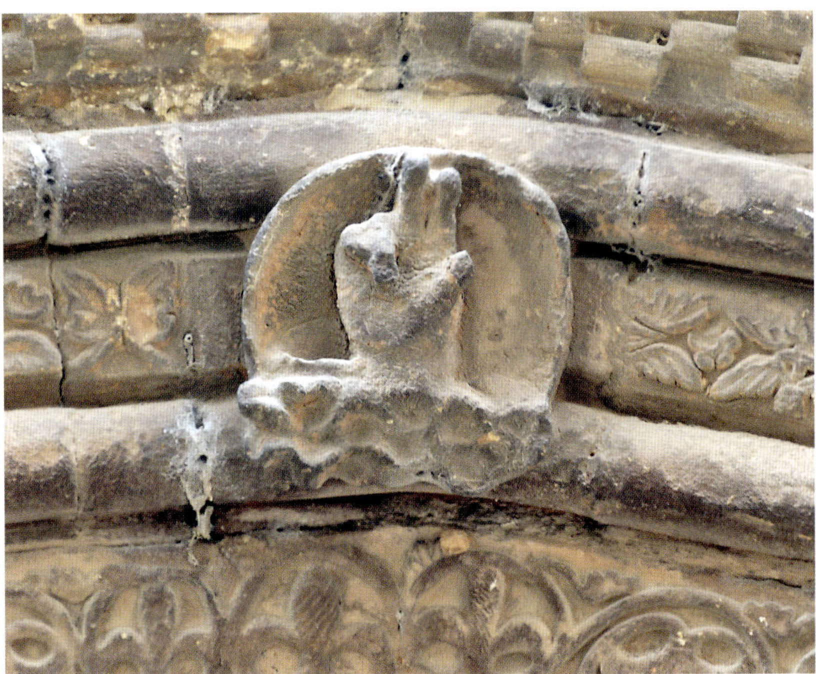

Cirauqui, San Román, Archivolte. Die Segenshand Gottes segnet die Kirchenbesucher.

Bin ich für den Segen Gottes offen? Bemühe ich mich, selbst zum Segen für andere zu werden?

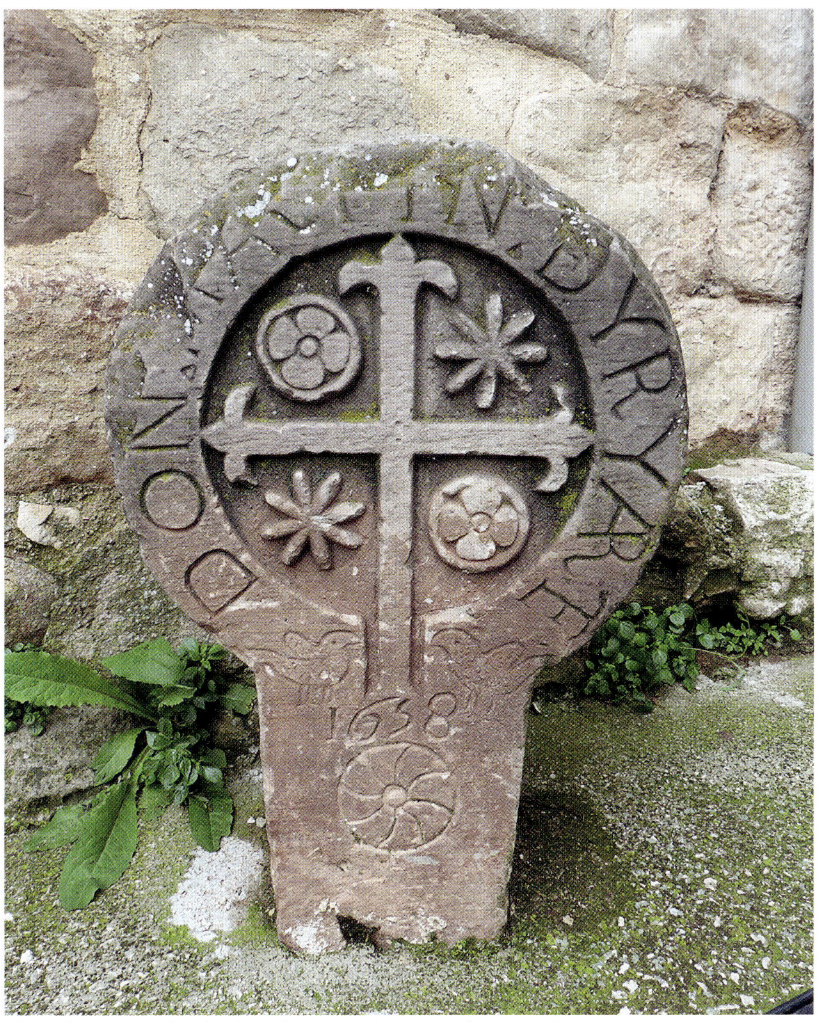

Ein baskischer Grabstein des Jahres 1638 (42.67607/-1.89046)

Ein baskischer Grabstein mit einem Kreuz, das den Kreis in gleichgroße Stücke vier-
telt. Jedes Viertel enthält eine Blüte. Über der Jahreszahl 1638 ist links und rechts je ein
Vogel dargestellt.

Estella

Die **IGLESIA DEL SANTO SEPULCRO** in Estella (42.66962/-2.02566) hat ein Portal mit vielstufigen Archivolten. Dieses Tympanon hat Szenen auf drei Ebenen:

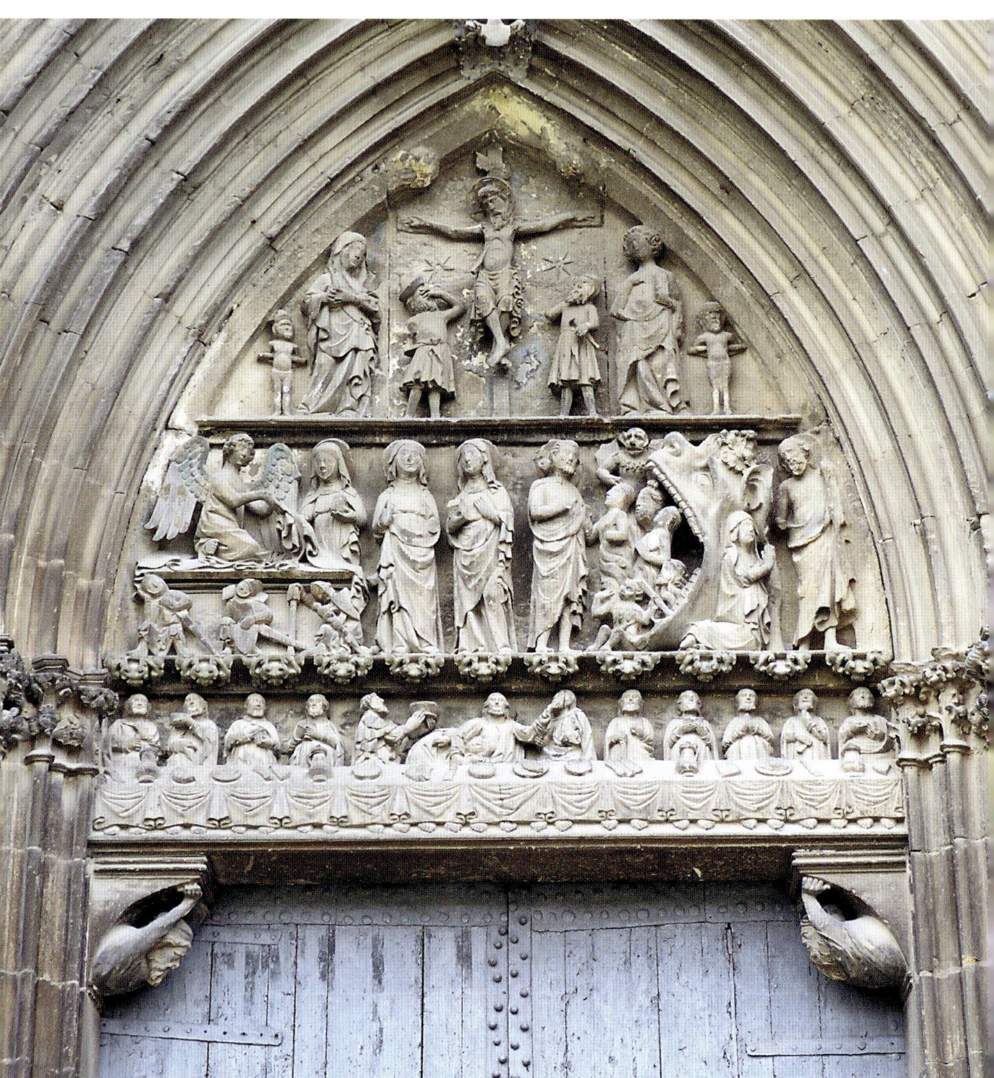

Estella-Lizarra, Iglesia del Santo Sepulcro, Tympanon

Unten ist Jesus beim letzten Abendmahl mit seinen Jüngern dargestellt. Sein Lieblings-jünger Johannes lehnt an der Brust Jesu, während Jesus Judas ein Stück Brot reicht, als Zeichen, dass er ihn verraten wird. Die anderen Jünger fragen sich, ob sie es sind, die Jesus verraten werden:

> Als es Abend wurde, begab er sich mit den zwölf Jüngern zu Tisch. Und während sie aßen, sprach er: Amen, ich sage euch: Einer von euch wird mich ausliefern. Da wurden sie sehr traurig und einer nach dem andern fragte ihn: Bin ich es etwa, Herr? Er antwortete: Der die Hand mit mir in die Schüssel eintunkt, wird mich ausliefern. Der Menschensohn muss zwar seinen Weg gehen, wie die Schrift über ihn sagt. Doch weh dem Menschen, durch den der Menschensohn ausgeliefert wird! Für ihn wäre es besser, wenn er nie geboren wäre. Da fragte Judas, der ihn auslieferte: Bin ich es etwa, Rabbi? Jesus antwortete: Du sagst es. (Mt 26,20-25).

In dem darüberliegenden Register ist links das Grab Christi dargestellt, vor dem die Soldaten schlafen. Auf dem Grab sitzt ein Engel, der der vordersten der drei Frauen am Grab das Grablinnen präsentiert, das der auferstehende Christus zurückgelassen hat. Neben dem Grab stehen zwei weitere Frauen; bei der rechten ist noch ein Kästchen erhalten, das Mittel zur Salbung von Jesu Leichnam enthielt und das jetzt nicht mehr gebraucht wird:

> Am ersten Tag der Woche gingen die Frauen mit den wohlriechenden Salben, die sie zubereitet hatten, in aller Frühe zum Grab. Da sahen sie, dass der Stein vom Grab weggewälzt war; sie gingen hinein, aber den Leichnam Jesu, des Herrn, fan-den sie nicht. Und es geschah, während sie darüber ratlos waren, siehe, da traten zwei Männer in leuchtenden Gewändern zu ihnen. Die Frauen erschraken und blickten zu Boden. Die Männer aber sagten zu ihnen: Was sucht ihr den Lebenden bei den Toten? Er ist nicht hier, sondern er ist auferstanden. Erinnert euch an das, was er euch gesagt hat, als er noch in Galiläa war: Der Menschensohn muss in die Hände sündiger Menschen ausgeliefert und gekreuzigt werden und am dritten Tag auferstehen. Da erinnerten sie sich an seine Worte. Und sie kehrten vom Grab zurück und berichteten das alles den Elf und allen Übrigen. Es waren Maria von Magdala, Johanna und Maria, die Mutter des Jakobus, und die übrigen Frauen mit ihnen. Sie erzählten es den Aposteln (Lk 24,1-10).

Rechts ist das Hinabsteigen Jesus in die Unterwelt zu sehen. Der Abstieg Jesu in die Unterwelt bezieht sich auf die auch im Glaubensbekenntnis festgehaltene Vorstellung (»hinabgestiegen in das Reich des Todes«), dass Jesus in der Nacht nach seiner Kreuzi-gung in die Unterwelt hinabgestiegen ist. Bei der vordersten Gestalt handelt es sich um Adam, der wie die hinter ihm stehende Eva aus der Unterwelt befreit wird. Die Unterwelt wird hier wie die Hölle dargestellt: Oben und unten sind zwei Dämonen zu sehen, und die Gestalten stehen innerhalb des Höllenschlundes, der auch häufig in Bildern des Jüngsten Gerichtes erscheint. Hier ist allerdings der Ort der Toten und nicht der Ort höllischer Qualen gemeint. Ihn können die Gerechten jetzt verlassen. An die Darstellung des Herabsteigens in die Hölle schließt die Begegnung Maria Magdalenas mit Jesus an, die den Auferstandenen zunächst nicht erkennt:

> Als sie das gesagt hatte, wandte sie sich um und sah Jesus dastehen, wusste aber nicht, dass es Jesus war. Jesus sagte zu ihr: Frau, warum weinst du? Wen suchst du? Sie meinte, es sei der Gärtner, und sagte zu ihm: Herr, wenn du ihn weggebracht hast, sag mir, wohin du ihn gelegt hast! Dann will ich ihn holen. Jesus sagte zu ihr: Maria! Da wandte sie sich um und sagte auf Hebräisch zu ihm: Rabbuni!, das heißt: Meister. Jesus sagte zu ihr: Halte mich nicht fest; denn ich bin noch nicht zum Vater hinaufgegangen. Geh aber zu meinen Brüdern und sag ihnen: Ich gehe hinauf zu meinem Vater und eurem Vater, zu meinem Gott und eurem Gott (Joh 20,14-17)

Im obersten Register wird die Kreuzigung Jesu dargestellt. Das Kreuz Jesu steht in der Mitte; der römische Soldat sticht den gekreuzigten Jesus mit seiner Lanze in die Seite. Da sofort Blut und Wasser herausfließen, ist klar, dass Jesus bereits gestorben ist. Dies berichtet das Johannes-Evangelium:

> Weil Rüsttag war und die Körper während des Sabbats nicht am Kreuz bleiben sollten – dieser Sabbat war nämlich ein großer Feiertag – baten die Juden Pilatus, man möge ihnen die Beine zerschlagen und sie dann abnehmen. Also kamen die Soldaten und zerschlugen dem ersten die Beine, dann dem andern, der mit ihm gekreuzigt worden war. Als sie aber zu Jesus kamen und sahen, dass er schon tot war, zerschlugen sie ihm die Beine nicht, sondern einer der Soldaten stieß mit der Lanze in seine Seite und sogleich floss Blut und Wasser heraus. Und der es gesehen hat, hat es bezeugt und sein Zeugnis ist wahr. Und er weiß, dass er Wahres sagt, damit auch ihr glaubt. (Joh 19,34).

Links und rechts außen sind die beiden Schächer dargestellt, die zusammen mit Jesus gekreuzigt wurden:

> Dort kreuzigten sie ihn und mit ihm zwei andere, auf jeder Seite einen, in der Mitte aber Jesus. (Joh 19,18).

Als Besonderheit fällt auf, dass sowohl der Soldat, der Jesus in die Seite sticht, einen Judenhut trägt, wie auch der linke Schächer. Während der linke Schächer seinen Blick

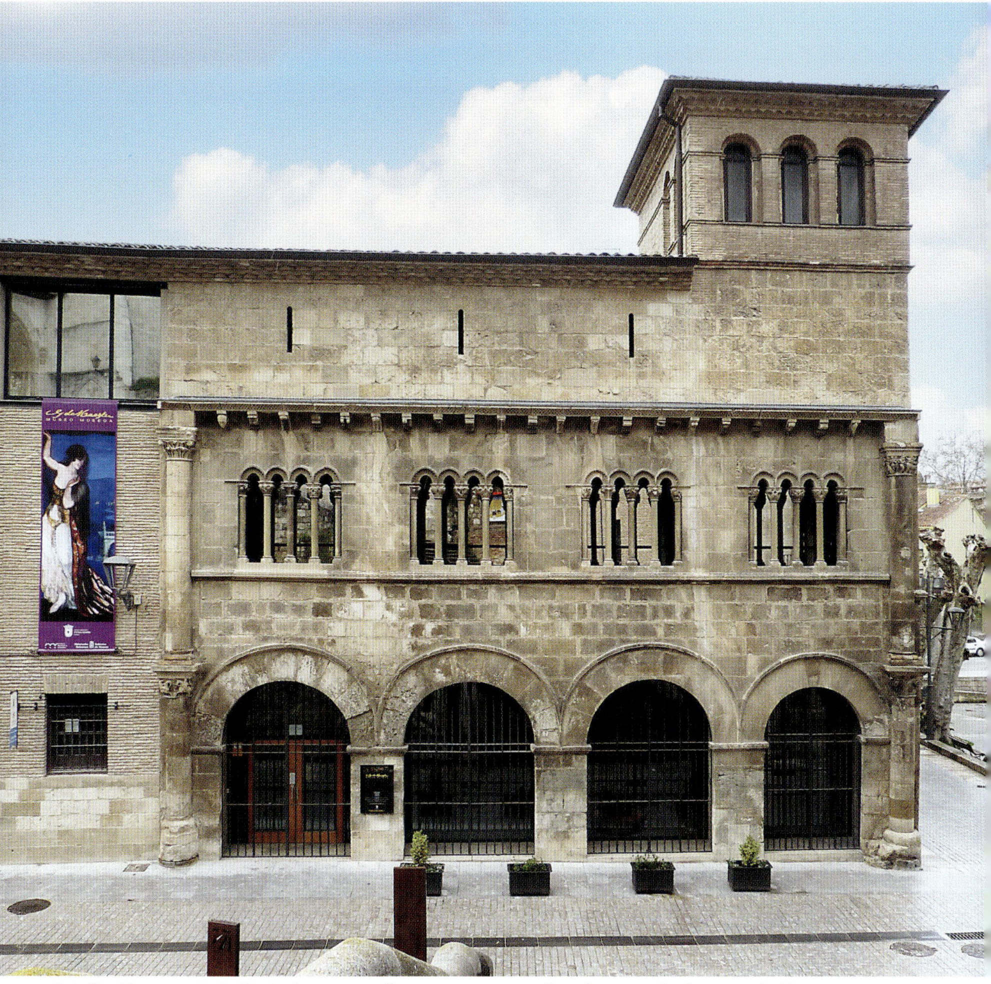

Estella-Lizzarra, Palacio de los Reyes de Navarra, Fassade mit romanischen Kapitellen
(42.66927/-2.02929)

auf Christus richtet und gerettet wird, verdeckt der Soldat seine Augen mit der Hand
und nimmt Jesu Göttlichkeit nicht wahr bzw. wird von ihr geblendet.

Wie ernst nehmen wir unseren Glauben? Sind wir uns der Göttlichkeit Jesu bewusst?

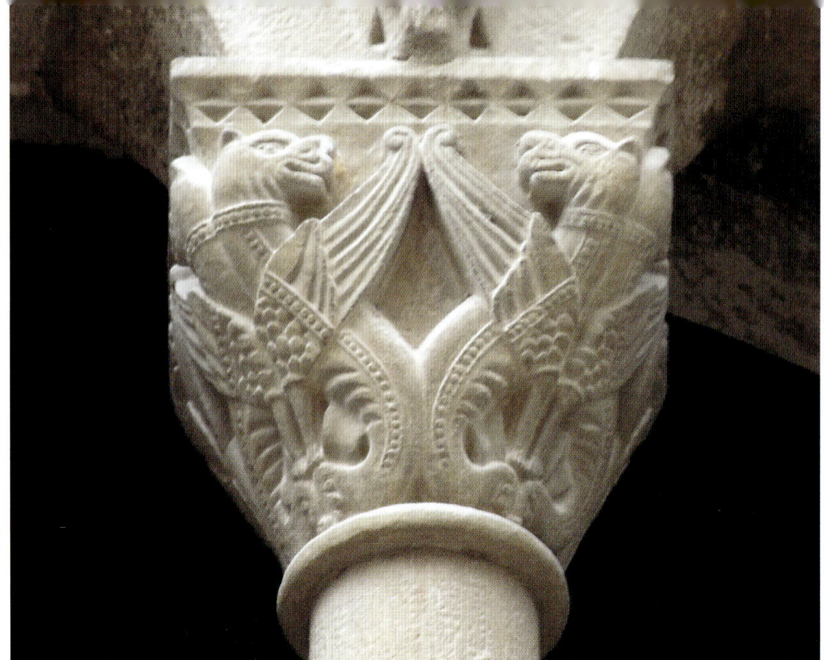

Ebenda, geflügelter Greif mit Tierkopf

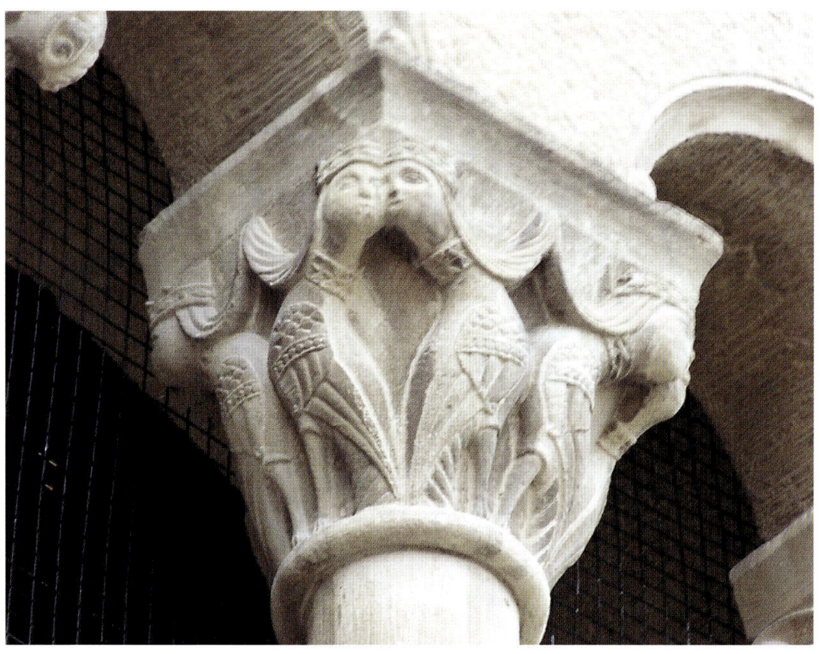

Ebenda, Sirenen, die ihre Köpfe aneinander lehnen

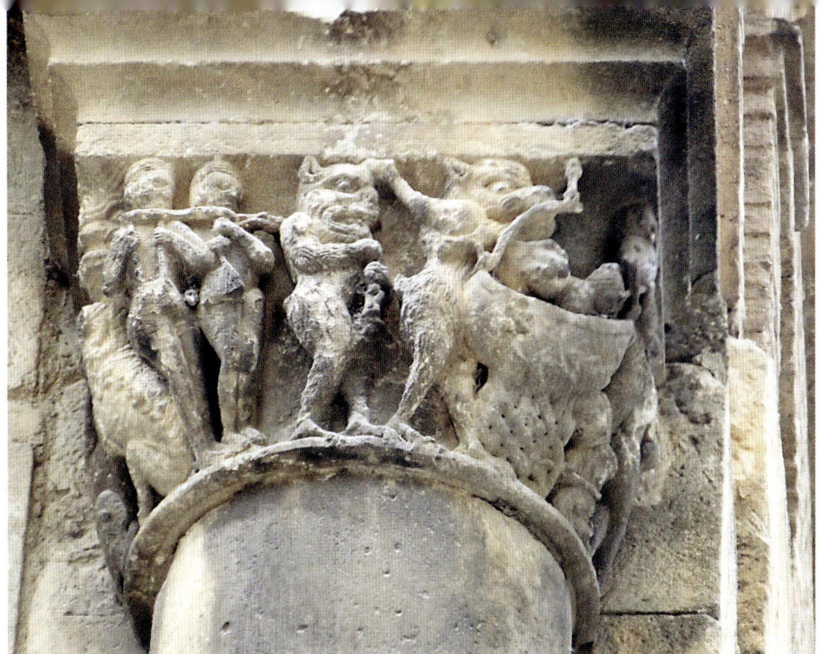

Ebenda, Darstellung von Strafen des Jüngsten Gerichts

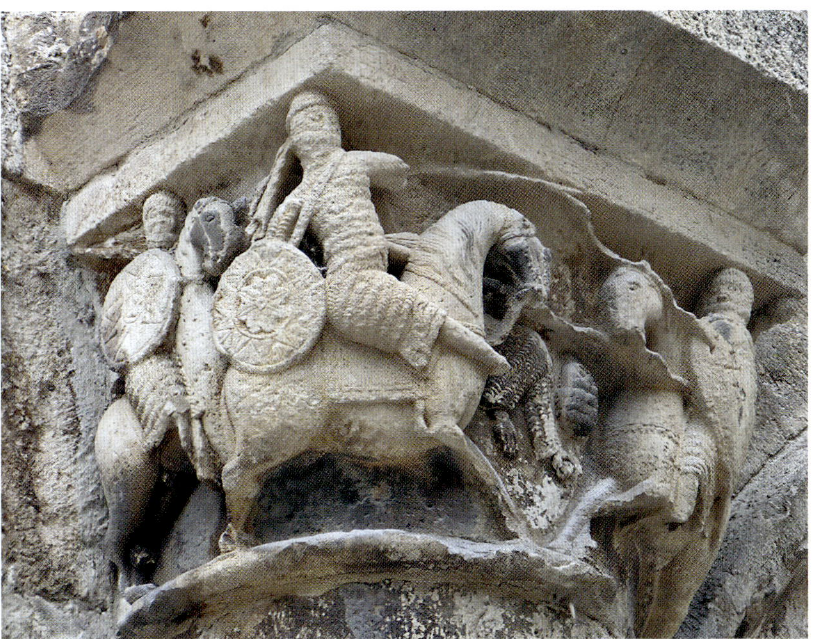

Ebenda, Darstellung von Kämpfen aus dem Rolandslied, das im 11. Jh. entstand und das am Pilgerweg nach Santiago zur Unterhaltung der Pilger vorgetragen wurde.

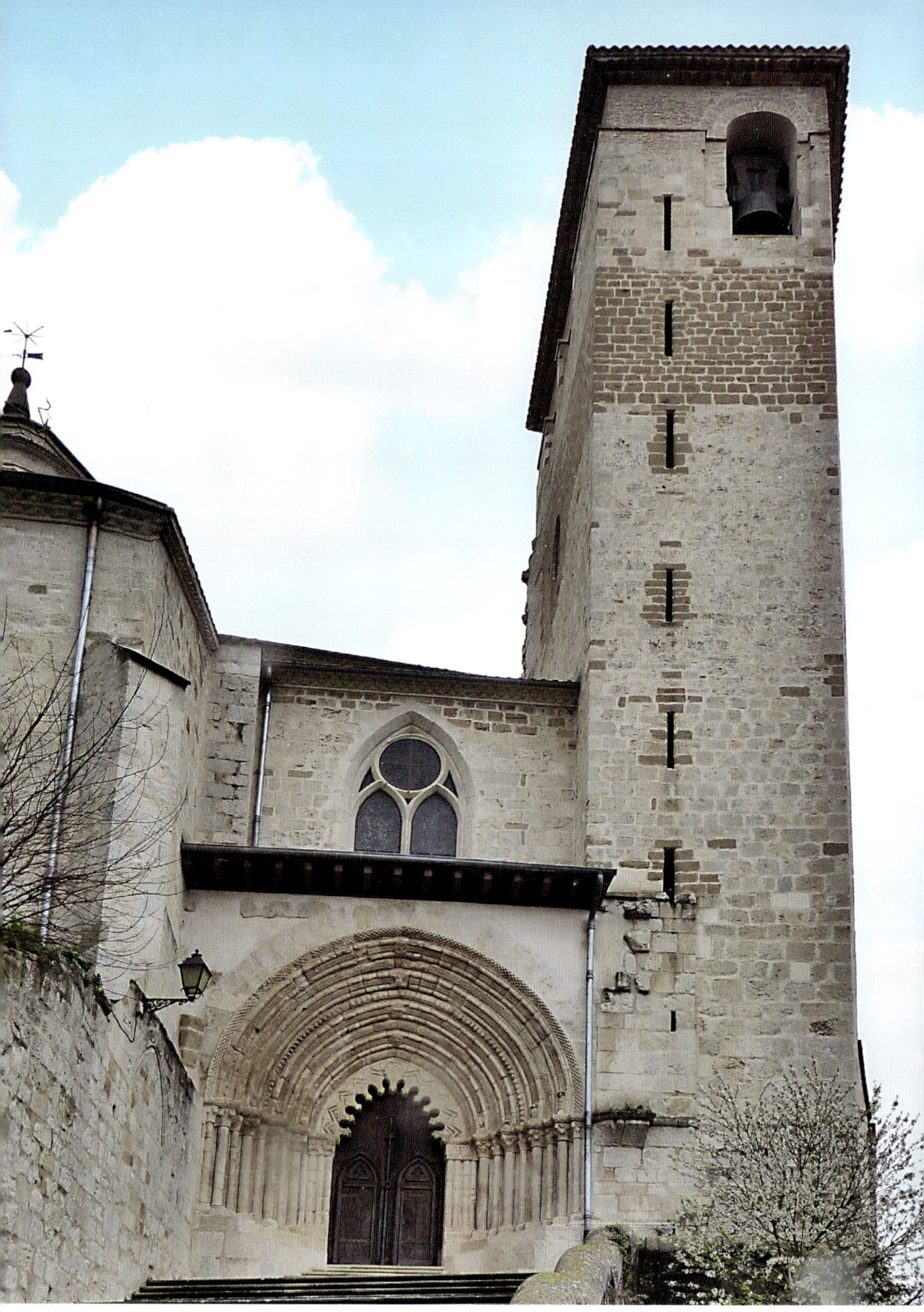

An der Plaza de San Martin steht der **PALACIO DE LOS REYES DE NAVARRA**, der Palast der Könige von Navarra. Er ist das einzige erhaltene romanische Wohngebäude von Navarra (42.66930/-2.02950). Diesen Profanbau schmücken zahlreiche Kapitelle, darunter diese, die die gleichen Themen wie die Kirchen zeigen, s. die beiden vorausgegangenen Seiten.

Die Kirche **SAN PEDRO DE LA RÚA** liegt dem Palacio de los Reyes de Navarra direkt gegenüber. Eine lange Treppe führt zu dem Portal mit arabischen Einflüssen.

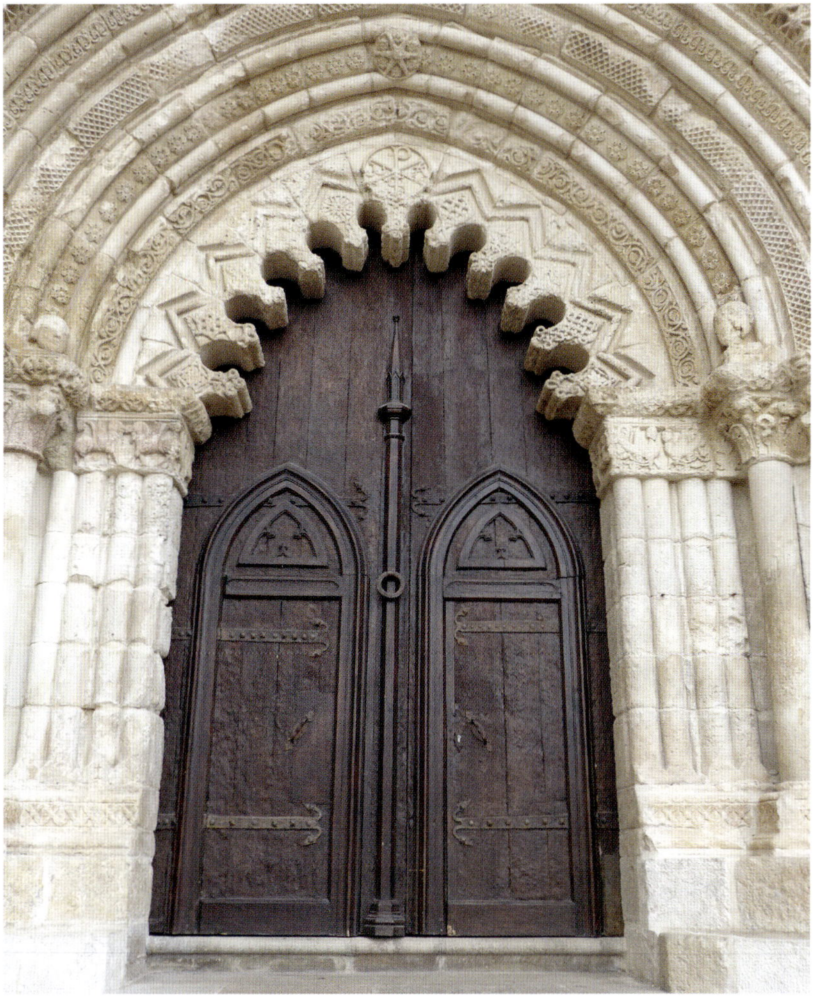

Ebenda, Portal

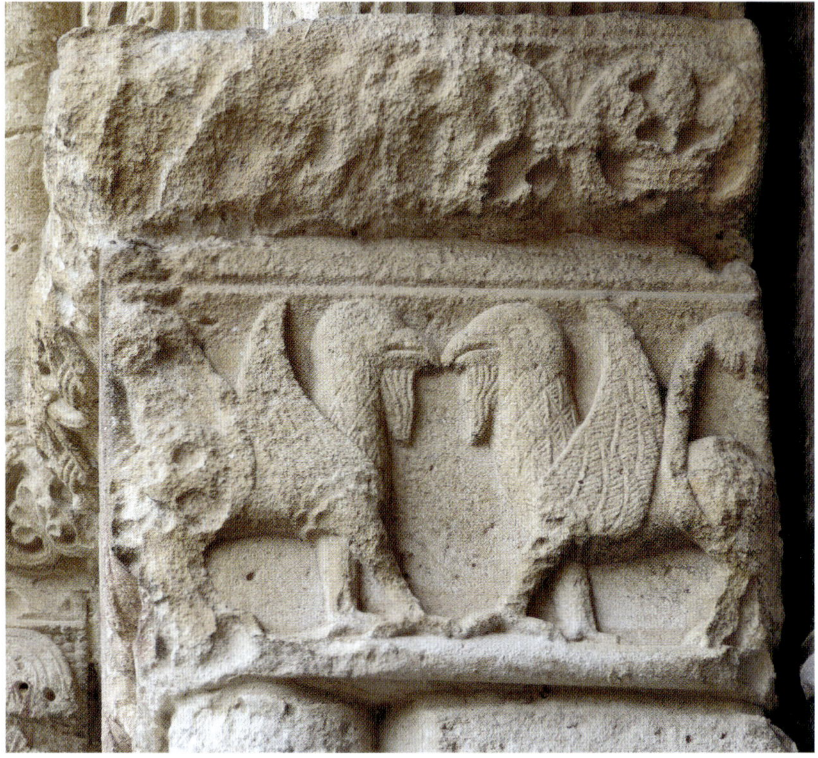

Ebenda, geflügeltes Fabelwesen (42.66900/-2.02938)

Das Portal der Kirche ist wie eine Kopie des Portals der Kirche in Cirauqui, nur nicht so gut erhalten. Es besitzt Darstellungen von verschiedenen Fabelwesen. Der Kentaur, der eine Sirene jagt, wurde bereits abgebildet.

Wo liegt meine Phantasie weit neben der Realität? Mit welchen Hirngespinsten mache ich mir mein Leben schwer?

Die **IGLESIA DE SAN MIGUEL ARCÁNGEL** in Estella (42.67095/-2.02866) besitzt ein prächtiges romanisches Nordportal, das zum Schutz vor dem Wetter mit Glasplatten überdacht ist.

Auch dieses Portal stellt im wahrsten Sinne des Wortes eine steinerne Bibel dar. Es besitzt einige Darstellungen aus dem Leben Jesu. In den fünf Archivolten, die das Tympanon umgeben, huldigen in der ersten Engel mit Weihrauch Jesus, in der zweiten

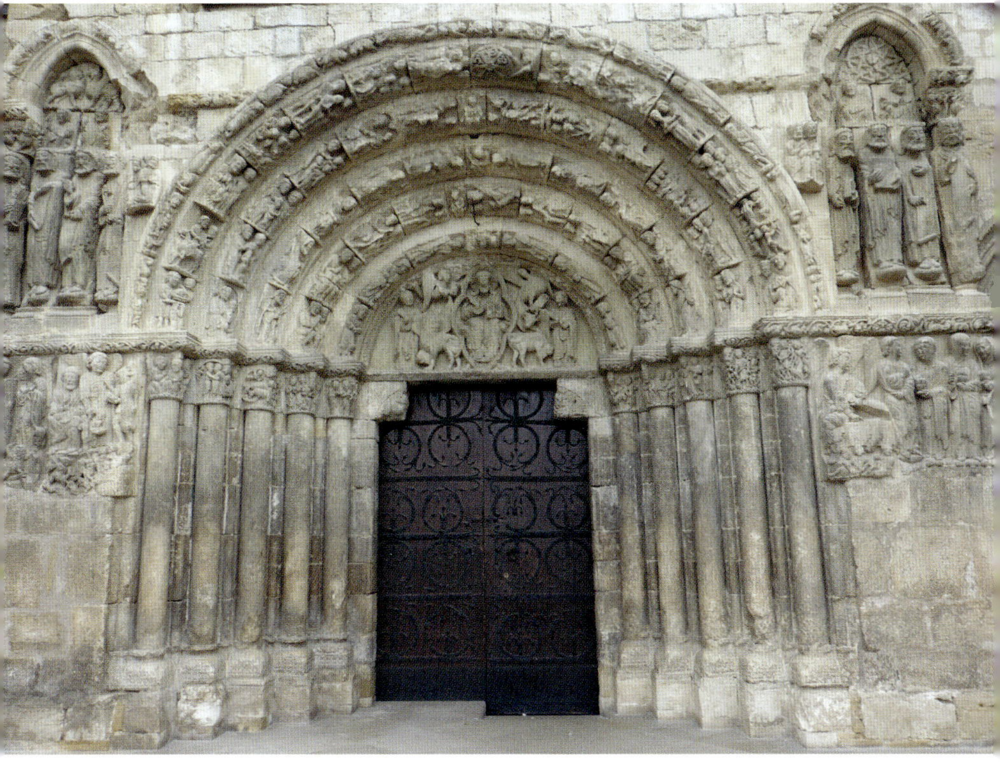

Estella-Lizzarra, San Miguel Arcángel, Portal (42.67113/-2.02846)

sind es Sänger und Musiker, die zu Ehren Christi musizieren. In der dritten Archivolte stehen Propheten mit Schriftrollen, und in den beiden äußeren sind Szenen aus dem Neuen Testament und dem Leben von Heiligen dargestellt.

Wie halten wir es mit dem Lobpreis Gottes?

Zwei Szenen schildern das Lebensende Johannes des Täufers. Markus berichtet in seinem Evangelium, dass Herodes den Johannes in Gefängnis hatte werfen lassen, weil er Herodias, die Frau seines Bruders Philippus, geheiratet hatte, was von Johannes kritisiert wurde. Herodias wollte Johannes deswegen töten und wartete auf eine passende Gelegenheit:

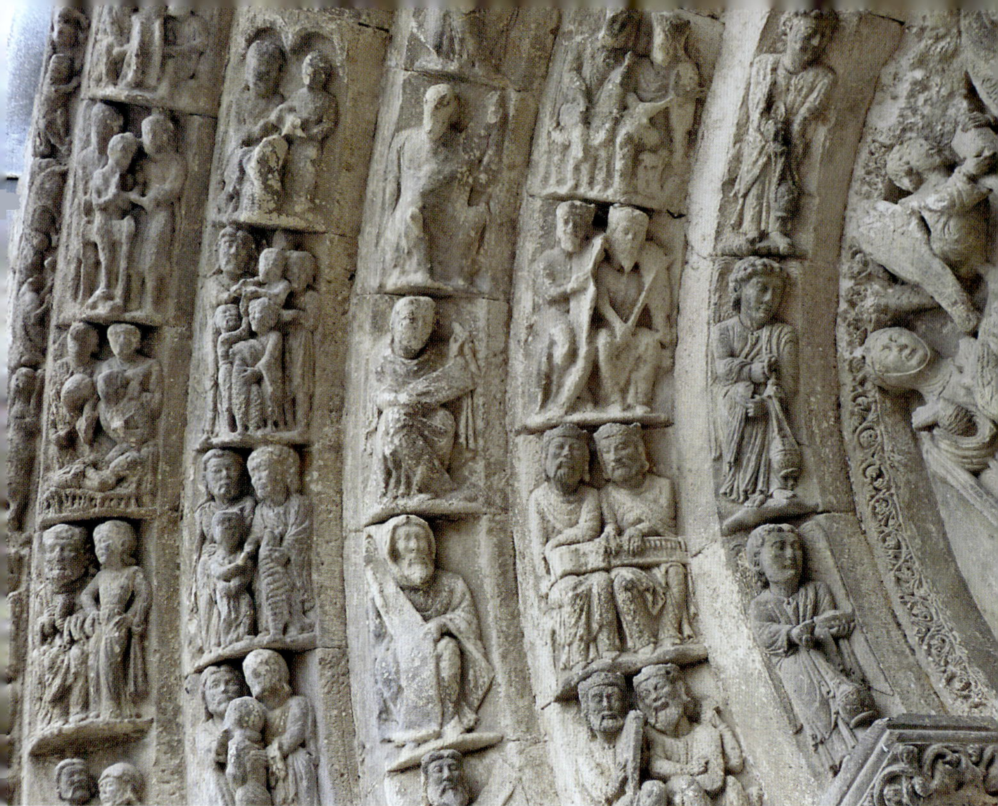

Ebenda, Blick auf die figürlichen Szenen der Archivolten

Eines Tages ergab sich für Herodias eine günstige Gelegenheit. An seinem Geburtstag lud Herodes seine Hofbeamten und Offiziere zusammen mit den vornehmsten Bürgern von Galiläa zu einem Festmahl ein. Da kam die Tochter der Herodias und tanzte und sie gefiel dem Herodes und seinen Gästen so sehr, dass der König zu dem Mädchen sagte: Verlange von mir, was du willst; ich werde es dir geben. Er schwor ihr sogar: Was du auch von mir verlangst, ich will es dir geben, und wenn es die Hälfte meines Reiches wäre. Sie ging hinaus und fragte ihre Mutter: Was soll ich verlangen? Herodias antwortete: Den Kopf Johannes' des Täufers. Da lief das Mädchen zum König hinein und verlangte: Ich will, dass du mir sofort auf einer Schale den Kopf Johannes des Täufers bringen lässt. Da wurde der König sehr traurig, aber wegen der Eide und der Gäste wollte er ihren Wunsch nicht ablehnen. Deshalb befahl er einem Scharfrichter, sofort ins

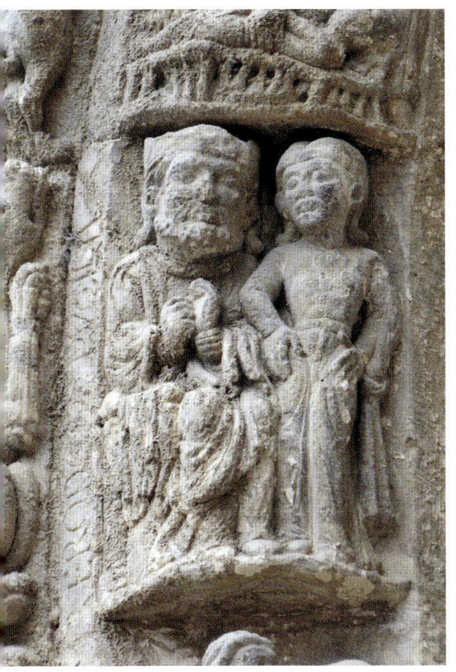

Die Tochter von Herodias tanzt vor Herodes. Dafür will sie den Kopf des Johannes.

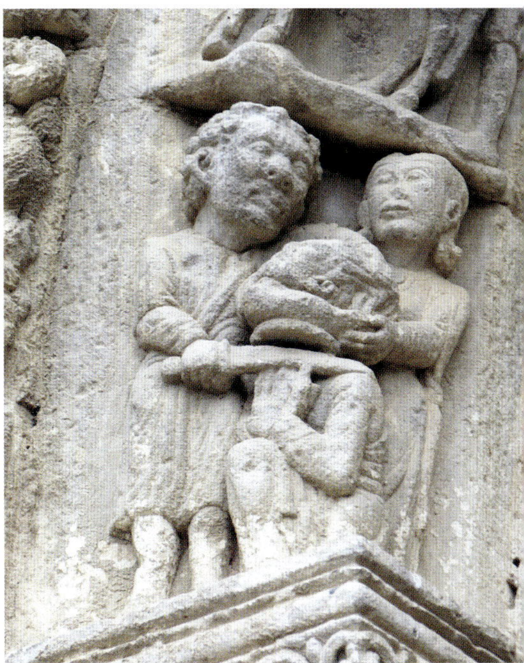

Johannes der Täufer wird enthauptet und der Kopf von einer Frau davongetragen.

> Gefängnis zu gehen und den Kopf des Täufers herzubringen. Der Scharfrichter ging und enthauptete Johannes. Dann brachte er den Kopf auf einer Schale, gab ihn dem Mädchen und das Mädchen gab ihn seiner Mutter. (Mk 6,21–28)

Geschildert wird auch die Heilung eines Taubstummen (Mk 7,31-35):

> Jesus verließ das Gebiet von Tyrus wieder und kam über Sidon an den See von Galiläa, mitten in das Gebiet der Dekapolis. Da brachten sie zu ihm einen, der taub war und stammelte, und baten ihn, er möge ihm die Hand auflegen. Er nahm ihn beiseite, von der Menge weg, legte ihm die Finger in die Ohren und berührte dann die Zunge des Mannes mit Speichel; danach blickte er zum Himmel auf, seufzte und sagte zu ihm: Effata!, das heißt: Öffne dich! Sogleich öffneten sich seine Ohren, seine Zunge wurde von ihrer Fessel befreit und er konnte richtig reden.

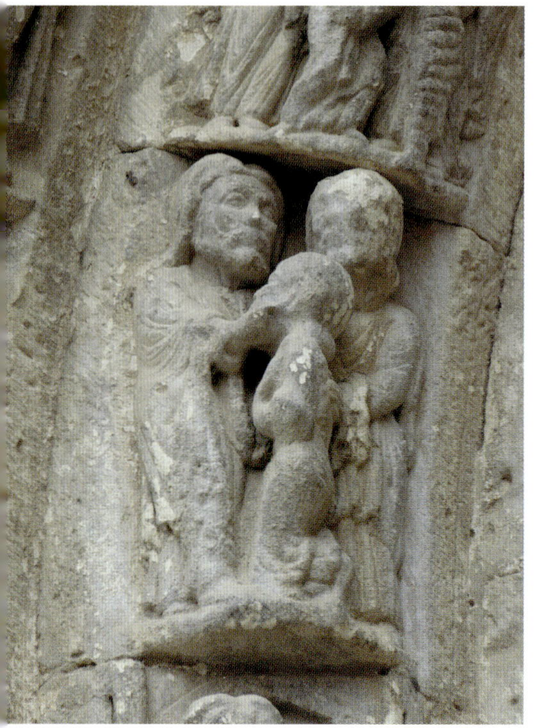

Ebenda, Jesus heilt einen Taubstummen, indem er seine Ohren und seinen Mund berührt (Mk 7,31-35).

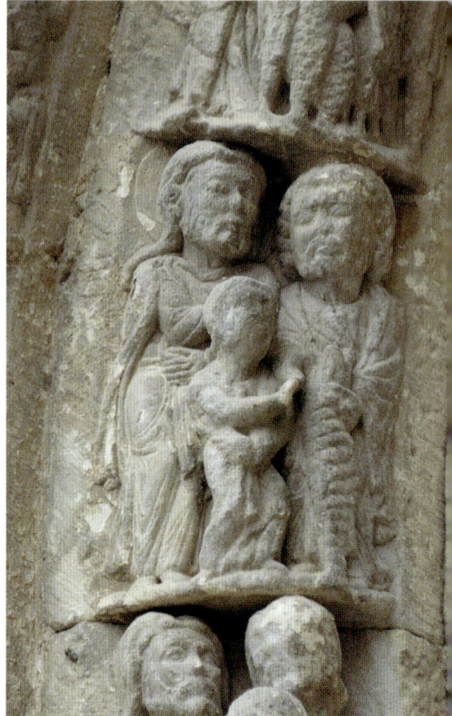

Ebenda, Petrus, der links neben Christus zu sehen ist, gibt dem Steuereintreiber Geld, das er aus dem Maul des Fisches nimmt (Mt 17,24-27).

Eine andere Darstellung zeigt die Zahlung der Tempelsteuer: Petrus gibt dem Steuereintreiber ein Geldstück, das er aus dem Maul eines Fisches nimmt (Mt 17,24 – 27):

> Als Jesus und die Jünger nach Kafarnaum kamen, traten jene, welche die Doppeldrachme einzogen, zu Petrus und fragten: Zahlt euer Meister die Doppeldrachme nicht? Er antwortete: Doch! Als er dann ins Haus hineinging, kam ihm Jesus mit der Frage zuvor: Was meinst du, Simon, von wem erheben die Könige dieser Welt Zölle und Steuern? Von ihren eigenen Söhnen oder von den anderen Leuten? Als Petrus antwortete: Von den anderen!, sagte Jesus zu ihm: Also sind die Söhne frei. Damit wir aber bei ihnen keinen Anstoß erregen, geh an den See, wirf die Angel aus und den ersten Fisch, den du heraufholst, nimm, öffne ihm das Maul und du wirst ein Vierdrachmenstück finden. Das gib ihnen als Steuer für mich und für dich.

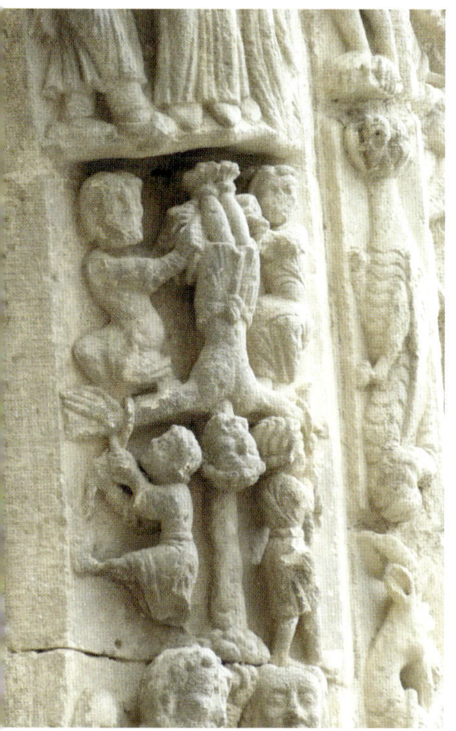

Ebenda, Petrus wird gekreuzigt.

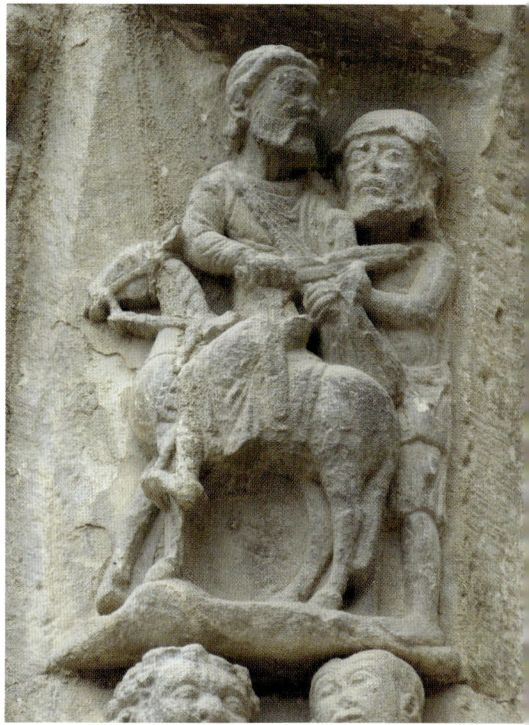

Ebenda, der hl. Martin teilt seinen Mantel mit einem Bettler.

Wie gut kenne ich die Bibel? Bemühe ich mich, die Bibel – insbesondere das Leben Jesu – zu kennen?

Ein anderes Relief bildet die Kreuzigung des Petrus mit dem Kopf nach unten ab. Sie wird nicht in der Apostelgeschichte erwähnt, sondern in einem frühchristlichen Text, der weit verbreitet war, aber nicht in das Neue Testament aufgenommen wurde.

Martin von Tours ist einer der bekannten Heiligen der katholischen Kirche. Sehr bekannt ist das Teilen seines Mantels mit einem Bettler, was auch hier dargestellt ist. Weniger geläufig ist, dass er der Begründer des abendländischen Mönchtums ist.

Bin ich bereit, Bedürftigen zu helfen?

Das Tympanon zeigt ein in der mittelalterlichen Kunst besonders beliebtes Bildthema: Jesus sitzt auf einem Thron mit Löwenköpfen in einem Vierpass, um ihn herum die Symbole

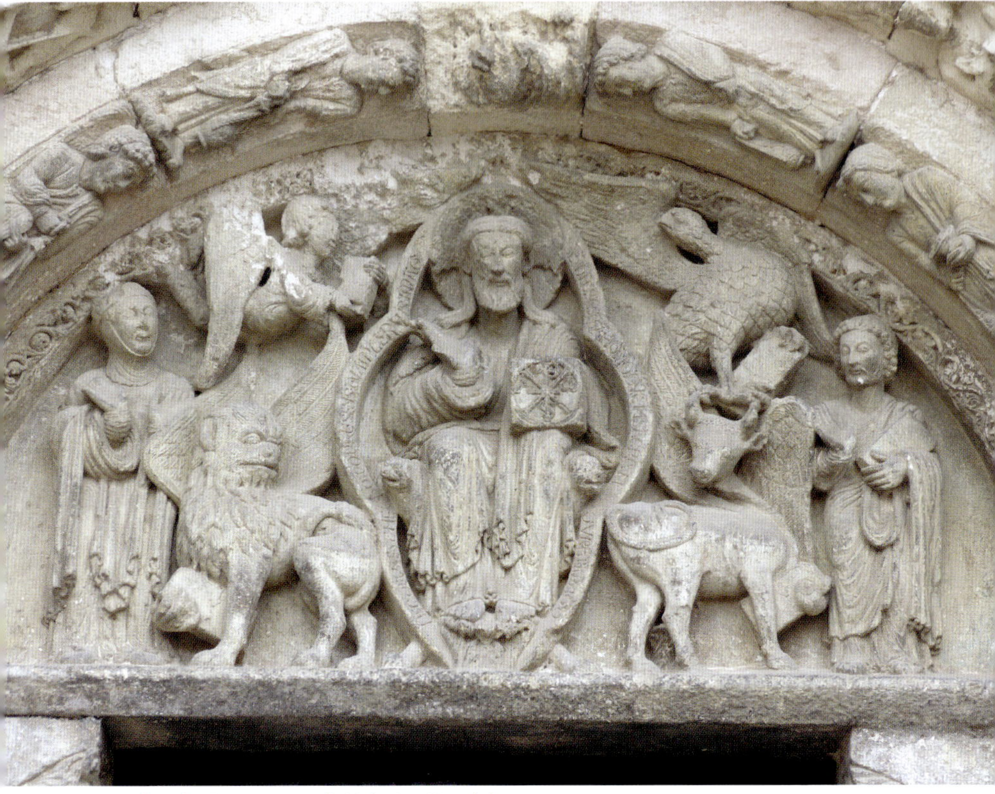

Ebenda, Tympanon mit Maiestas Domini

der vier Evangelisten. Er hält auf seinem Knie ein Buch mit einem Christogramm und hat seine rechte Hand erhoben. Dieses Bildthema heißt »Maiestas Domini«, die Herrlichkeit Gottes oder Christi. Biblische Grundlage für diese Darstellung sind vor allem Jesaja 66,1: »Der Himmel ist mein Stuhl und die Erde meine Fußbank« und Ezechiel 1,26–28 »Auf dem, was einem Thron glich, saß eine Gestalt, die wie ein Mensch aussah. Oberhalb von dem, was wie seine Hüften aussah, sah ich etwas wie Feuer und ringsum einen hellen Schein. Wie der Anblick des Regenbogens, der sich an einem Regentag in den Wolken zeigt, so war der helle Schein ringsum. So etwa sah die Herrlichkeit des Herrn aus.«

Neben der »Maiestas Domini« ist links eine Frau, rechts ein Mann mit einem eleganten schmalen Bart anwesend. Es sind Maria und Johannes (durch ein Buch gekennzeichnet), die beim Sterben Jesu unter dem Kreuz standen (Joh 19,25-27). Die Einbeziehung von Maria und Johannes bzw. die Bezugnahme auf die Kreuzigung, die die Erlösung erst ermöglichte, macht deutlich, dass hier auf die Wiederkunft Christi angespielt wird.

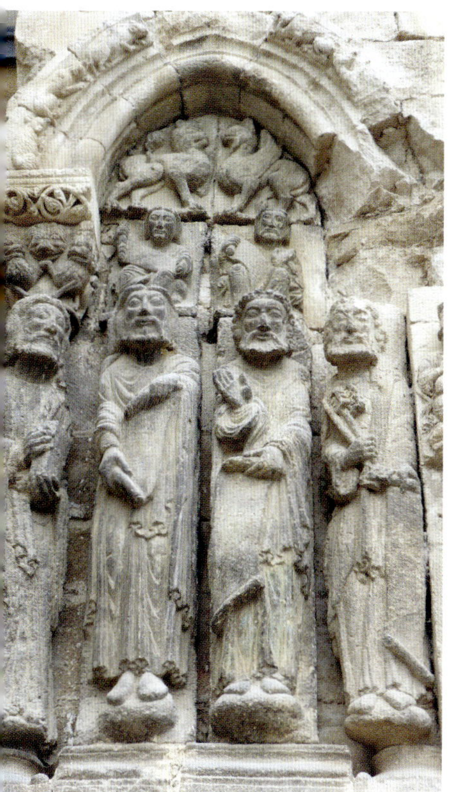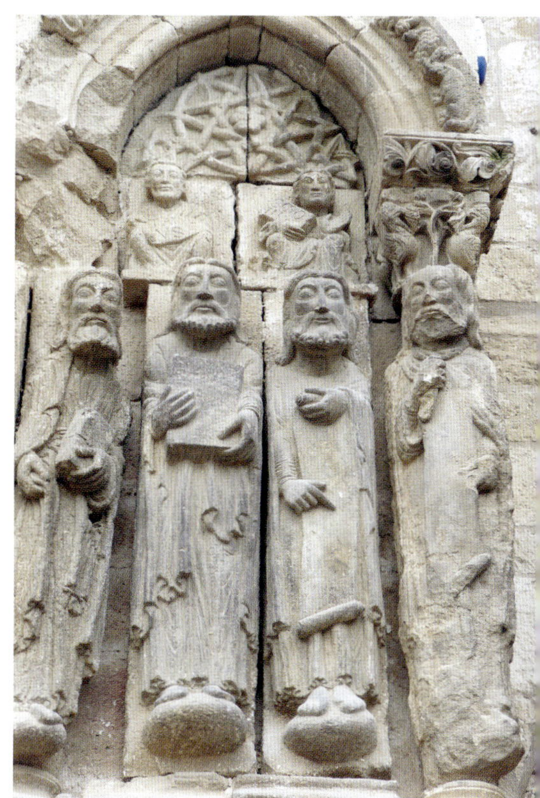

Ebenda, jeweils eine Darstellung von vier Aposteln

Was empfinde ich, wenn ich an die Wiederkunft Christi denke?

Neben dem Portal sind links und rechts je vier Apostel dargestellt. Auf der linken Seite innen ist Petrus an seinen Schlüsseln zu erkennen. Die anderen Apostel besitzen keine Attribute, mit denen sie identifiziert werden könnten. Sie halten eine Schriftrolle bzw. ein Buch in ihren Händen, das niedergeschriebene Evangelium, das sie zu den Menschen bringen wollen, auch zu uns heute.

Wollen wir dieses Evangelium für uns annehmen? Wollen wir darüber hinaus auch Apostel, d. h. Botschafter Jesu Christi, in unseren Tagen sein?

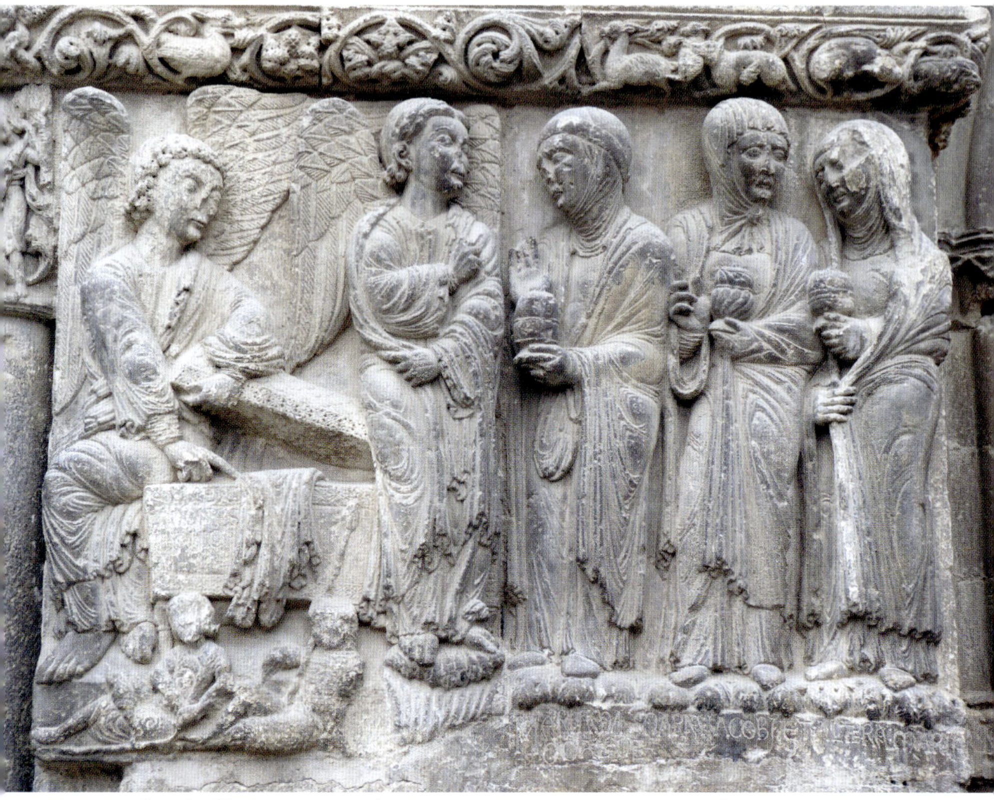

In einem Relief rechts des Portals sitzt ein Engel auf einem Steinsarg und hält den Sargdeckel hoch. Mit der anderen Hand deutet er auf das leere Grab und auf das auf dem Rand des Sarges von Christus bei der Auferstehung zurückgelassenen Grabtuch. Ein anderer Engel spricht zu drei traurig blickenden Frauen, die Gefäße in den Händen halten. Das Grab Jesu ist leer, er ist auferstanden, lautet die Botschaft der Engel (Mt 28,2-7):

Nach dem Sabbat, beim Anbruch des ersten Tages der Woche, kamen Maria aus Magdala und die andere Maria, um nach dem Grab zu sehen. Und siehe, es geschah ein gewaltiges Erdbeben; denn ein Engel des Herrn kam vom Himmel herab, trat an das Grab, wälzte den Stein weg und setzte sich darauf. Sein Aussehen war wie ein Blitz und sein Gewand weiß wie Schnee. Aus Furcht vor ihm

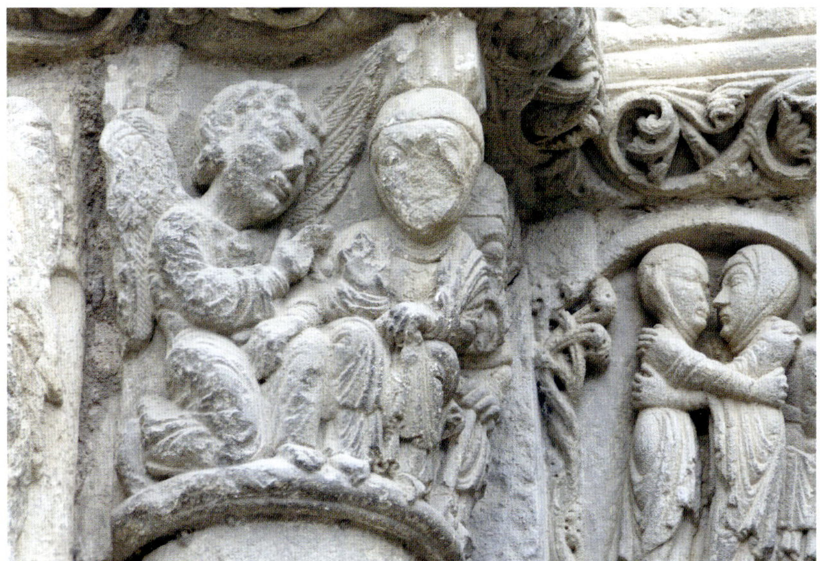

Ebenda, der Engel bringt Maria die Botschaft (Lk 1,28-38).

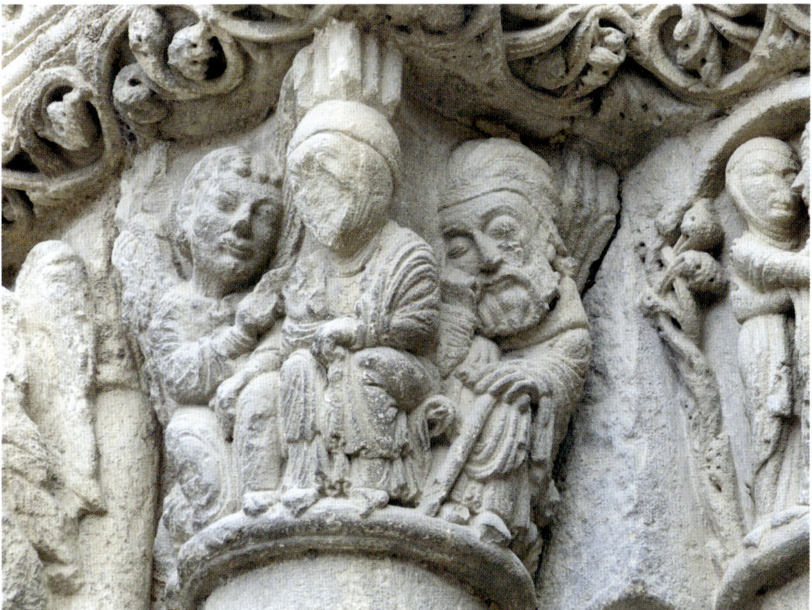

Ebenda, hier ist der schlafende Jesus bei der Verkündigung an Maria dabei.

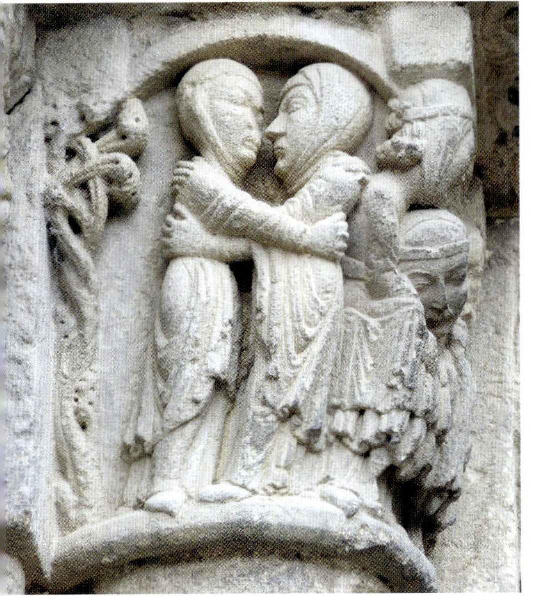

Maria besucht Elisabeth (Lk 1,39-56, s. oben).

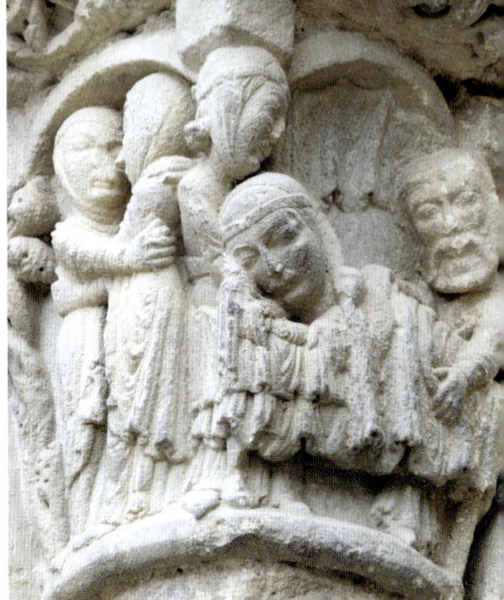

Maria hat Jesus geboren.

erbebten die Wächter und waren wie tot. Der Engel aber sagte zu den Frauen: Fürchtet euch nicht! Ich weiß, ihr sucht Jesus, den Gekreuzigten. Er ist nicht hier; denn er ist auferstanden, wie er gesagt hat. Kommt her und seht euch den Ort an, wo er lag! Dann geht schnell zu seinen Jüngern und sagt ihnen: Er ist von den Toten auferstanden und siehe, er geht euch voraus nach Galiläa, dort werdet ihr ihn sehen. Siehe, ich habe es euch gesagt.

Wie gehen wir mit der Botschaft um, dass Jesus nicht im Tod blieb, sondern auferstanden ist?

An den Kapitellen der linken Seite des Portals sind Szenen von der Verkündigung an Maria bis zu den Weisen aus dem Morgenland dargestellt. Sie sind wie ein Text von links nach rechts zu lesen, d. h. von außen nach innen.

Die Verkündigung an Maria wird als ein intimes, in einem heimeligen Rahmen stattfindendes Ereignis geschildert: Maria sitzt, und der Engel kniet unmittelbar neben ihr. Hinter ihr sitzt Josef, als alter Mann dargestellt. Er macht gerade ein Nickerchen. Diese Darstellung ist ungewöhnlich; sie entspricht nicht dem, was im Lukas-Evangelium erzählt wird. Dort ist von Josefs Anwesenheit bei der Verkündigung keine Rede, und Josef

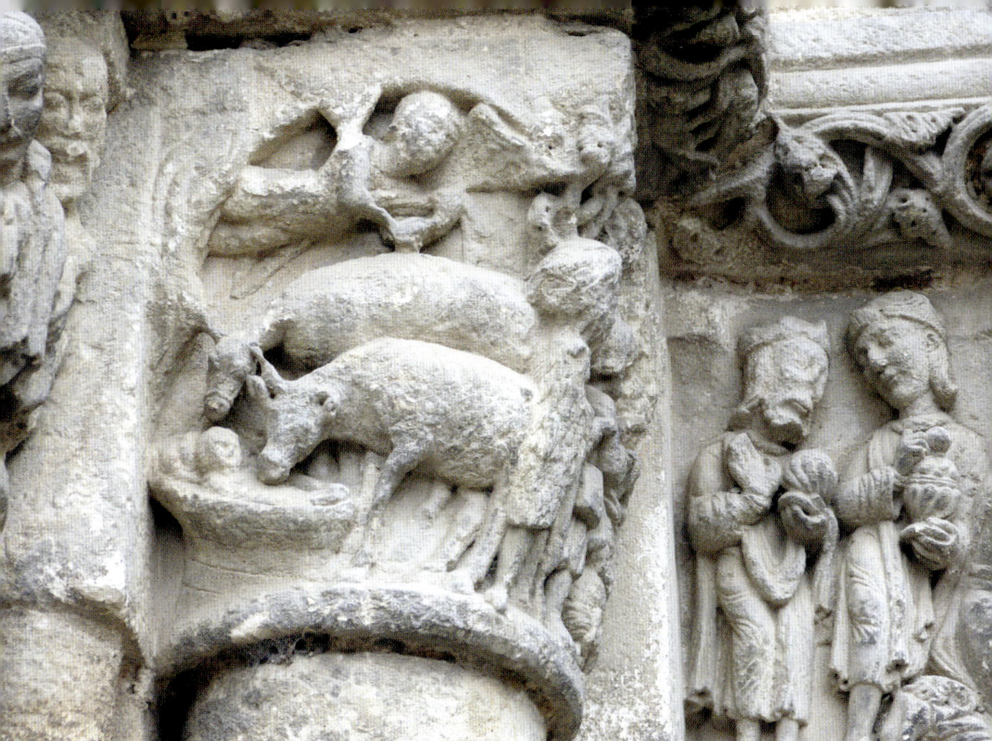

Ebenda, Jesus liegt in der Futterkrippe bei Ochs und Esel.

wird auch nicht als alter Mann geschildert. Wie alt Josef war, als er Maria heiraten wollte, wissen wir nicht. Das Bild strahlt große menschliche Wärme aus.

Wie gehen wir mit unseren Mitmenschen um? Versuchen wir, menschliche Wärme zu vermitteln?

Lukas berichtet folgendes:

> Es geschah aber in jenen Tagen, dass Kaiser Augustus den Befehl erließ, den ganzen Erdkreis in Steuerlisten einzutragen. Diese Aufzeichnung war die erste; damals war Quirinius Statthalter von Syrien. Da ging jeder in seine Stadt, um sich eintragen zu lassen. So zog auch Josef von der Stadt Nazaret in Galiläa hinauf nach Judäa in die Stadt Davids, die Betlehem heißt; denn er war aus dem Haus und Geschlecht Davids. Er wollte sich eintragen lassen mit Maria, seiner Verlobten, die ein Kind erwartete. Es geschah, als sie dort waren, da erfüllten sich die Tage, dass sie gebären sollte, und sie gebar ihren Sohn, den Erstgeborenen. Sie wickelte ihn in Windeln und legte ihn in eine Krippe, weil in der Herberge kein Platz für sie war. (Lk 2,1-7).

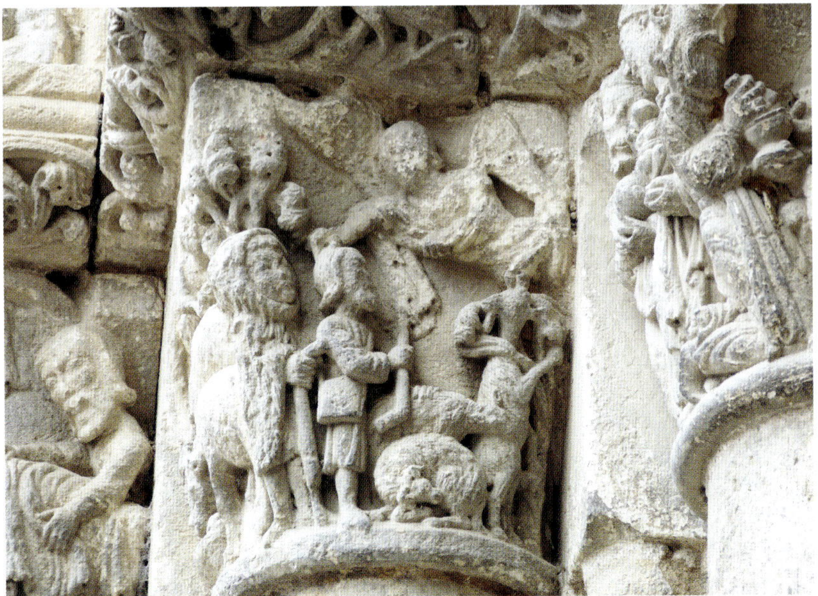

Ebenda, ein Engel verkündet den Hirten auf dem Feld die Geburt Jesu in Betlehem.

Auf dem Kapitell ist zu sehen, dass Maria die Geburt bereits hinter sich hat. Eine Hebamme kümmert sich um sie, und Josef ist gerade dabei, sie zuzudecken. Die Darstellung der von der Geburt ausruhenden Maria wird auf dem folgenden Kapitell ergänzt durch den neugeborenen Jesus, der bereits in einer Krippe liegt. Ochs und Esel wenden sich ihm zu. Über ihnen fliegt ein Engel, um die Botschaft von der Geburt Jesu zu verkünden.
Anschließend schildert Lukas die Verkündigung der Geburt Christi an die Hirten:

In dieser Gegend lagerten Hirten auf freiem Feld und hielten Nachtwache bei ihrer Herde. Da trat ein Engel des Herrn zu ihnen und die Herrlichkeit des Herrn umstrahlte sie und sie fürchteten sich sehr. Der Engel sagte zu ihnen: Fürchtet euch nicht, denn siehe, ich verkünde euch eine große Freude, die dem ganzen Volk zuteilwerden soll: Heute ist euch in der Stadt Davids der Retter geboren; er ist der Christus, der Herr. Und das soll euch als Zeichen dienen: Ihr werdet ein Kind finden, das, in Windeln gewickelt, in einer Krippe liegt. Und plötzlich war bei dem Engel ein großes himmlisches Heer, das Gott lobte und sprach: Ehre sei Gott in der Höhe und Friede auf Erden den Menschen seines Wohlgefallens. Und es geschah, als die Engel von ihnen in den Himmel zurückgekehrt waren, sagten die Hirten zueinander: Lasst uns nach Betlehem gehen, um das Ereignis

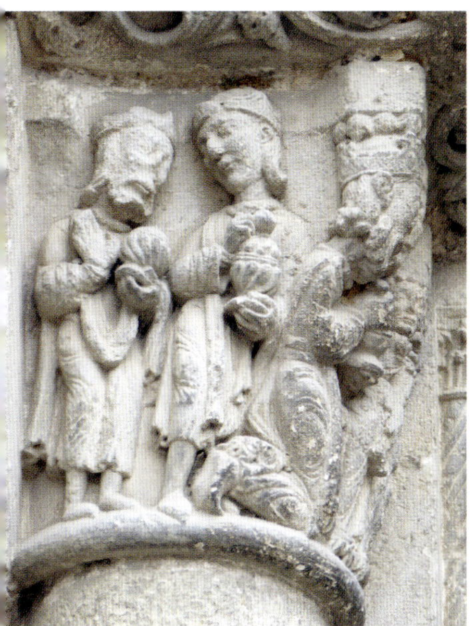

Ebenda, die Weisen bringen ihre Gaben.

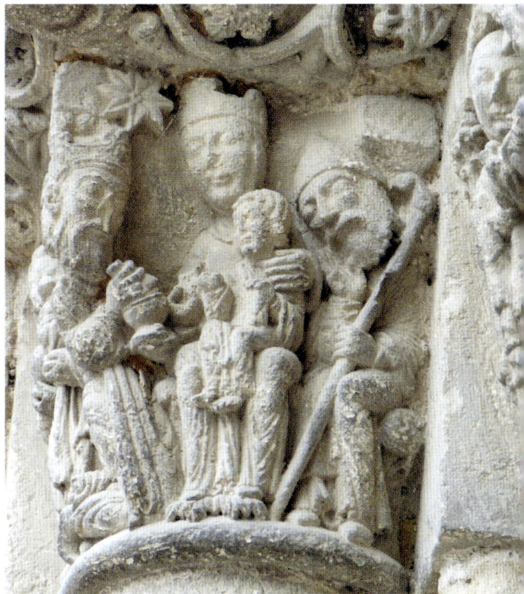

Ebenda, Maria nimmt die Gaben an, während Josef eingeschlafen ist.

> zu sehen, das uns der Herr kundgetan hat! So eilten sie hin und fanden Maria
> und Josef und das Kind, das in der Krippe lag. Als sie es sahen, erzählten sie von
> dem Wort, das ihnen über dieses Kind gesagt worden war. (Lk 1,8-18)

Auf der Nebenseite des Kapitells sind die Hirten mit ihren Schafen in einer liebevoll gestalteten Landschaft zu sehen; der links stehende Hirte hat ein Fellgewand übergezogen. Der nur in Halbfigur dargestellte Engel über ihnen verkündet ihnen die Frohe Botschaft.

Auf dem anschließenden Kapitell sind die Weisen mit ihren Gaben in Bethlehem angekommen. Der vordere kniet bereits vor der sitzenden Maria, die das Jesuskind auf ihrem Schoß hält. Neben dem Kopf Marias und über dem Kopf des Weisen ist der achteckige Stern von Bethlehem zu sehen. Der schlafende Josef füllt den noch zur Verfügung stehenden Raum aus.

Zu dieser Szene gehört folgender Text aus dem Matthäus-Evangelium (Mt. 2,9-11):

> Als sie (die Weisen) den Stern sahen, wurden sie von sehr großer Freude erfüllt.
> Sie gingen in das Haus und sahen das Kind und Maria, seine Mutter; da fielen

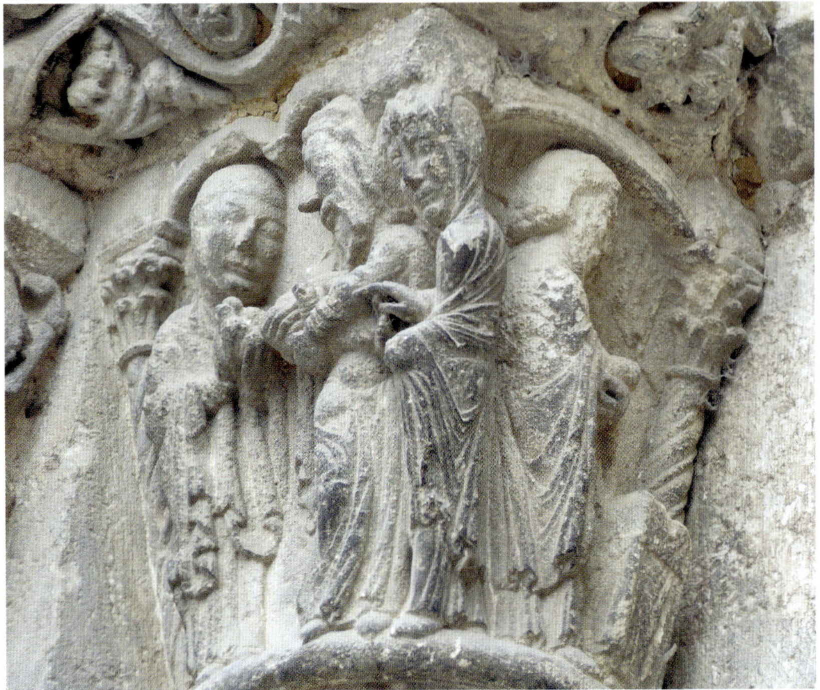

Ebenda, Josef und Maria bringen im Tempel das Opfer dar (Lk 2,22-24, 36-38).

sie nieder und huldigten ihm. Dann holten sie ihre Schätze hervor und brachten ihm Gold, Weihrauch und Myrrhe als Gaben dar. Weil ihnen aber im Traum geboten wurde, nicht zu Herodes zurückzukehren, zogen sie auf einem anderen Weg heim in ihr Land.

Es folgt die Darstellung im Tempel, die Lukas ebenfalls beschreibt. Wie im Gesetz vorgeschrieben (Lk 2,22 – 24), bringen Maria und Josef für den erstgeborenen Sohn ein Opfer dar. Im Tempel treffen Josef, der das Kind in seinen Armen hält, und Maria, hinter ihm dargestellt, die Prophetin Hanna:

Damals lebte auch Hanna, eine Prophetin, eine Tochter Penuëls, aus dem Stamm Ascher. Sie war schon hochbetagt. Als junges Mädchen hatte sie geheiratet und sieben Jahre mit ihrem Mann gelebt; nun war sie eine Witwe von vierundachtzig Jahren. Sie hielt sich ständig im Tempel auf und diente Gott Tag und Nacht mit Fasten und Beten. Zu derselben Stunde trat sie hinzu,

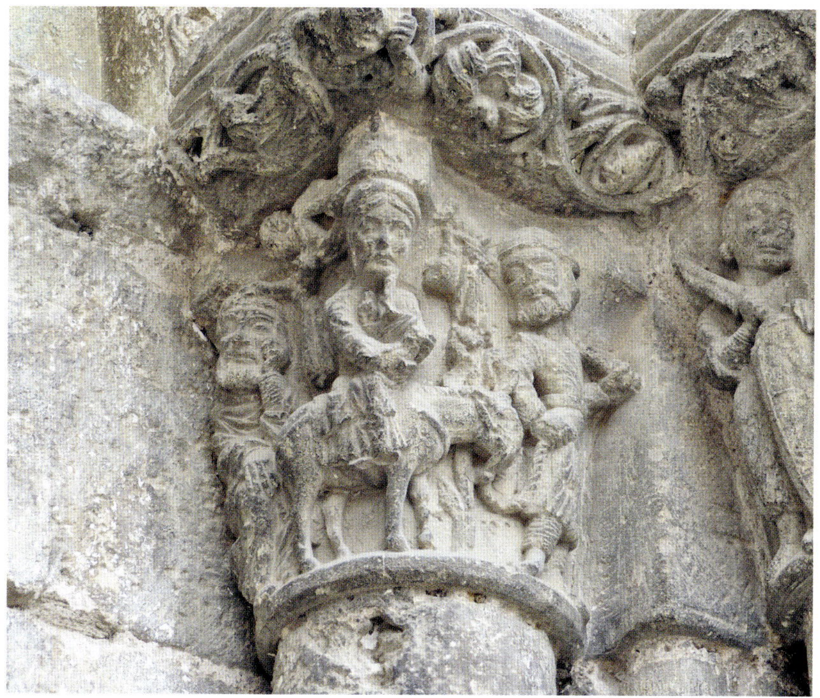

Ebenda. Links ist der schlafende Josef zu sehen, den ein Engel zur Flucht nach Ägypten auffordert. Es schließt sich die Darstellung von Maria mit Jesus auf dem Arm, auf einem von Josef geführtem Esel an. Josef trägt wie ein Pilger einen Stab mit Essen und ein paar Habseligkeiten.

pries Gott und sprach über das Kind zu allen, die auf die Erlösung Jerusalems warteten (Lk 2,26–38).

Die Kapitelle der rechten Seite des Portals erzählen von der Flucht der Heiligen Familie nach Ägypten bis zum Kindermord in Betlehem:

Als die Sterndeuter wieder gegangen waren, siehe, da erschien dem Josef im Traum ein Engel des Herrn und sagte: Steh auf, nimm das Kind und seine Mutter und flieh nach Ägypten; dort bleibe, bis ich dir etwas anderes auftrage; denn Herodes wird das Kind suchen, um es zu töten. Da stand Josef auf und floh in der Nacht mit dem Kind und dessen Mutter nach Ägypten. Dort blieb er bis zum Tod des Herodes. Denn es sollte sich erfüllen, was der Herr durch den Propheten gesagt hat: Aus Ägypten habe ich meinen Sohn gerufen (Mt 3,13–17).

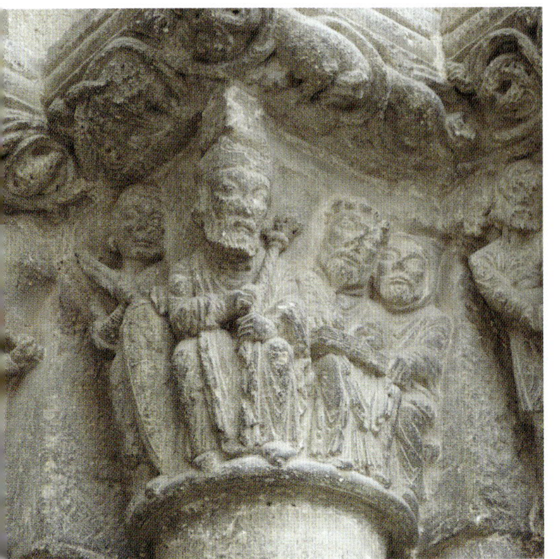

Ebenda, Herodes ärgert sich, dass die Weisen nicht zu ihm zurückkommen (Mt 2,16).

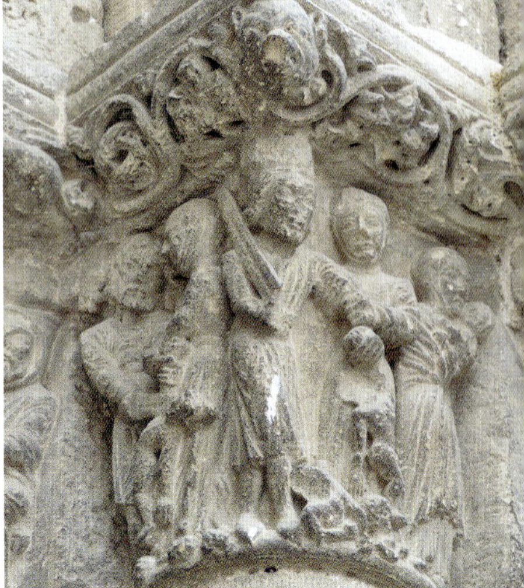

Ebenda, Kindermord von Bethlehem

Auf diesem Kapitell sitzt Herodes auf der vorspringenden Kante, links neben ihm eine Wache mit Schild, rechts zwei Mitglieder seines Hofstaats, die ihn aus gebührendem Abstand mit Vorsicht betrachten. Herodes selbst ist in tiefes Nachdenken versunken und dabei, sein Zepter in seinen Händen hin und her zu drehen.

Matthäus berichtet anschließend vom Kindermord in Betlehem:

> Als Herodes merkte, dass ihn die Sterndeuter getäuscht hatten, wurde er sehr zornig und er sandte aus und ließ in Betlehem und der ganzen Umgebung alle Knaben bis zum Alter von zwei Jahren töten, genau der Zeit entsprechend, die er von den Sterndeutern erfahren hatte. (Mt 2,16)

Wie grausam dieses war, zeigen die Bilder. Hier ist links zu sehen, wie einer Frau ein Kind weggenommen worden ist. Ein Knecht hält das Kind an einem Arm fest und ersticht es; ein weiterer daneben hat ein anderes Kind seiner Mutter entrissen und hat bereits das Schwert parat. Er trägt eine hohe Kopfbedeckung, so dass man vermuten könnte, dass sich Herodes selbst am Kindermord beteiligt. Rechts eilt eine Frau mit einem Baby auf dem Arm davon.

Was sagt uns dieser Weihnachtszyklus heute?

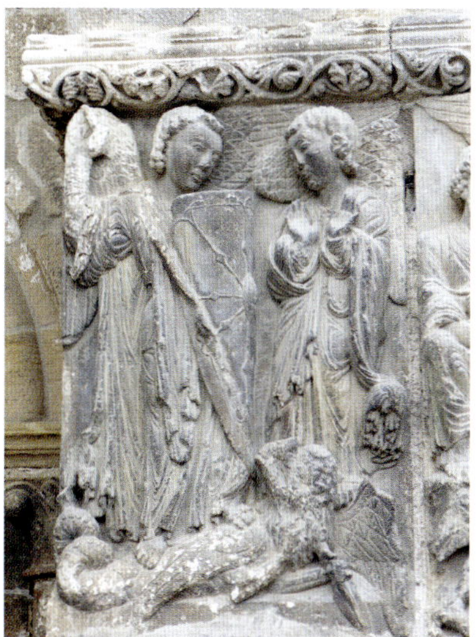

Ebenda, der Erzengel Michael besiegt das Böse.

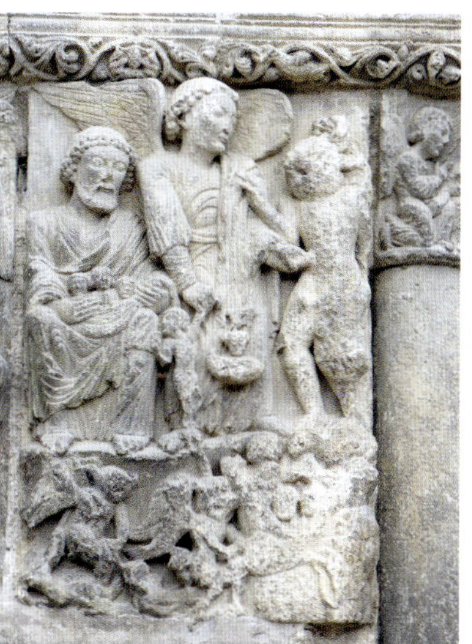

Ebenda, Gleichnis vom reichen Mann und Lazarus

Links vom Portal hat der Erzengel Michael den Teufel aus dem Himmel geworfen, ein weiterer Engel schaut dabei zu:

> Da entbrannte im Himmel ein Kampf; Michael und seine Engel erhoben sich, um mit dem Drachen zu kämpfen. Der Drache und seine Engel kämpften, aber sie hielten nicht stand und sie verloren ihren Platz im Himmel. Er wurde gestürzt, der große Drache, die alte Schlange, die Teufel oder Satan heißt und die ganze Welt verführt; der Drache wurde auf die Erde gestürzt und mit ihm wurden seine Engel hinabgeworfen. (Offb 12,7-9)

Wie gehen wir mit dem Bösen um? Bemühen wir uns, es aus unserem Leben zu entfernen?

Das Gleichnis vom reichen Mann und vom armen Lazarus ist hier dargestellt. Es wird von Lukas überliefert:

> Es war einmal ein reicher Mann, der sich in Purpur und feines Leinen kleidete und Tag für Tag glanzvolle Feste feierte. Vor der Tür des Reichen aber lag ein armer Mann namens Lazarus, dessen Leib voller Geschwüre war. Er hätte gern seinen Hunger mit dem gestillt, was vom Tisch des Reichen herunterfiel. Statt-

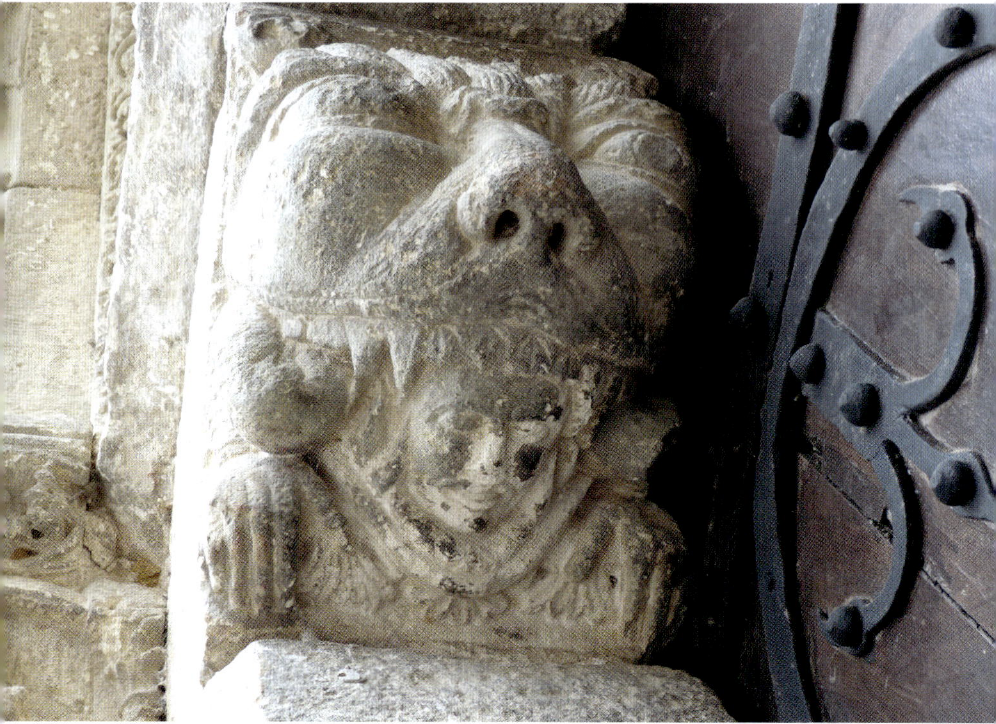

Ebenda, ein Dämon hat einen Menschen gefressen, dessen Gesicht noch aus dem Maul schaut.

dessen kamen die Hunde und leckten an seinen Geschwüren. Es geschah aber: Der Arme starb und wurde von den Engeln in Abrahams Schoß getragen. Auch der Reiche starb und wurde begraben. In der Unterwelt, wo er qualvolle Schmerzen litt, blickte er auf und sah von Weitem Abraham und Lazarus in seinem Schoß. Da rief er: Vater Abraham, hab Erbarmen mit mir und schick Lazarus; er soll die Spitze seines Fingers ins Wasser tauchen und mir die Zunge kühlen, denn ich leide große Qual in diesem Feuer. Abraham erwiderte: Mein Kind, erinnere dich daran, dass du schon zu Lebzeiten deine Wohltaten erhalten hast, Lazarus dagegen nur Schlechtes. Jetzt wird er hier getröstet, du aber leidest große Qual. Außerdem ist zwischen uns und euch ein tiefer, unüberwindlicher Abgrund, sodass niemand von hier zu euch oder von dort zu uns kommen kann, selbst wenn er wollte. Da sagte der Reiche: Dann bitte ich dich, Vater, schick ihn in das Haus meines Vaters! Denn ich habe noch fünf Brüder. Er soll sie warnen, damit nicht auch sie an diesen Ort der Qual kommen. Abraham aber sagte: Sie haben Mose und die Propheten, auf die sollen sie hören. Er erwiderte: Nein, Vater Abraham, aber wenn einer von

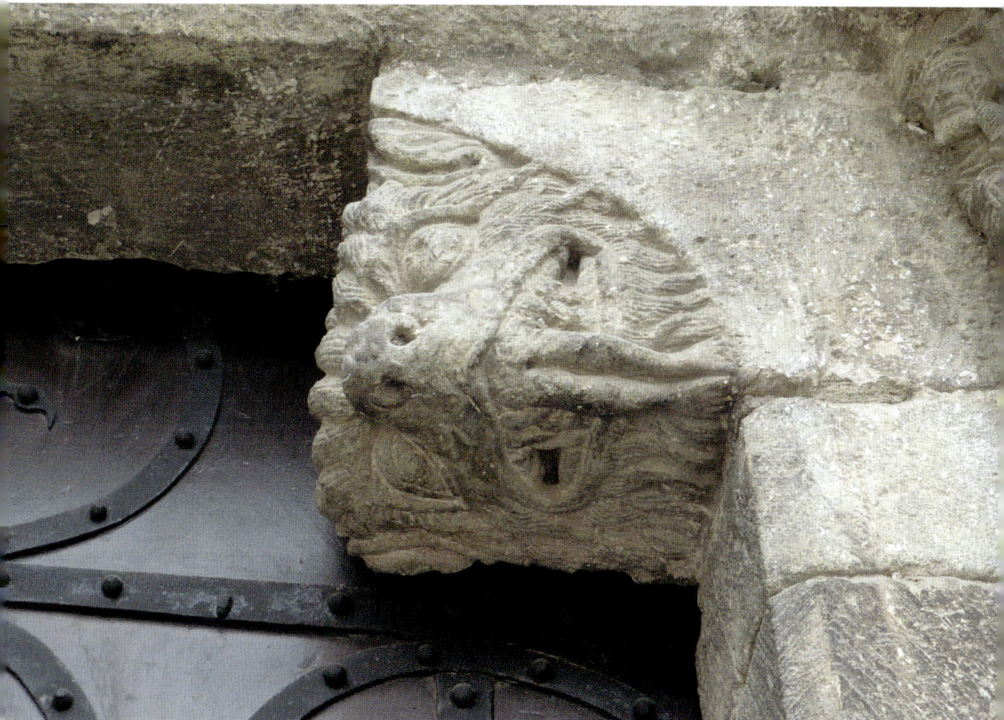

Ebenda, ein Dämon frisst einen Menschen, dessen Füße noch aus dem Maul schauen.

> den Toten zu ihnen kommt, werden sie umkehren. Darauf sagte Abraham zu ihm: Wenn sie auf Mose und die Propheten nicht hören, werden sie sich auch nicht überzeugen lassen, wenn einer von den Toten aufersteht. (Lk 16,19-31)

Links sitzt Abraham über einem Abgrund, der Unterwelt, in der Menschen gequält werden, die in ihrem Leben Wesentliches versäumt haben. In dem Tuch auf seinem Schoß sind die Oberkörper von drei Gestalten sichtbar, von denen der in der Mitte wohl Lazarus sein soll. Ein Engel führt die Seele des Reichen hinweg, der sich nach Lazarus umdreht und mit Winken seine Aufmerksamkeit zu erreichen sucht. Es ist ihm nicht mehr zu helfen, er muss zurück in die Unterwelt: Ein stark bestoßener Teufel wartet schon auf ihn, um ihn mitzunehmen.

Wie gehen wir mit den Armen unserer Zeit um?

Was verzehrt mich (innerlich)?

Logroño

An der **IGLESIA DE SANTIAGO** (42.46790/-2.44770) ist hoch über dem Eingang der Apostel Jakobus als Maurentöter dargestellt.

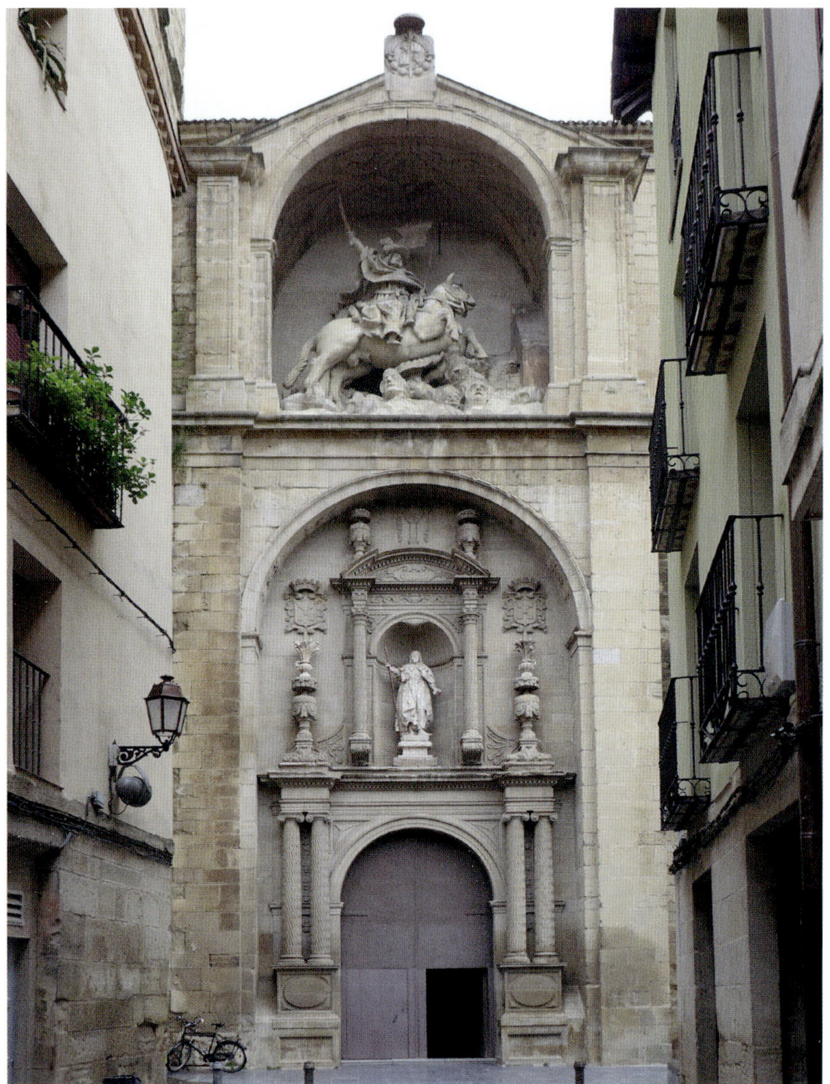

Logroño, Jakobskirche, Portal (42.46785/-2.44765)

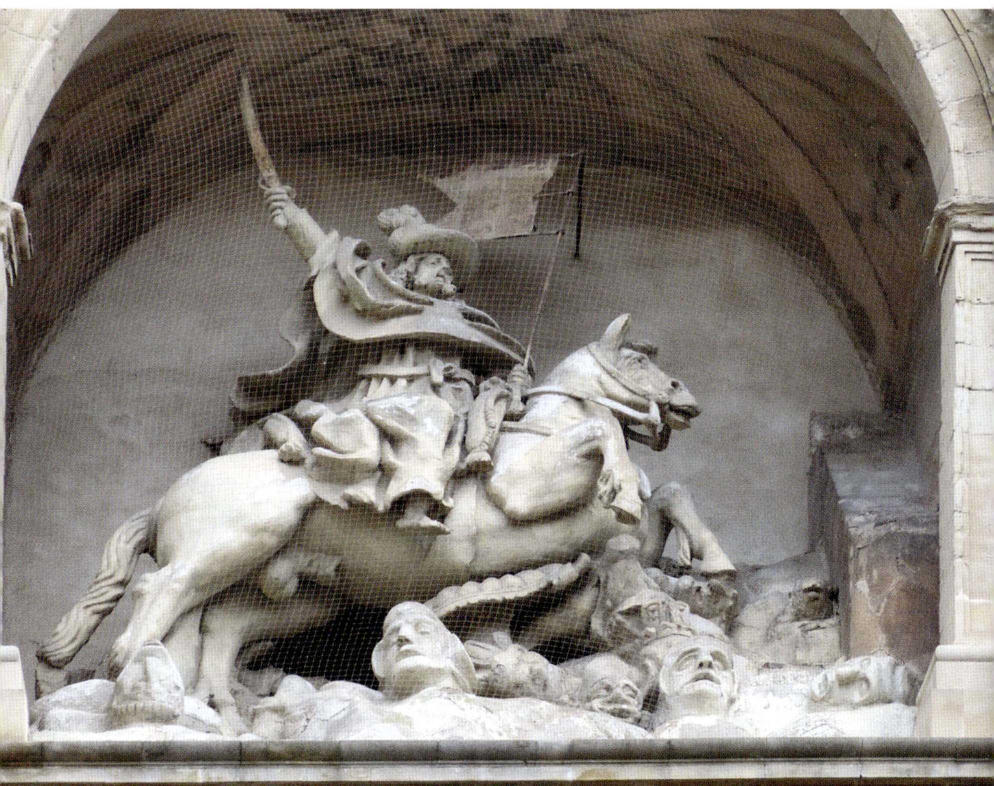

Ebenda, Jakobus als Maurentöter. Die Darstellung erinnert an die siegreiche Schlacht von Clavijo im Jahr 844.

Deutlich sind die abgeschlagenen, auf dem Boden liegenden Köpfe der Mauren zu sehen. Die Darstellung erinnert daran, wie stark die Auseinandersetzung mit den Mauren Spanien geprägt hat. Spanier haben bis heute kein Problem mit dem »Maurentöter«.

Die **IGLESIA DE SAN BARTOLOMÉ** (42.46730/-2.44360) hat ein figurenreiches Westportal.

Das Tympanon zeigt den auferstandenen Christus, der von zwei Frauen eingerahmt wird. Außen stehen zwei Engel. Der Engel links hält einen Kranz in den Händen, als Zeichen des Sieges Jesu über den Tod. Der Engel rechts hält das Kreuz Jesu in den Händen. Außen steht auf beiden Seiten ein kleiner Engel. Eine Ebene tiefer stehen die zwölf Apostel, die wegen der starken Verwitterung schwer zu identifizieren sind. In der Mitte ist noch Petrus mit seinem Himmelsschlüssel zu erkennen. Deutlich ist

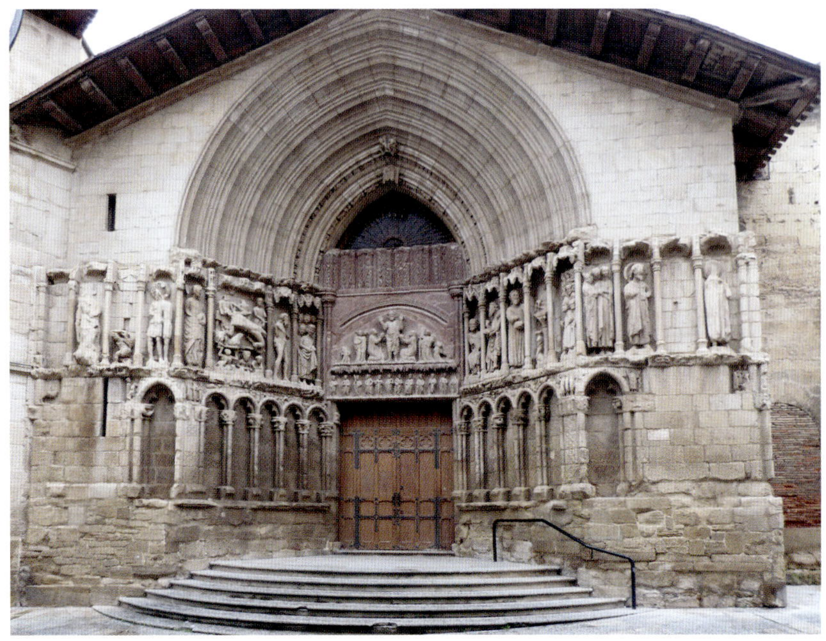

Logrono, Bartholomäuskirche, Portal

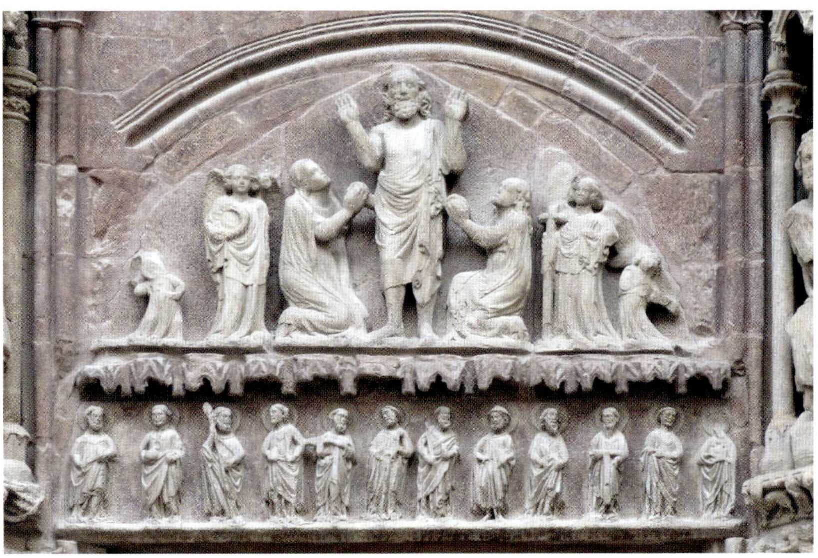

Ebenda, Tympanon, Christus als Sieger über den Tod

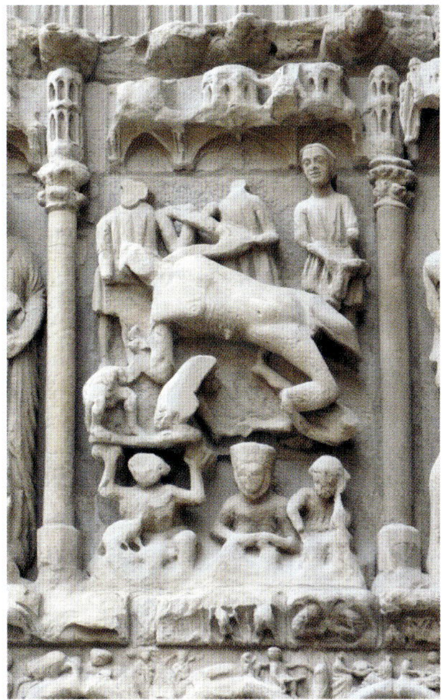

Ebenda, die Häutung der Bartholomäus

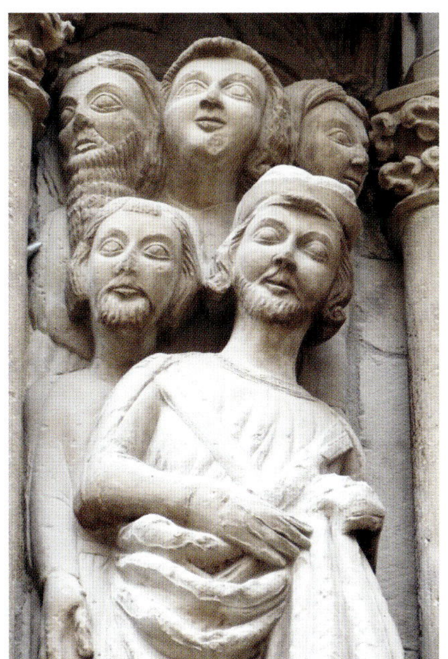

Ebenda, die Apostel freuen sich, als sie den Auferstandenen sehen.

das Lächeln auf den Gesichtern der Apostel und ihre Freude über die Auferstehung zu sehen.

Bemühe ich mich – insbesondere als Christ – um eine positive Lebenseinstellung, dass auch ich lächle?

Die Darstellung ist nicht vollständig erhalten, doch es lässt sich erkennen, dass hier das Martyrium des Apostels Bartholomäus ins Bild gesetzt wird. Er liegt auf dem Rücken, und es machen sich Folterknechte an seinen Armen zu schaffen. Rechts über seinem Bein hält eine Gestalt wohl Haut seines Beines in der Hand: Am Oberschenkel ist sichtbar, dass bereits Haut abgezogen wurde.

Auf der linken Seite des Portals blicken glückliche Gesichter auf den Betrachter herab.

Ein alter Spruch besagt: »Jeder ist seines Glückes Schmied.«
Schmiede ich an meinem Glück?

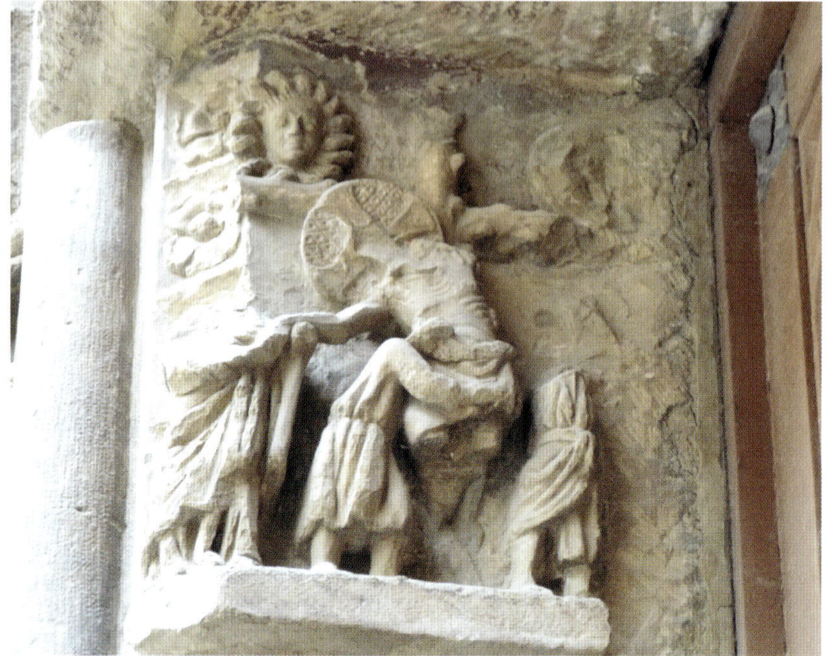

Ebenda, Kreuzabnahme

Die Darstellung, wie der Leichnam Jesu vom Kreuz genommen wird, ist beschädigt. Links über dem Kreuz ist deutlich die Sonne zu erkennen, die sich beim Tod Jesu verfinstert hat (Mt 27,45). Auf der rechten Seite war der Mond dargestellt. Die Darstellung von Mond und Sonne macht deutlich, dass der Tod Jesu am Kreuz kosmische Dimensionen hat.

Bemühe ich mich, in meinem Leben, aus Fragmenten das Ganze zu erkennen?

Dieses Kapitell zeigt die Vertreibung von Adam und Eva aus dem Paradies. Sie war die Folge des Sündenfalls des Menschen:

> Da schickte Gott, der HERR, ihn aus dem Garten Eden weg, damit er den Erdboden bearbeite, von dem er genommen war. Er vertrieb den Menschen und ließ östlich vom Garten Eden die Kerubim wohnen und das lodernde Flammenschwert, damit sie den Weg zum Baum des Lebens bewachten. (Gen 3,23f)

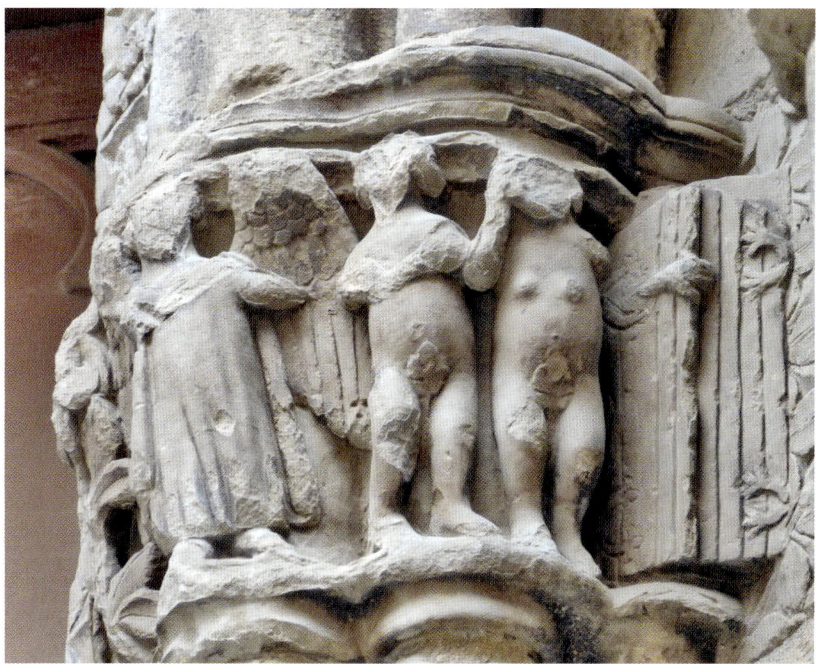

Ebenda, Vertreibung von Adam und Eva aus dem Paradies

Auf dem Kapitell steht links ein Engel, der einen Arm ausgestreckt hat, um das erste Menschenpaar aus dem Paradies zu geleiten. Eva fasst sich mit einer Hand trauernd an den Kopf, die andere Hand fasst die Tür, die sie gleich öffnen und zusammen mit Adam durchschreiten wird.

Wie gehe ich mit Menschen um, die etwas falsch gemacht haben?

Navarrete

Rechts der Friedhofskapelle Ermita de Santa Maria de Jésus (42.42770/-2.57360) befindet sich ein romanisches Portal, das zu einem alten Kloster gehört und heute den Eingang zum Friedhof darstellt.

Das Leben ist lebensgefährlich.

Wenn es nicht mehr lebensgefährlich ist, sind wir nicht mehr am Leben. Bin ich mir dieser Tatsache bewusst?

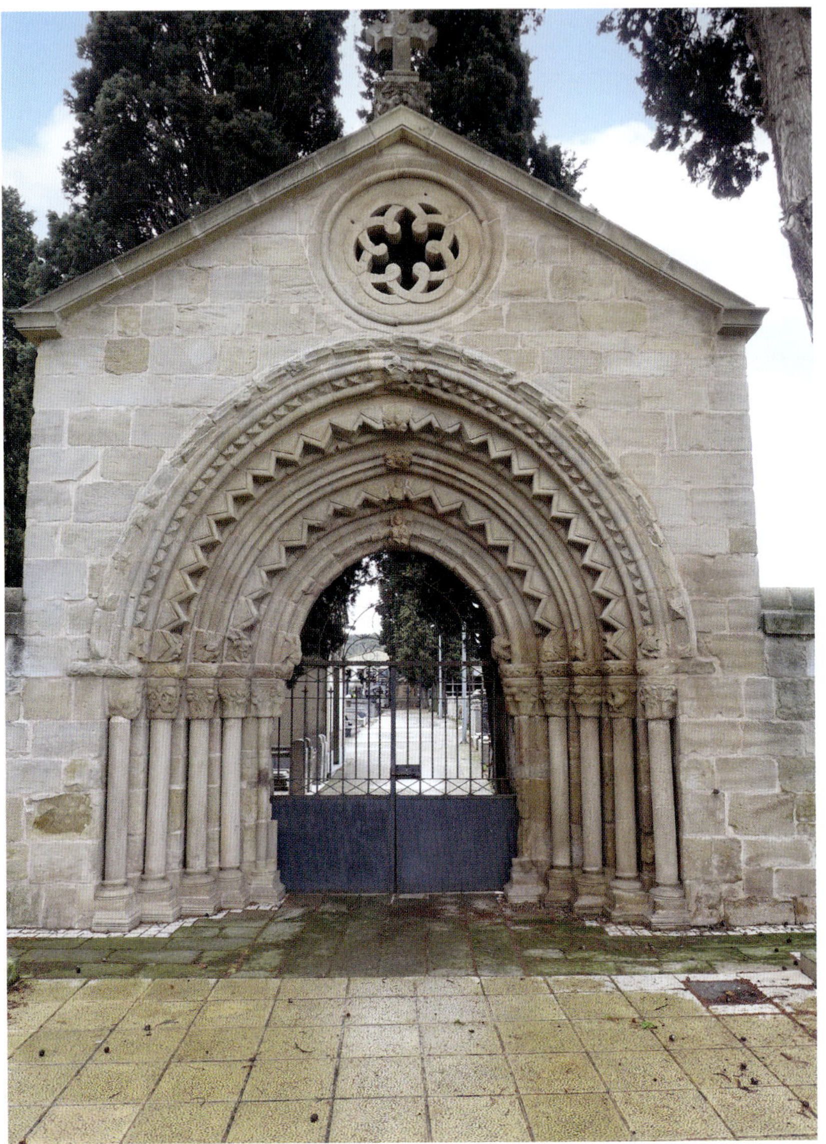

Navarrete, Mozarabisches Portal einer zerstörten Klosterkirche

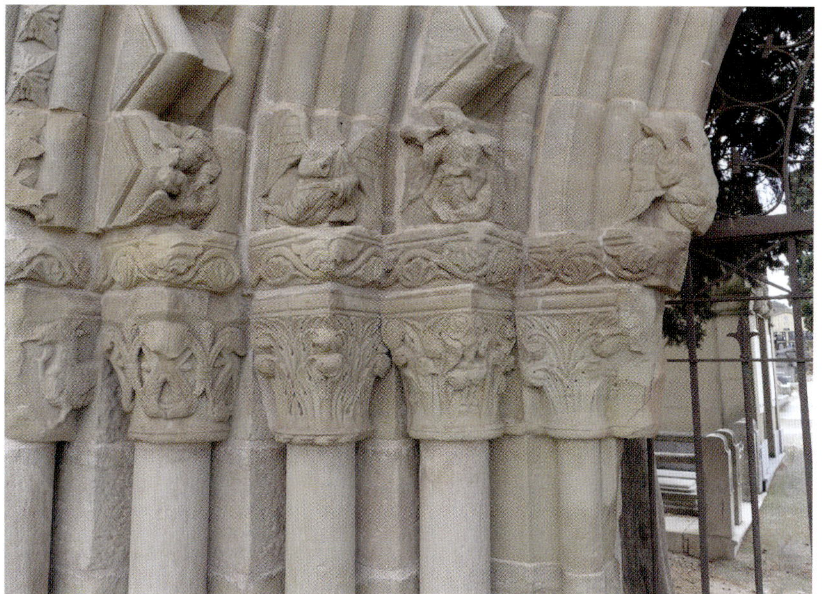

Ebenda, Kapitelle der linken Seite des Portals

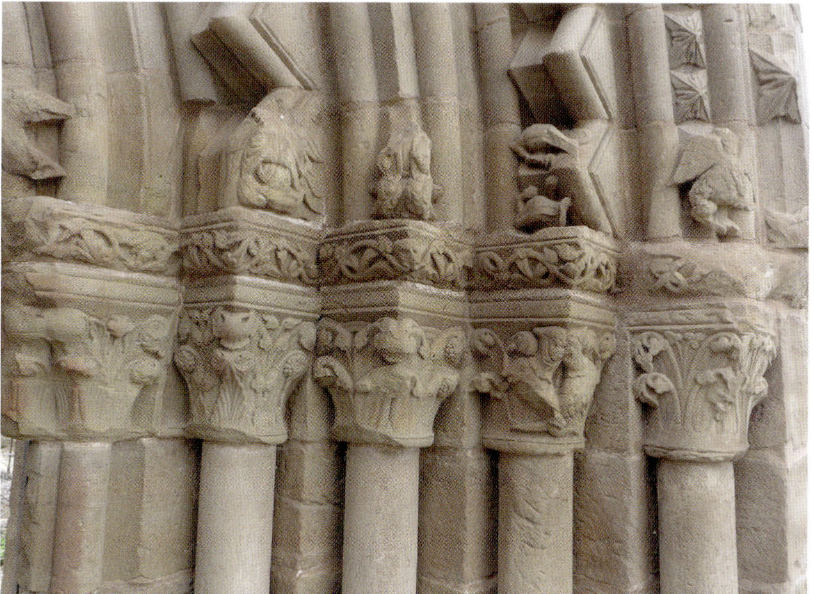

Ebenda, Kapitelle der rechten Seite des Portals

Dieses romanische Portal besitzt mit seinem Zackenmuster deutlich arabische Einflüsse. Man sollte nicht nur die Außenseite dieses Portals und der beiden Fenster links und rechts betrachten, sondern auch die Innenseite. Auch dort gibt es schöne figürliche Darstellungen zu sehen.

Auch hier wurden allen Figuren, einschließlich der Engel, die Köpfe abgeschlagen.

In welchen Situationen handle ich kopflos? Kann ich etwas dagegen tun?

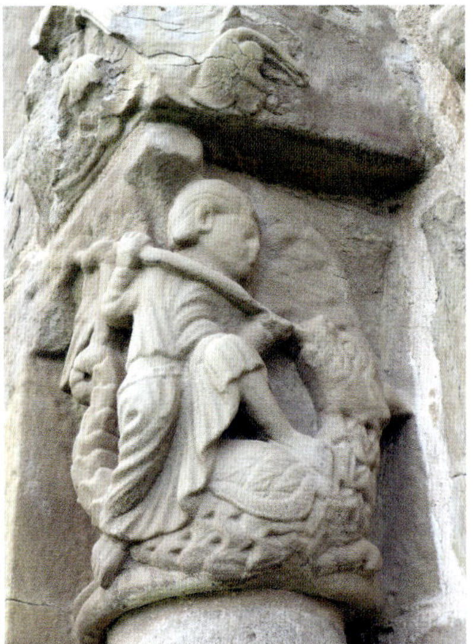

Ebenda, der Erzengel Michael kämpft gegen den Drachen (Offb 12,7-8).

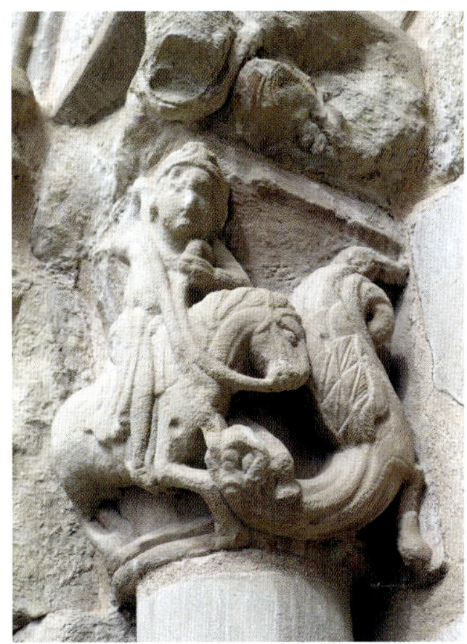

Ebenda, der hl. Georg kämpft gegen den Drachen.

Die Kapitelle geben Einblicke in gefährliche und bedrohliche Situationen, aber auch in Augenblicke der Entspannung und Erholung, so wie die Menschen des Mittelalters ihr Dasein erlebten.

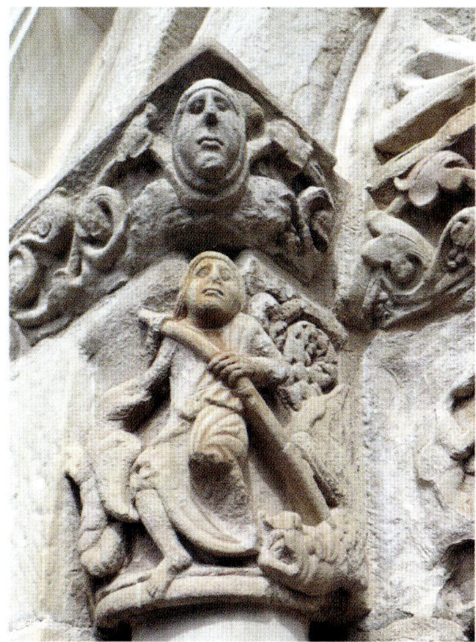

Ebenda, eine Gestalt wird von einem gefährlichen Wesen bedroht.

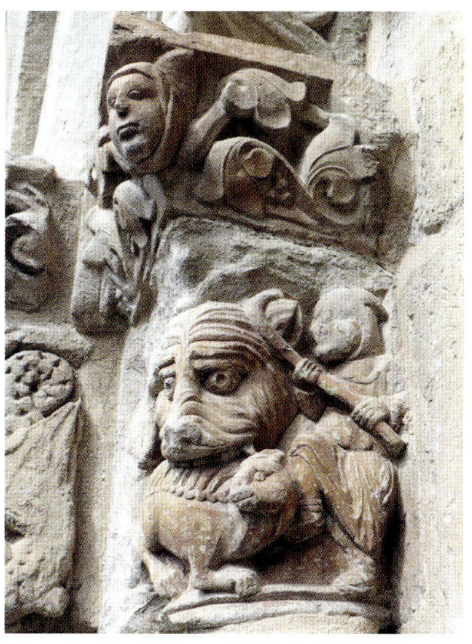

Ebenda, ein Hirte verteidigt ein Schaf gegen einen angreifenden Löwen.

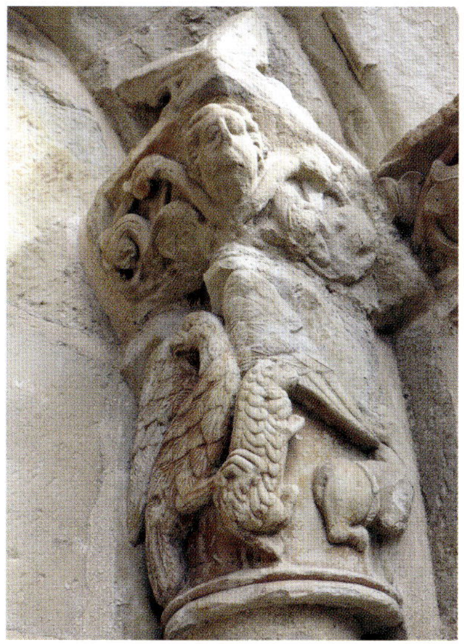

Ebenda, ein Adler ergreift ein kleines Lamm.

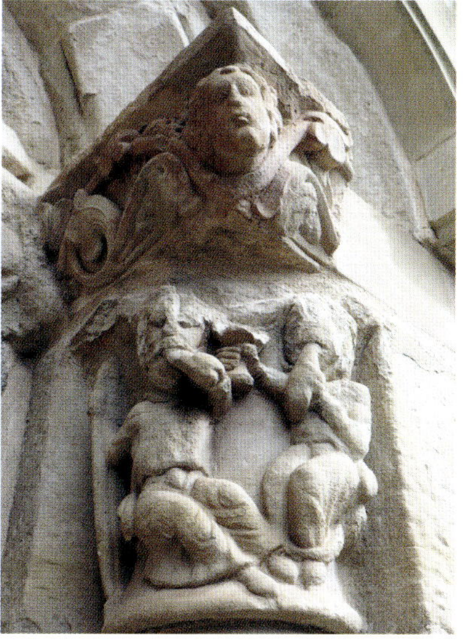

Ebenda, zwei Menschen halten gemeinsam Mahl. Vielleicht sind hier zwei Pilger gemeint, die gerade wieder eine Etappe ihres Weges hinter sich gebracht haben.

Santo Domingo de la Calzada

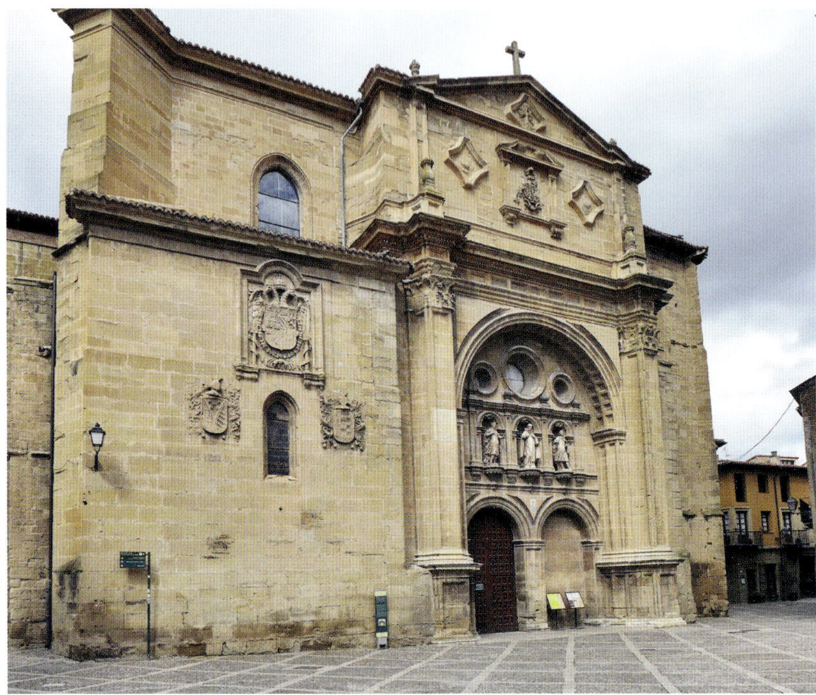

Santo Domingo de la Calzada. Kathedrale, Fassade

Die Kathedrale Santo Domingo de la Calzada (42.44080/-2.95380) ist für ihr lebendes Hühnerpaar in der Kirche berühmt. Dies geht auf die Legende vom Hühnerwunder zurück.

An den Pilgerwegen nach Santiago de Compostela ist die Darstellung des Hühnerwunders in Santo Domingo de la Calzada an vielen Orten zu finden. Daher sei die Geschichte hier kurz beschrieben:

Eine Familie mit jugendlichem Sohn pilgerte nach Santiago. In Santo Domingo de la Calzada übernachteten sie. Die Tochter des Wirts wollte nachts in das Bett des Jünglings, doch dieser wies sie von sich. Diese Zurückweisung verletzte die junge Frau so sehr, dass sie der Familie einen goldenen Becher ins Gepäck schmuggelte. Nach deren Abreise beschuldigte sie die Familie, den Becher gestohlen zu haben. Dort fand man auch den goldenen Becher. Der Sohn wusste

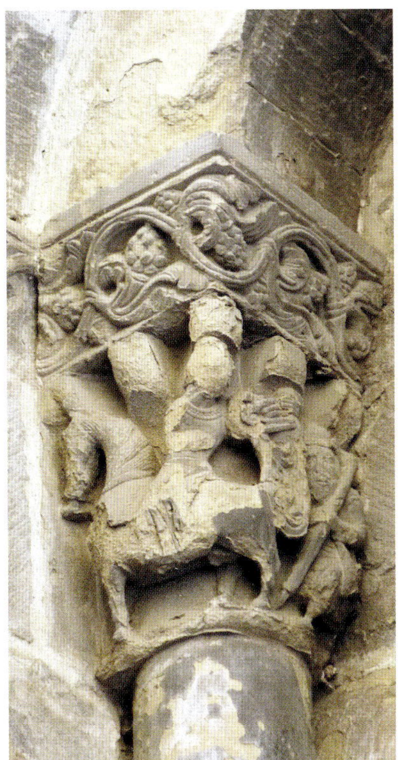

Ebenda, auch hier erscheint der heilige Martin, der seinen Mantel mit dem Bettler teilt.

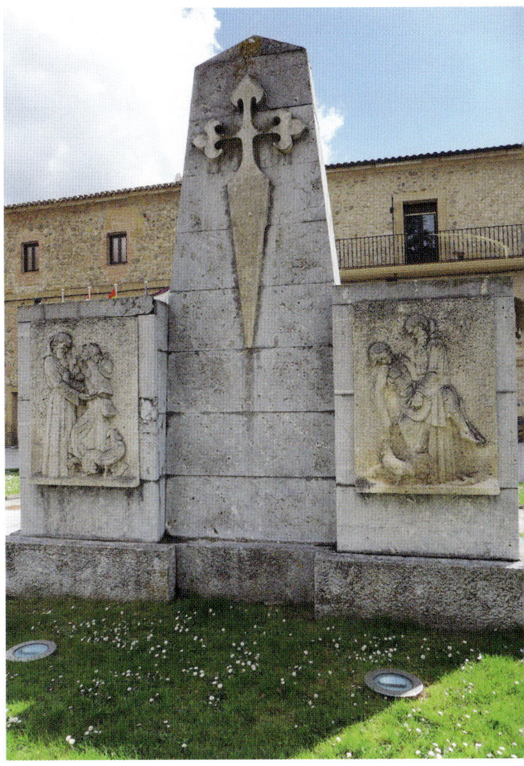

Ebenda, Pilgerdenkmal vor der Franziskanerkirche mit dem Jakobskreuz des Santiagoordens. Es zeigt Werke der Barmherzigkeit.

wohl, was hier gespielt wird und bekannte sich schuldig, denn es gab nichts, um seine Unschuld zu beweisen. Er wurde gehängt. Die Eltern pilgerten traurig nach Santiago weiter und klagten dort dem hl. Jakobus ihr Leid. Da sagte der hl. Jakobus zu ihnen, sie sollen wieder nach Santo Domingo zurückkehren, denn ihr Sohn lebe. Als sie dort ankamen, hing ihr Sohn tatsächlich lebend am Galgen. Daher gingen sie zum Richter und sagten es ihm. Weil er diese Aussage nicht glauben wollte, sagte er, dass dann auch eines der Brathähnchen, die er vor sich auf dem Tisch hat, aufstehen und davonflattern könne. Kaum hatte er es gesagt, da stand ein Brathähnchen auf und flatterte davon. Nun glaubte der Richter den Eheleuten und sprach ihren Sohn frei. Gemeinsam holten sie den Lebenden vom Galgen. Der Sohn sagte, dass ihn der hl. Jakobus die ganze Zeit gehalten und somit vor dem Erstickungstod bewahrt hätte.

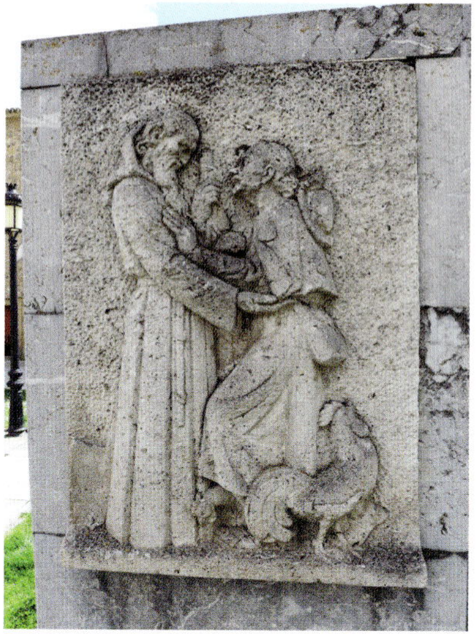

Ebenda. Einen Fremden oder Pilger aufzunehmen ist ein Werk der Barmherzigkeit.

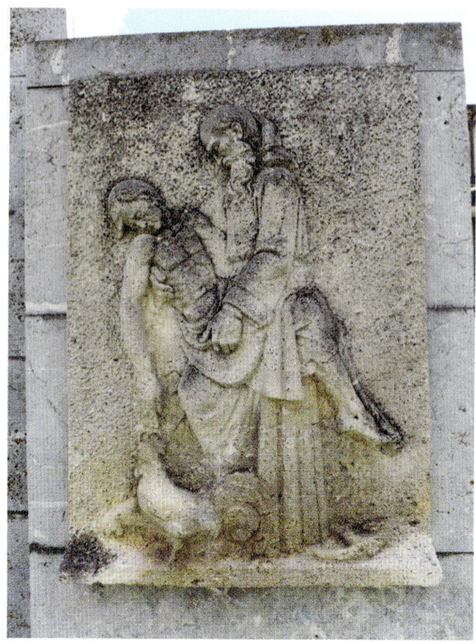

Dieses Relief zeigt den heiligen Franziskus, wie er liebevoll einen Verstorbenen bestattet.

An der Kathedrale schmücken den Chor zahlreiche Kapitelle, viele von ihnen sind leider sehr verwittert.

Wie leben wir? Haben wir einen Blick auf die Sorgen und Nöte der Menschen, denen wir täglich begegnen?

Vor dem Convento de San Franscisco (17. Jh.) steht ein Pilgerdenkmal (42.44000/-2.95780), das an die Werke der Barmherzigkeit erinnert.

Die Werke der Barmherzigkeit umfassen (Mt 25,35-36):

die Hungernden speisen

den Dürstenden zu trinken geben

die Nackten bekleiden

die Fremden aufnehmen

die Kranken besuchen

die Gefangenen besuchen

Tote begraben.

Lebe ich zumindest eines dieser Werke der Barmherzigkeit?

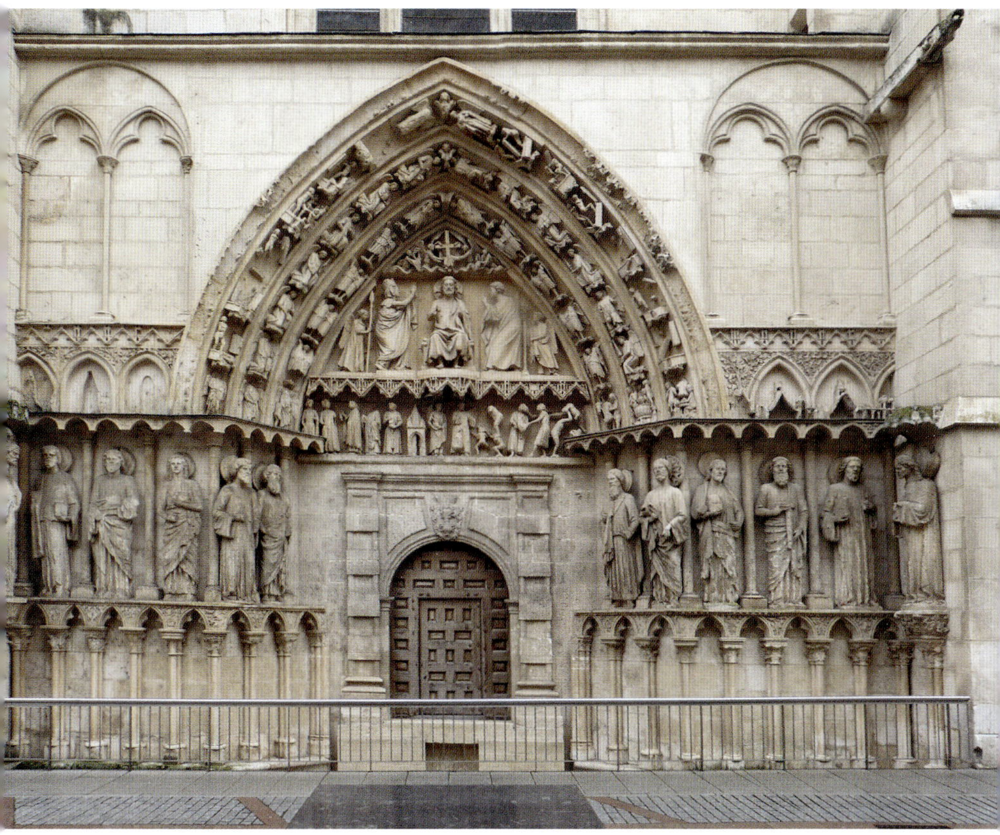

Burgos, Kathedrale, der heiligen Maria geweiht

Burgos

Die **CATEDRAL DE SANTA MARIA** (42.34050/-3.70410) ist Weltkulturerbe. Durch den Zugang am nördlichen Querhaus, der als Krönungs-, Apostel- oder Hohes Portal bezeichnet wird, betraten die Pilger vom Jakobsweg die Kirche. Er ist reich mit Figuren geschmückt.

Dieses figurenreiche Portal befindet sich an der Nordwestseite der Kathedrale. Links und rechts des Portals sind die zwölf Apostel zu sehen.

Im oberen Teil des Tympanons thront Christus in der Mitte als Richter der Seelen, gerahmt von Maria und Johannes, die um Erbarmen für die Verstorbenen bitten. Zwei Engel zeigen die Leidenswerkzeuge: links die Lanze, rechts die Säule, an die Christus

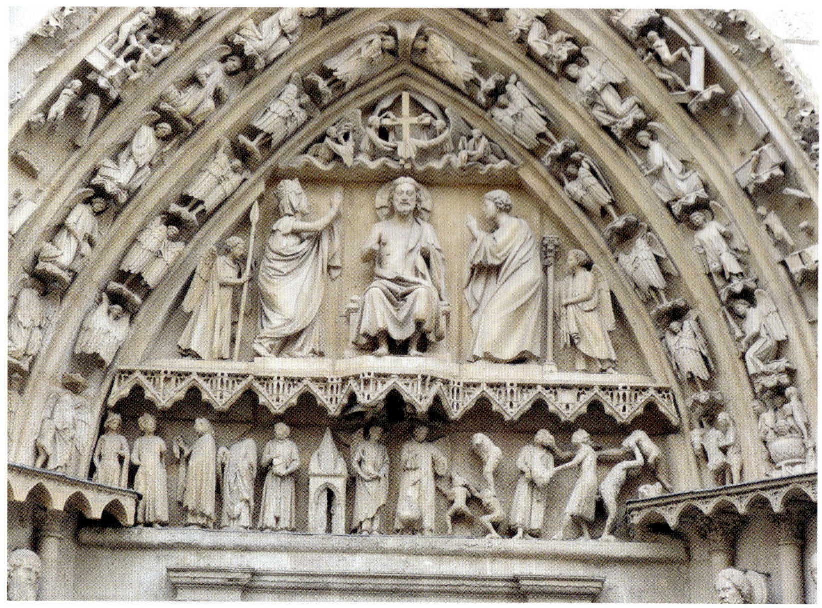

Ebenda, Südportal, Tympanon mit der Darstellung des thronenden Christus

gebunden und an der er gegeißelt wurde. Über ihm präsentierten zwei Engel das Kreuz, an das Jesus geschlagen wurde; links hält ein Engel die bestoßene Dornenkrone, während das oder die Leidenswerkzeuge rechts, vermutlich die Nägel, weggebrochen sind.

In der unteren Zone werden die Menschen dem Himmel oder der Hölle zugeordnet. Unter den Füßen Christi wird die Seelenwägung dargestellt, die über den Zugang zum einen oder zum anderen entscheidet: Links hält ein Engel eine kleine Seele in den Armen, die der Erzengel Michael neben ihm auf einer Waage (nur die linke Schale ist erhalten) wägt. Wehe denen, die für zu leicht befunden werden!

Bemühe ich mich um eine Lebensweise, die mich vor Gericht bestehen lässt?

Dieses Portal befindet sich am südlichen Querhaus und ist das älteste Portal der Kathedrale. Das Tympanon zeigt in der Mitte den thronenden Christus, seine rechte Hand zum Segen erhoben, die linke Hand hält das aufgeschlagene Buch seines Evangeliums in der Hand. Er wird flankiert von den Attributen der vier Evangelisten. Diese sind neben und über ihm mit dem Aufschreiben des Evangeliums beschäftigt. In den anschließenden Archivolten huldigen Engel Christus. Unten sitzen die zwölf Apostel, die miteinander über die Frohe Botschaft sprechen, die als Buch auf ihren Knien liegt.

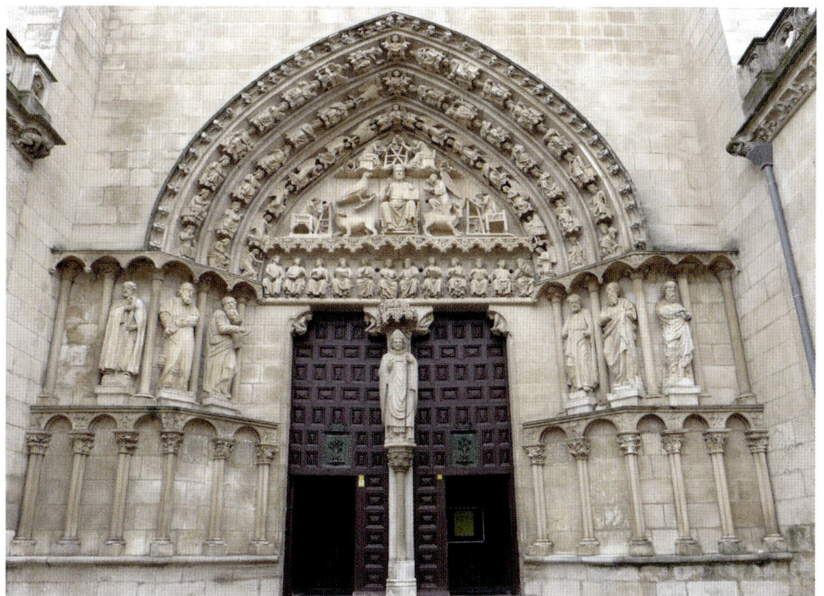

Ebenda, Südportal

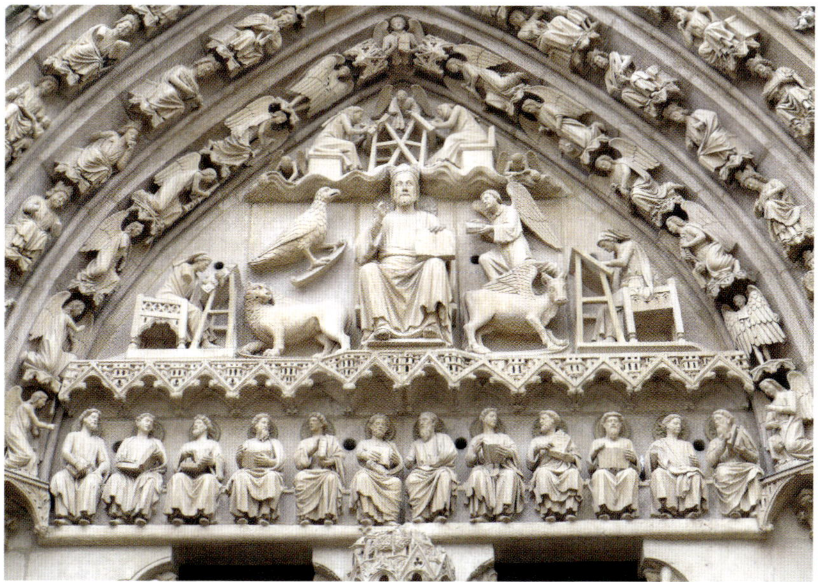

Ebenda, Tympanon, thronender Christus, von Evangelistensymbolen umgeben

Beschäftige ich mich mit dem Evangelium, das mir Jesus anbietet?

Sich in der Tradition der Apostel befindend, steht an der Mittelsäule des Portals die Gestalt eines Bischofs, des heiligen Isidor von Sevilla. Er hat seine Hand zum Segnen erhoben.

Mache ich mir gelegentlich bewusst, dass auch die heutigen Bischöfe in der Tradition der Apostel stehen?

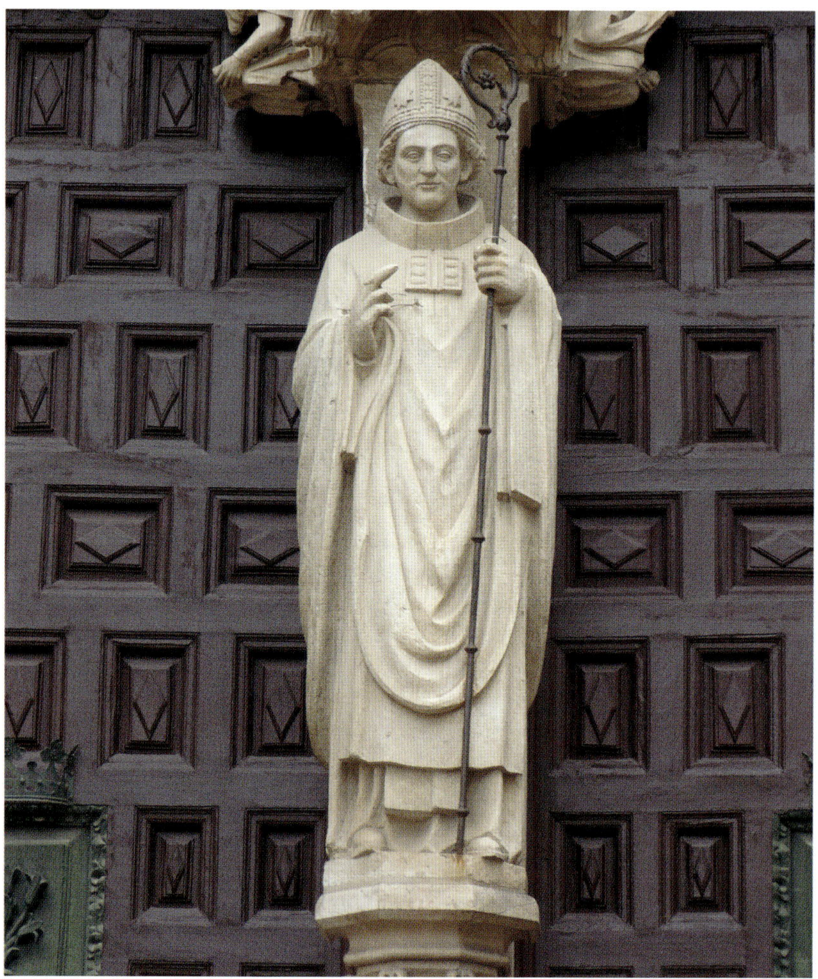

Ebenda, Portal, heiliger Isidor von Sevilla

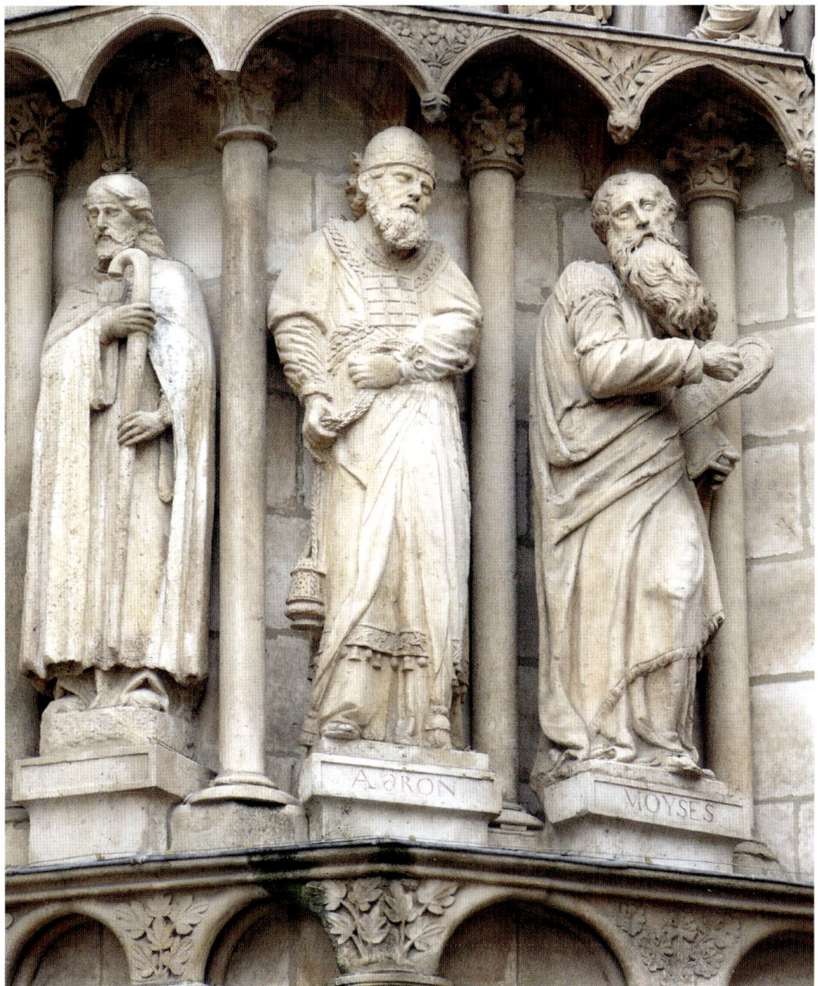

Ebenda, in der Mitte Aaron als Hohepriester, mit Weihrauchfass, und rechts sein Bruder Mose mit den Gesetzestafeln, auf denen die Zehn Gebote stehen.

Links und rechts des Portals befinden sich zwei Reihen mit Nischen. Davon sind sechs mit Figuren gefüllt; zwei von ihnen haben jeweils eine Beschriftung, während eine dritte Figur ohne Beschriftung wohl erst später dazugestellt worden ist.

In der inneren Archivolte huldigen Engel Christus. In den beiden äußeren Archivolten preisen Könige Christus mit mittelalterlichen Musikinstrumenten.

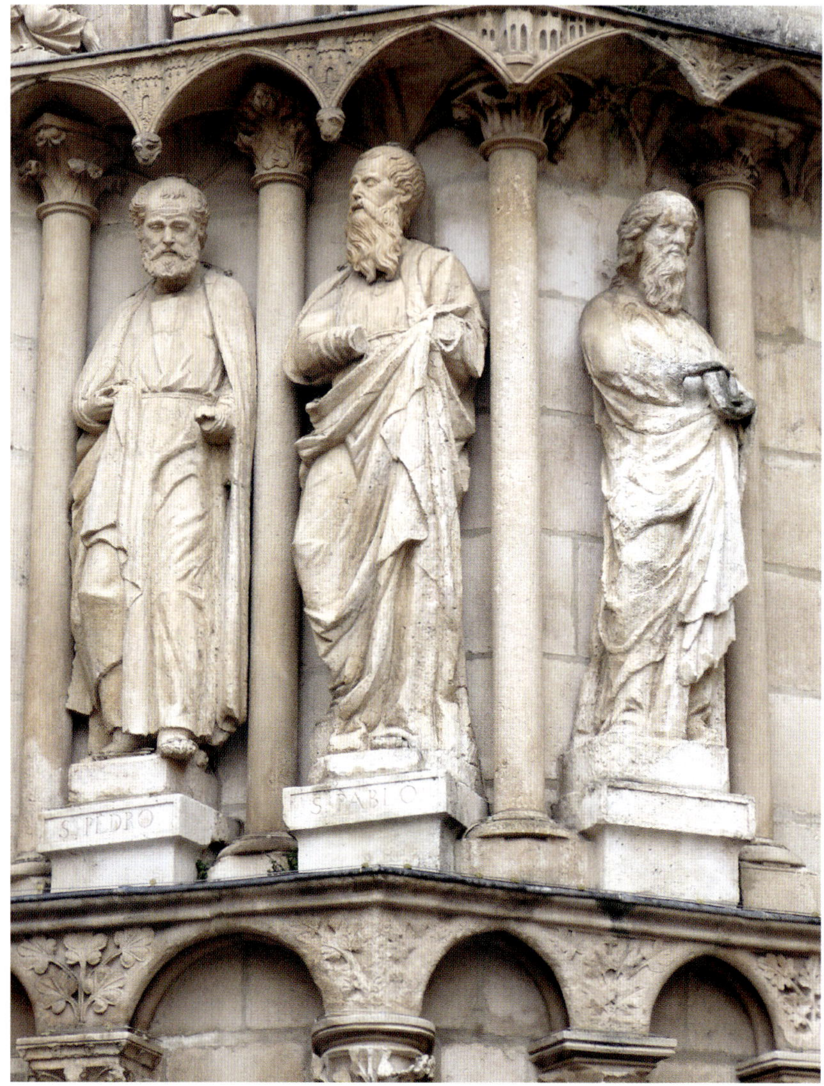

Ebenda, links ist Petrus dargestellt, in der Mitte Paulus. Die Figur rechts ist leider nicht zu benennen, da der Namenszug auf dem Sockel wie auch Attribute fehlen.

Preise auch ich Gott?

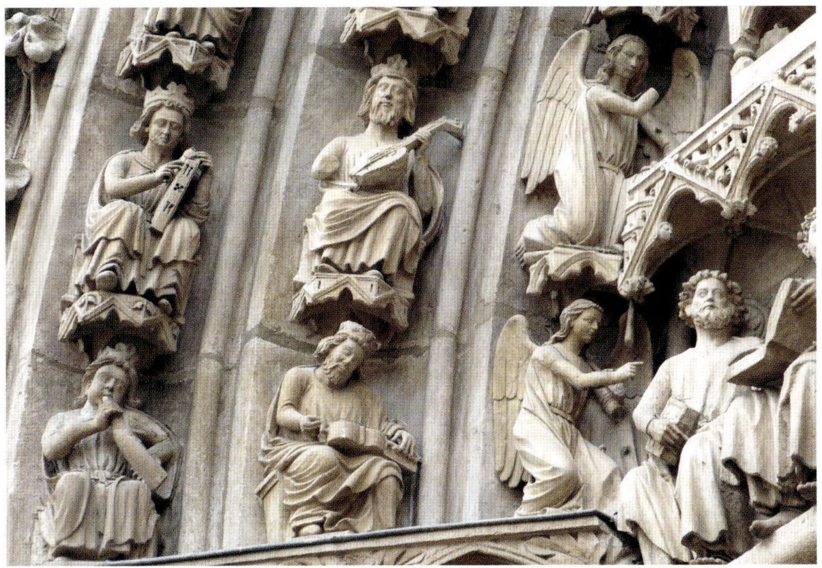

Ebenda, Engel und Könige huldigen Christus.

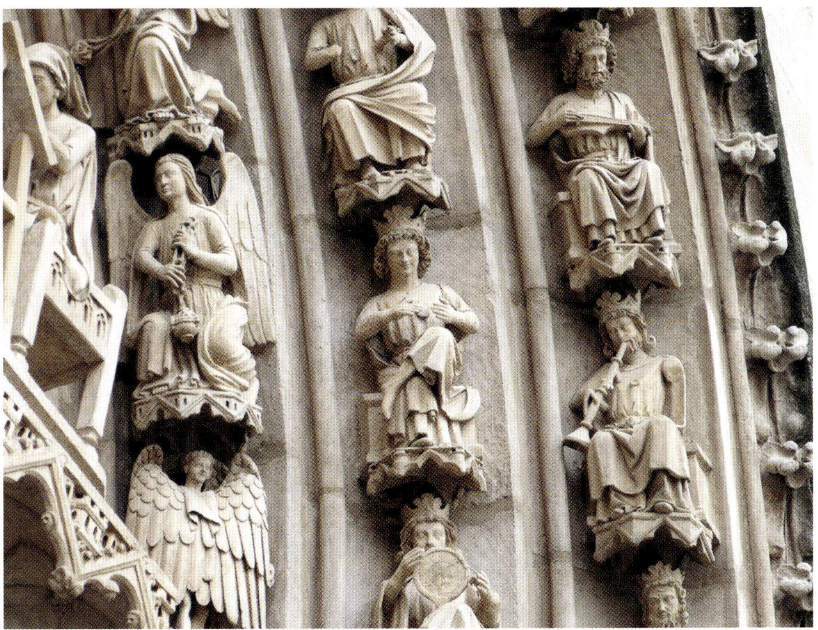

Auch in der rechten Archivolte sind zu Ehren Christi musizierende Engel und Könige dargestellt.

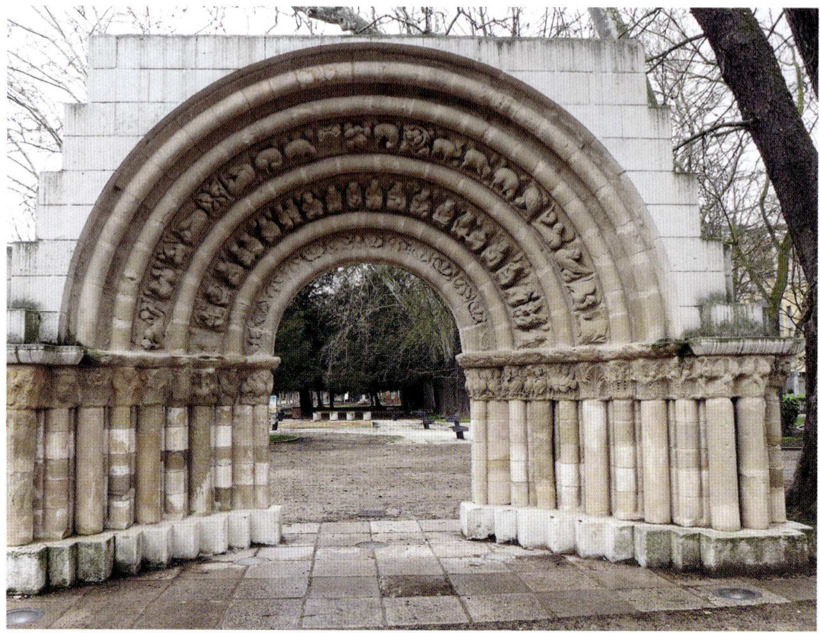

Burgos, Stadtpark romanisches Portal

Im Stadtpark steht der **»ARCOS DE CASTIFALÉ«** (42.33843/-3.71133), ein romanisches Portal mit Rundbögen, zwei figurenreichen Archivolten und figürlichen Kapitellen, leider etwas verwittert. Außer diesem romanischen Portal ist von der Kirche nichts mehr erhalten.

Albert Schweitzer: »Das einzig Wichtige im Leben sind die Spuren von Liebe, die wir hinterlassen, wenn wir weggehen.« – Welche Spuren will ich hinterlassen? Was tue ich für diese Spuren?

Sasamón

Die **IGLESIA DE SANTA MARIA LA REAL** (42.41810/-4.04400) hat im Westen zwei figurenreiche Portale.

Vor der Mittelsäule des Hauptportals steht Maria mit dem Apfel in der rechten Hand und dem Jesuskind im linken Arm. Maria und das Jesuskind tragen eine Krone, sind folglich von königlichem Geschlecht.

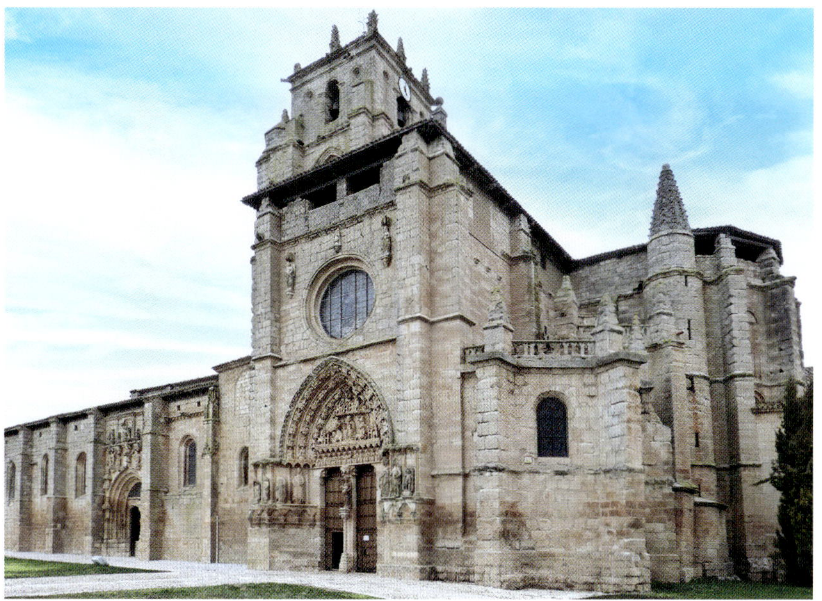

Sasamón, Kollegiatskirche Santa Maria la Real

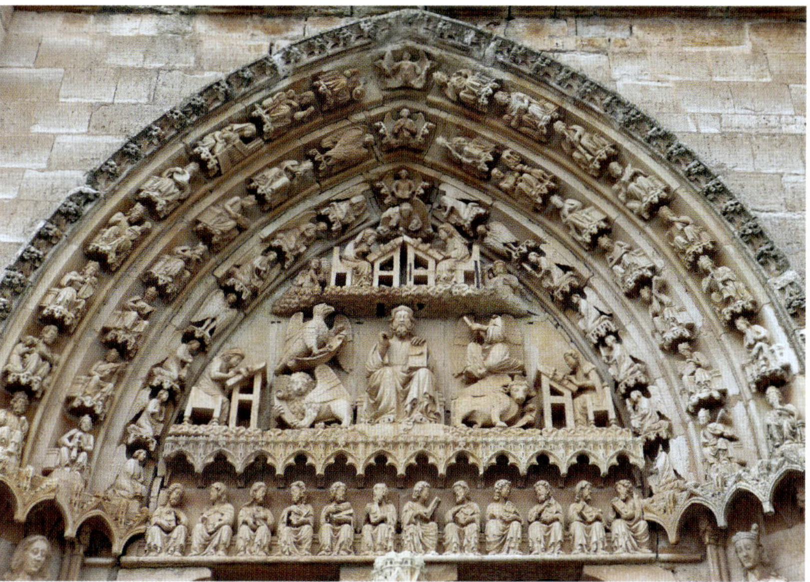

Ebenda, Tympanon mit dem thronenden Christus

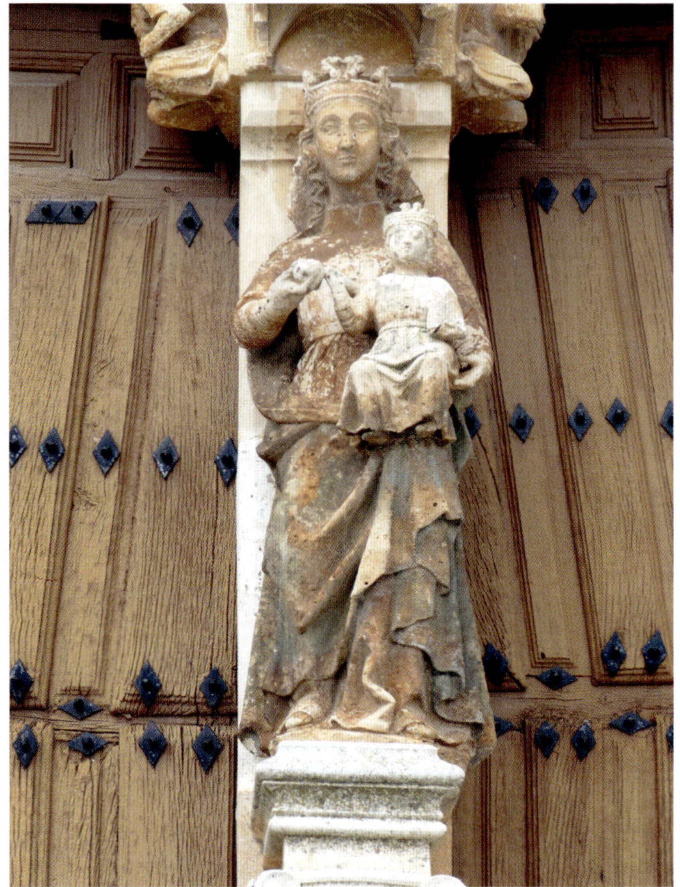

Diese Darstellung spielt auf 1 Kor 15,22 an: »Denn wie in Adam alle sterben, so werden in Christus alle lebendig gemacht werden.« Der Apfel gilt als Sinnbild der Verführung und des Sündenfalls.

Gebe ich mich Versuchungen hin oder widerstehe ich den Versuchungen?

Das Tympanon und die Archivolten gleichen dem Südost-Portal der Kathedrale von Burgos.

Ein jeder Mensch wird als Original geboren. Will ich als schlechte Kopie sterben?

Frómista

Die **IGLESIA SAN MARTIN** (42.26640/-4.40710) ist ein Höhepunkt auf dem Pilgerweg nach Santiago de Compostela. Keine andere Kirche hat auf solch dichtem Raum so viel figürlich verzierte Bauplastik. Um alle Skulpturen aufmerksam betrachten zu können, braucht man viel Zeit, sehr gute Augen, ein Fernglas oder ein gutes Teleobjektiv. An allen Seiten, mitunter sogar in drei übereinander gestaffelten Reihen sind die Tragsteine angebracht.

Dies ist eine Auswahl der Motive. Vielfältig wie das Leben selbst sind die Motive der Kapitelle an dieser Kirche.

Nehme ich die Vielfalt des Lebens wahr oder lebe ich in einer Monokultur?

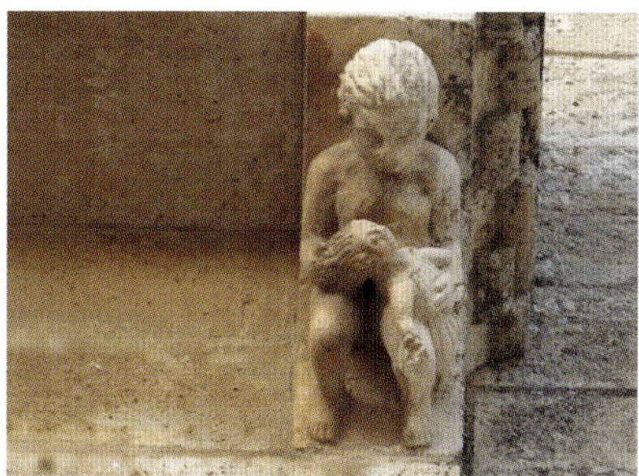

Frómista, St. Martin, ein Kind spielt mit einer Puppe.

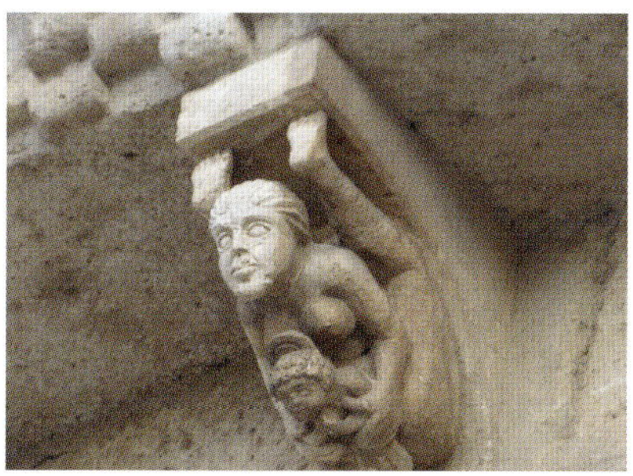

Ebenda, eine Frau mit Kind, die Beine nach hinten gebogen.

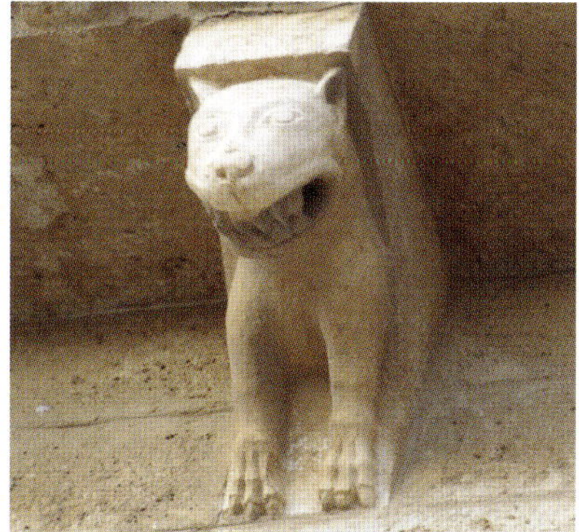

Ebenda, ein Löwe, der freundlich schaut oder die Zähne fletscht? Das ist hier die Frage.

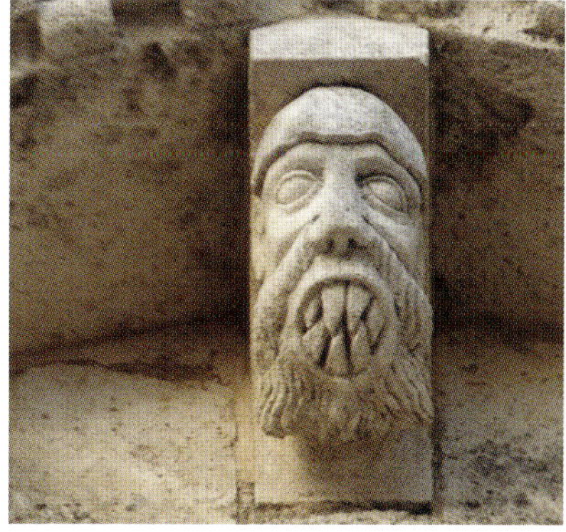

Ebenda, ein Dämon zeigt aggressiv seine Zähne.

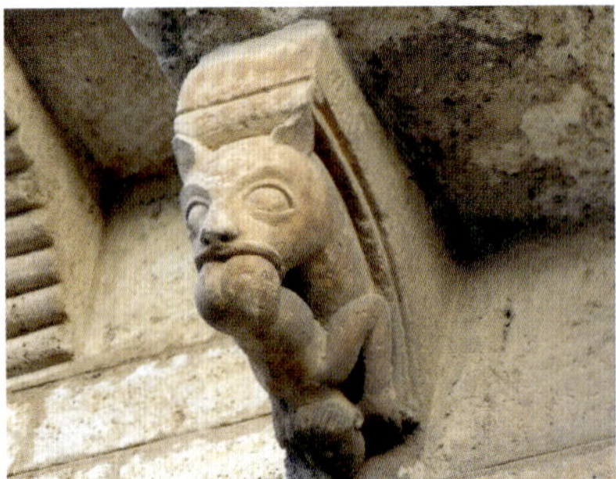

Ebenda, ein Dämon verschlingt ein Füße eines Mannes.

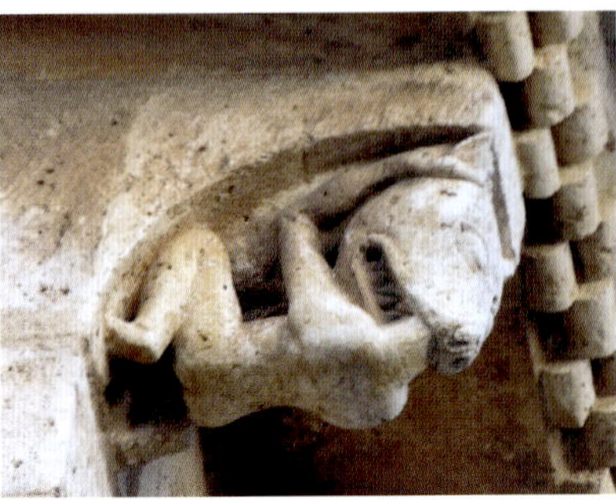

Ebenda, ein Damön verschlingt den Kopf eines Mannes.

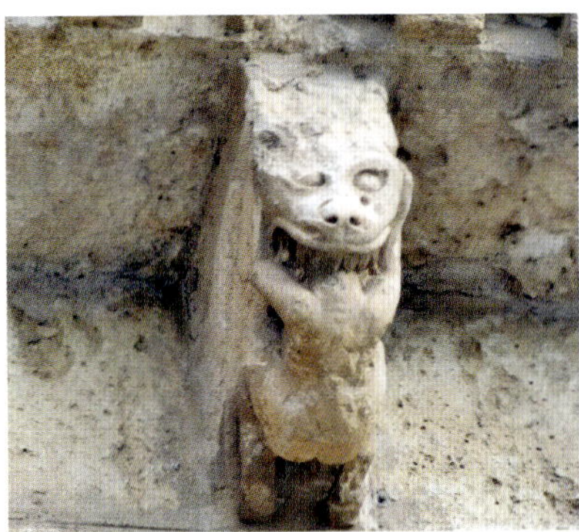

Ebenda, ein Dämon verschlingt den Kopf eines Mannes.

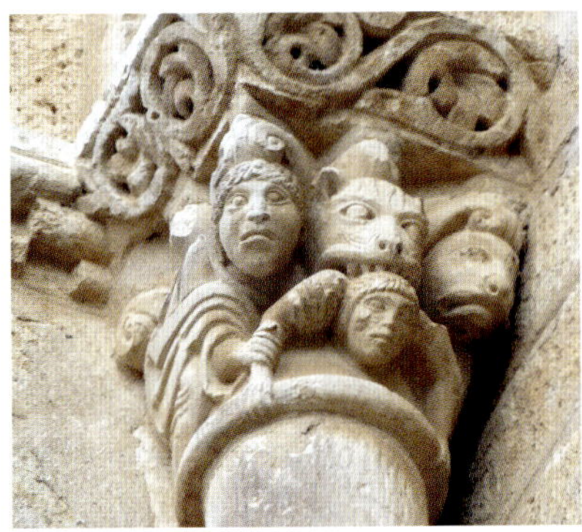

Ebenda, ein Dämon hat den Körper eines Menschen bis auf Kopf und Arme bereits verschluckt.

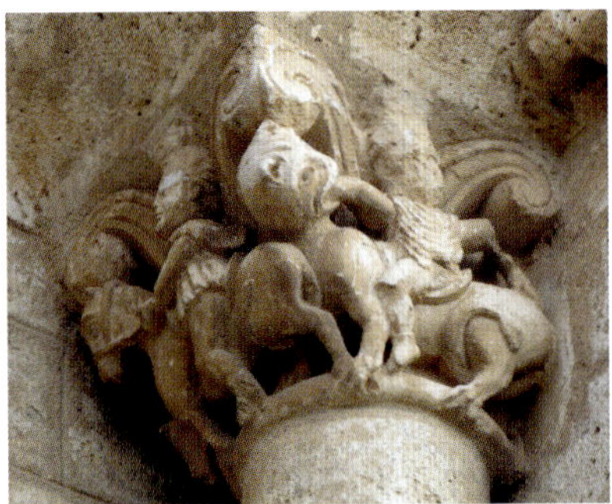

Ebenda, ein Mann reitet auf einem Tier und steckt die rechte Hand in das Maul des Tieres, mit seiner Linken fasst er den Schwanz des Tieres. Ihm reitet ein Mann auf einem Pferd voraus.

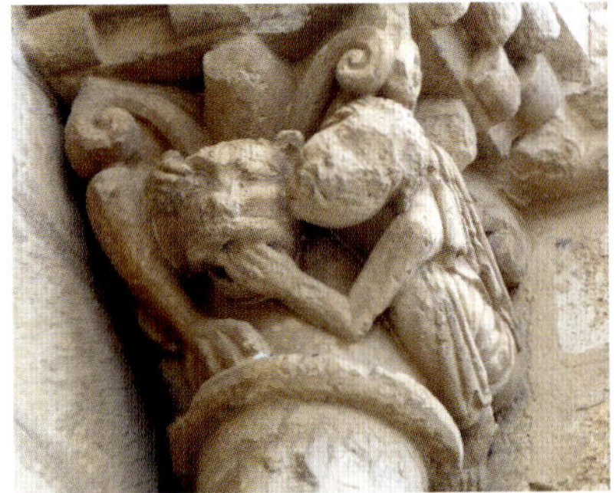

Ebenda, ein Mann hat seine linke Hand im Maul eines Tieres, mit dem rechten Arm umfasst er dessen Kopf, seine Finger greifen in das rechte Auge des Tieres.

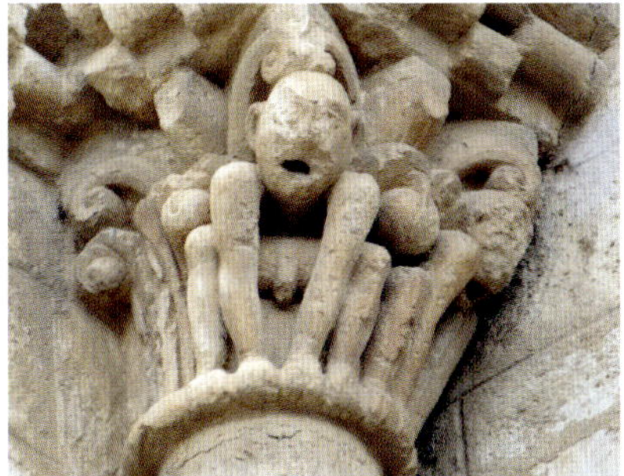

Ebenda, ein Mann kniet in der Hocke und zeigt seine Genitalien.

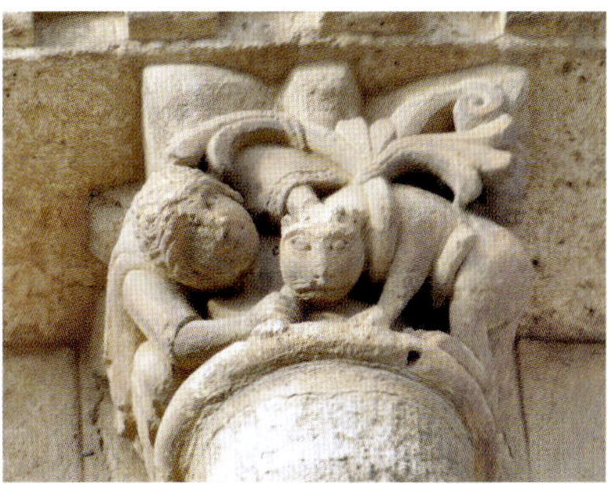

Ebenda, ein Mann hat sich von hinten einem Tier genähert und fasst es im Nacken und an einem Bein.

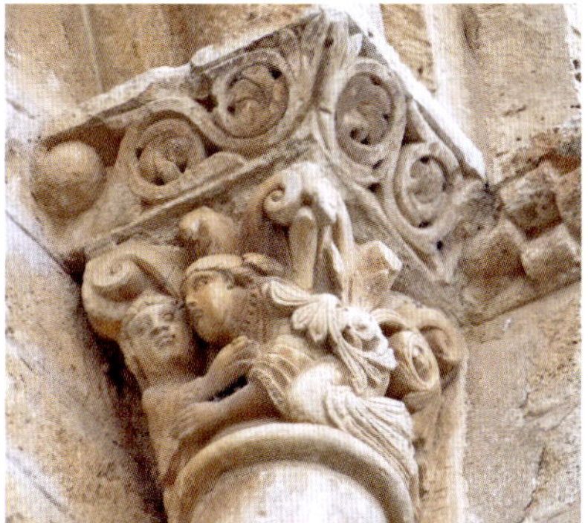

Ebenda, zwei Liebende begegnen sich.

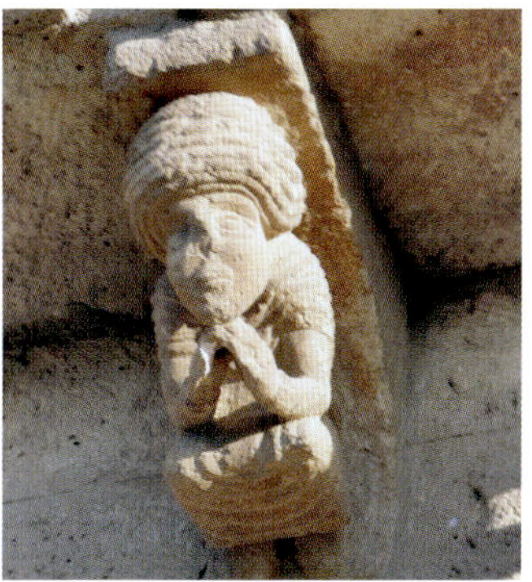

Ebenda, betende oder nachdenkliche Frau.

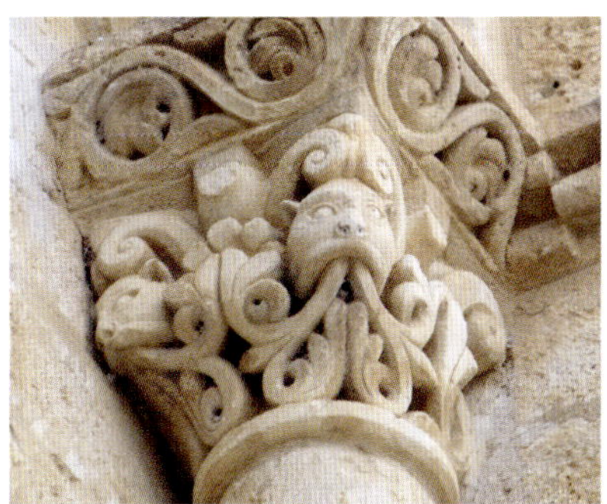

Ebenda, zwei Tiere inmitten von Blattwerk.

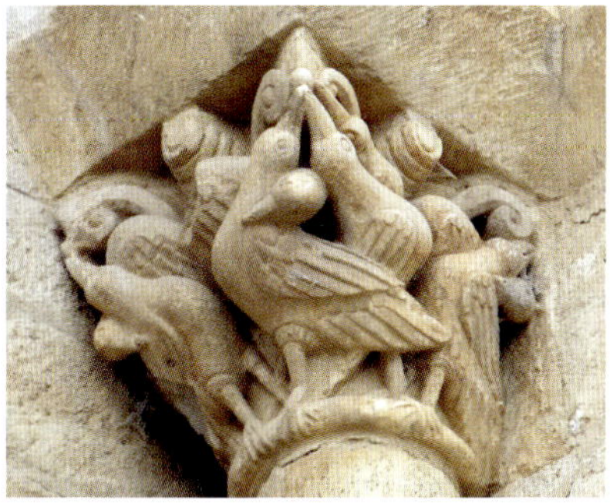

Ebenda, balzende Vögel.

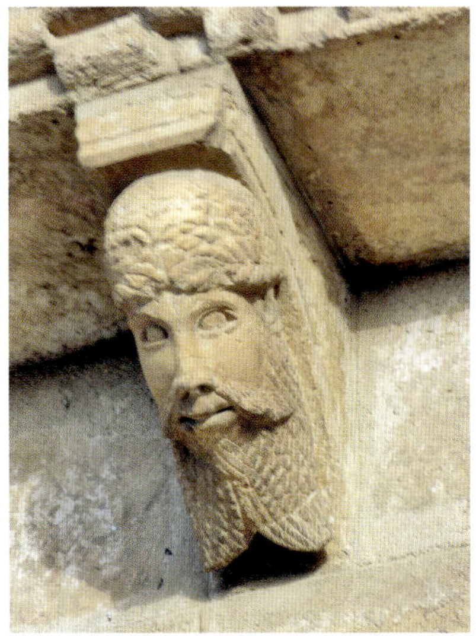

Ebenda, ein Mann mit voller Bart- und Haarpracht

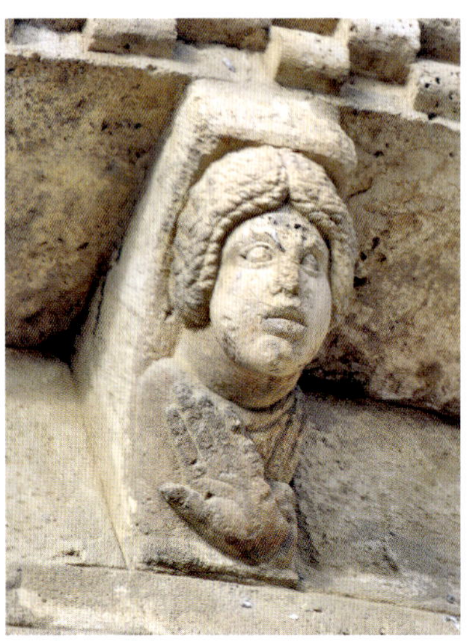

Ebenda, eine Frau mit geflochtenen Haaren, die abwehrend eine Hand vor ihren Oberkörper hält.

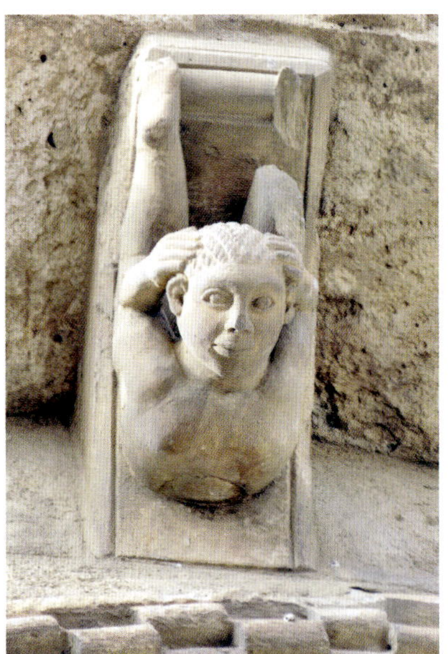

Ebenda, ein Akrobat, der auf dem Bauch liegt und seine Beine hochgehoben hat.

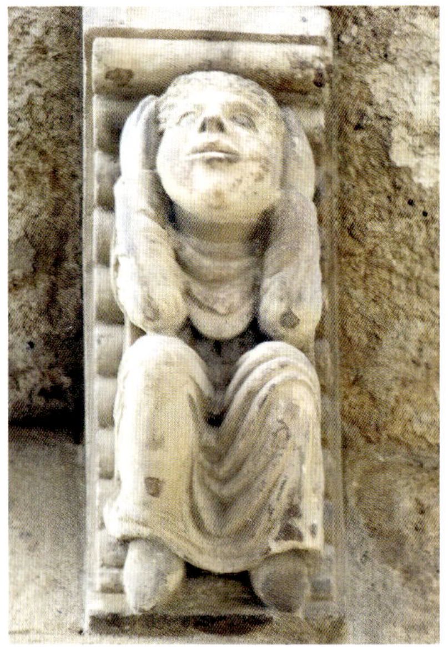

Ebenda, jemand hält sich beide Ohren zu.

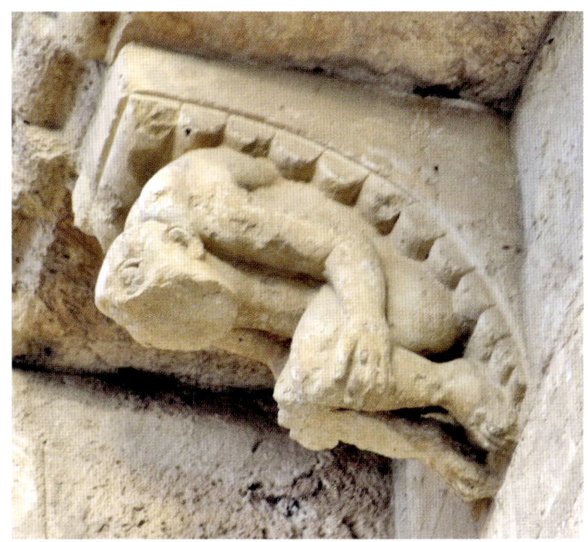

Villalcázar de Sirga

Die **IGLESIA SANTA MARIA LA BLANCA** (42.31660/-4.54281) wurde von den Tempelrittern errichtet. Der Orden wurde um 1120 gegründet und 1312 durch Papst Clemens V. aufgehoben. Die Templer besaßen in Villalcázar de Sirga ein großes Kloster.

Das Besondere an dieser Kirche ist, dass sie auf der Südseite zwei figurenreiche Portale hat, die im rechten Winkel zueinander stehen. Damit kann man durch das Hauptportal in das Hauptschiff die Kirche treten, aber auch durch das Nebenportal in das Querschiff.

Die Figuren des Hauptportals sind besser erhalten. Über dem Hauptportal sind zwei Reihen von Figuren in einem architektonischen Hintergrund aufgestellt. In der Mitte der unteren Reihe sitzt Maria, das Jesuskind auf dem Schoß; von links kommen drei Könige, um dem neugeborenen Kind zu huldigen (Mt 2,1-12). Rechts neben Maria steht Josef, es schließt die Verkündigung an Maria an (Lk 1,26-27).

In der oberen Reihe thront Christus in der Mitte, die rechte Hand zum Segen erhoben, mit der linken Hand das Evangelium haltend. Ihn umgeben die vier Evangelistensymbole. Links und rechts davon sind insgesamt zehn Apostel dargestellt – dass es damit statt der 12 nur zehn Apostel sind, scheint die ausführenden Handwerker ebenso wenig wie die Auftraggeber gestört zu haben.

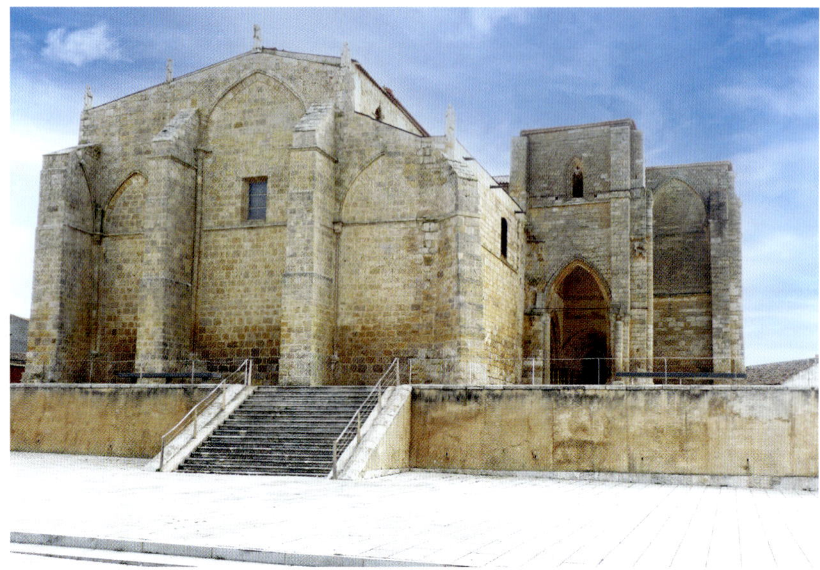

Villalcázar de Sirga, Santa Maria la Blanca von Westen

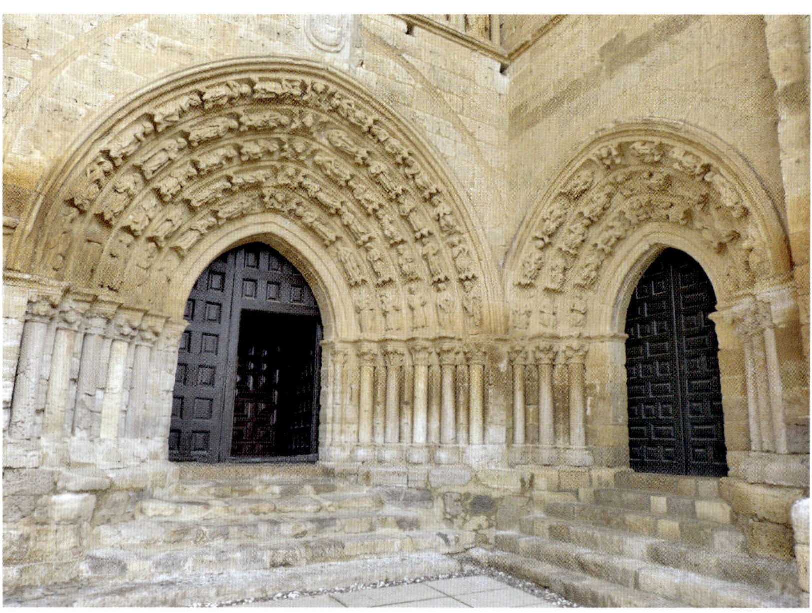

Ebenda, Portale zum Haupt- und zum Seitenschiff

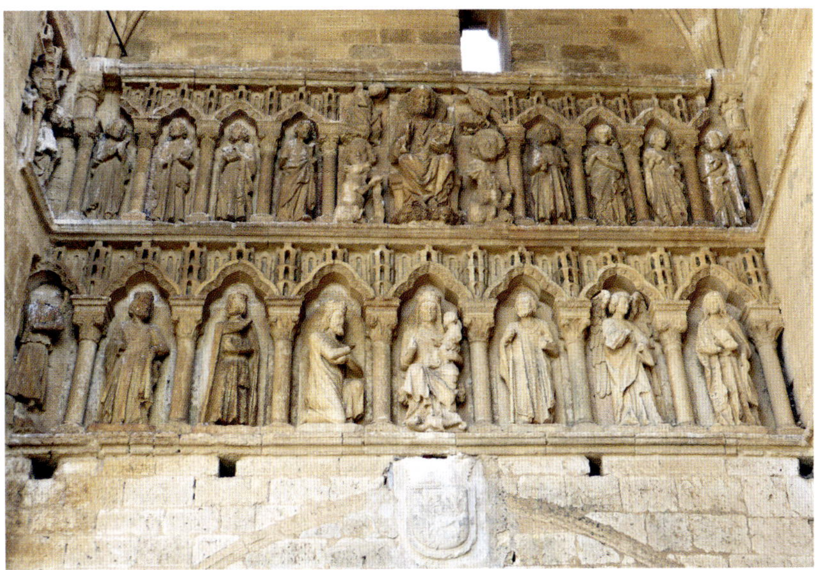

Ebenda, Fries über dem Portal zum Mittelschiff: oben der thronende Christus, unten Anbetung der Heiligen Drei Könige

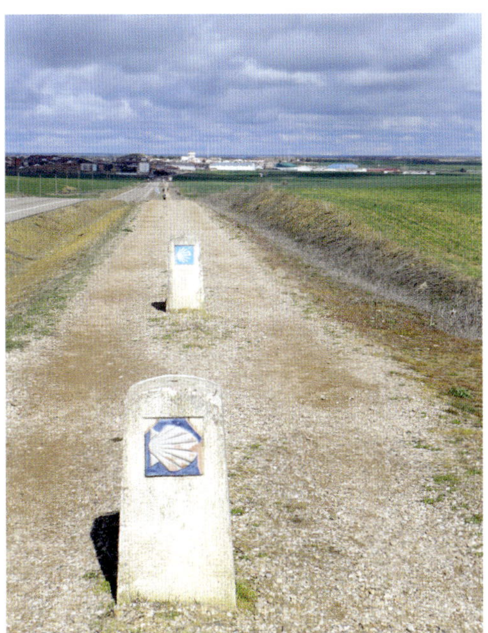

Fußweg der Jakobspilger mit Muschel

Ein Stück des Pilgerweges wurde eigens für die Fußpilger neben der Straße angelegt. Die Kacheln mit den Muscheln weisen den Pilgern deutlich den Weg.

Wie weiß ich, dass ich auf dem richtigen Weg bin? Wen frage ich um Rat?

Carrión de los Condes

Die **IGLESIA SANTA MARIA DEL CAMINO** (42.33710/-4.60130) besitzt am Portal eine Besonderheit: Es hat figurengeschmückte Kapitelle, in der obersten Archivolte zahlreiche figürliche Darstellungen, links und rechts davon je einen Reiter auf seinem Pferd und darüber einen Figurenfries, der von einem Ornamentband abgeschlossen wird, das Tragsteine stützen.

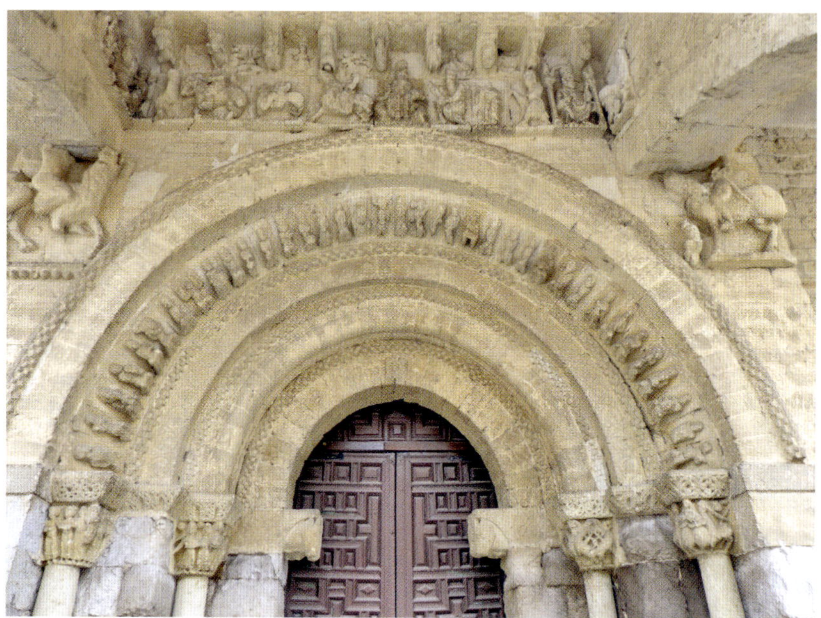

Carrión de los Condes, Santa Maria de las Victorias y de Camino, Portal

Das Besondere an diesem Kirchenportal sind diese vier Stierköpfe. Sie verweisen auf folgende Legende: Als die Mauren die Herrscher in Spanien waren, verlangten sie von den Christen jährliche Tributleistungen. Dazu gehörten u. a. auch Jungfrauen. Als die Steuereintreiber in Carrión de los Condes wieder einmal Jungfrauen mitnahmen, kam ein Stier – nach einer anderen Fassung vier Stiere – und vertrieb die Steuereintreiber. Dadurch konnten die Jungfrauen wieder zu ihren Familien zurückkehren.

Nach einer anderen Fassung soll es ein Verlobter gewesen sein, dem die Steuereintreiber seine Verlobte genommen hatten. Er soll wie ein Stier gekämpft und die Steuereintreiber vertrieben haben. In Erinnerung an diese Legende bzw. diese Erzählung wurden am Kirchenportal die vier Stierköpfe abgebildet.

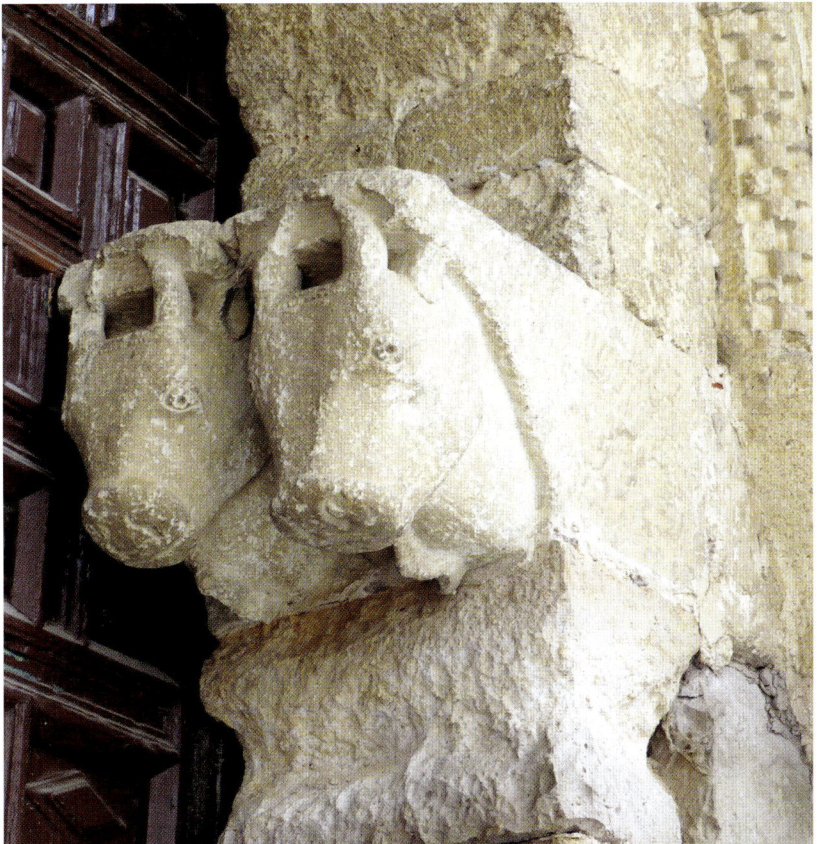

Ebenda, Stierköpfe

Engagiere ich mich für das Gute?

Auch das figurenreiche Portal der **IGLESIA DE SANTIAGO** (42.33810/-4.60360)
weist Besonderheiten auf.

Das Portal besitzt in seinen Rundbögen eine figurenreiche Archivolte. Darüber ist
ein Fries mit nahezu lebensgroßen Figuren angebracht: In der Mitte sitzt Christus, der
mit der rechten Hand segnet und in der Linken das Evangelium hält, in einem mandel-
förmigen Kreis. Ihn flankieren die Symbole der vier Evangelisten. Wie so häufig am Pilgerweg wird mit der »Maiestas Domini« auf die Herrlichkeit Gottes hingewiesen. Außen
sind die 12 Apostel dargestellt.

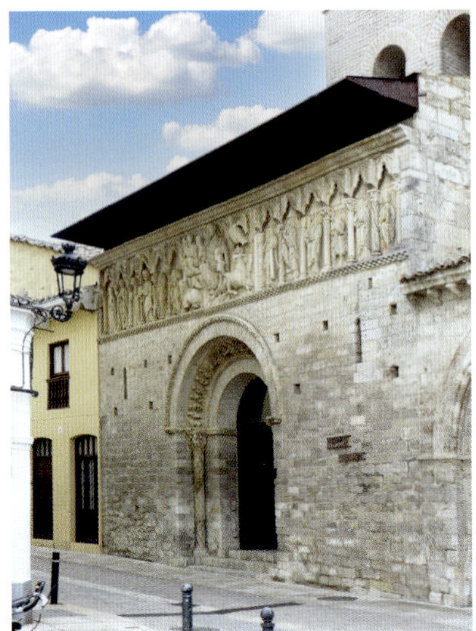

Carrión de los Condes, Jakobskirche, Fassade

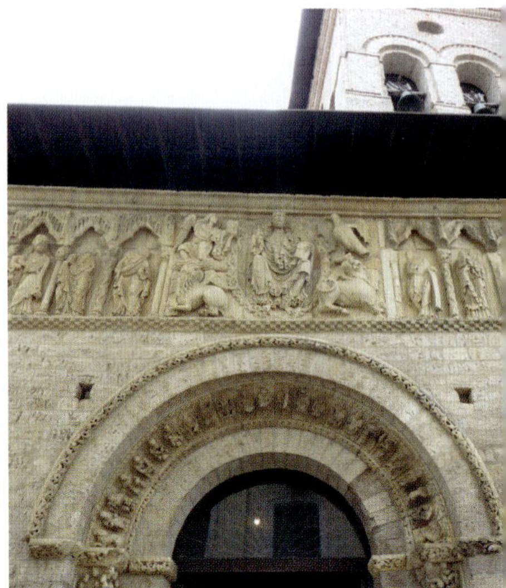

Ebenda, Maiestas Domini und rahmende Apostel

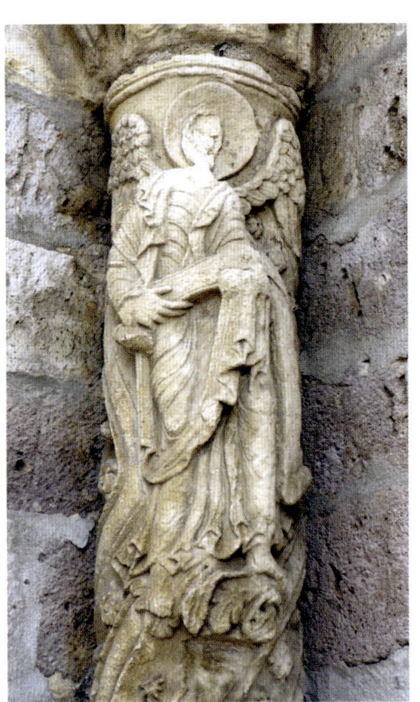

Auf der linken Seite des Portals sitzt das Kapitell auf einer Säule mit dieser Darstellung eines Engels. Leider wurde auch ihm der Kopf abgeschlagen. Die Inschrift des Spruchbandes, das er in seinen Händen hält, ist unleserlich.

Erwarten wir von unseren Mitmenschen, dass sie uns gegenüber Engel sind, oder bemühen wir uns darum, unseren Mitmenschen gegenüber Engel zu sein?

Der Engel ist ein Bote Gottes. Der hl. Vinzenz Pallotti betete darum, dass die Menschen, die zu ihm kommen, Gott finden. Das ist eine Umschreibung dafür, für sie Bote Gottes zu sein.

Ebenda, Engel mit geöffneter Buchrolle

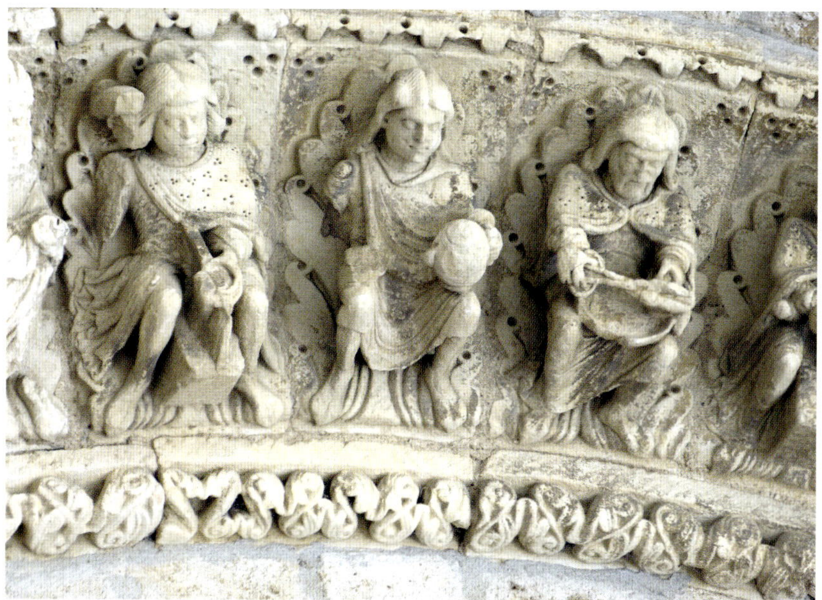

Ebenda, Handwerksdarstellungen, links ein Mann, der Münzen prägt, daneben zwei weitere Figuren, die mit der Bearbeitung von Metall beschäftigt sind.

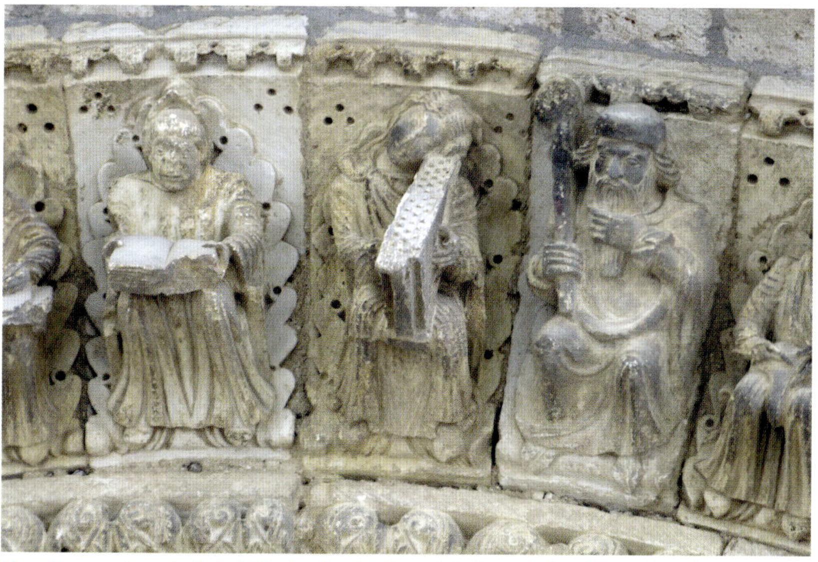

Ebenda, zu sehen sind ein Mönch, eine Psalterspielerin und ein Richter, der einen Stab als Insignie seines Amtes hält.

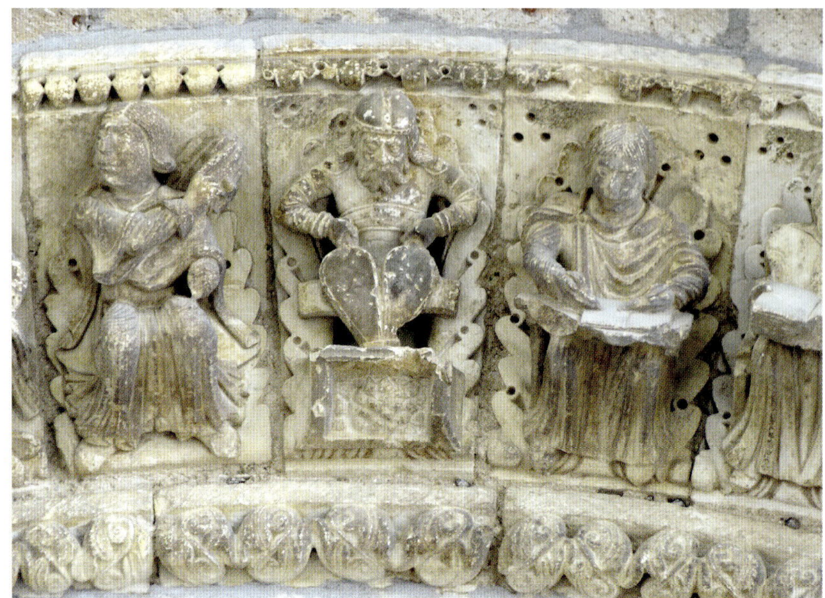

Ebenda, links ein Aufseher über die Arbeiten und ein Mann, der sich mit dem Schmelzen oder der Reinheit des Metalls beschäftigt, daneben ein Schreiber.

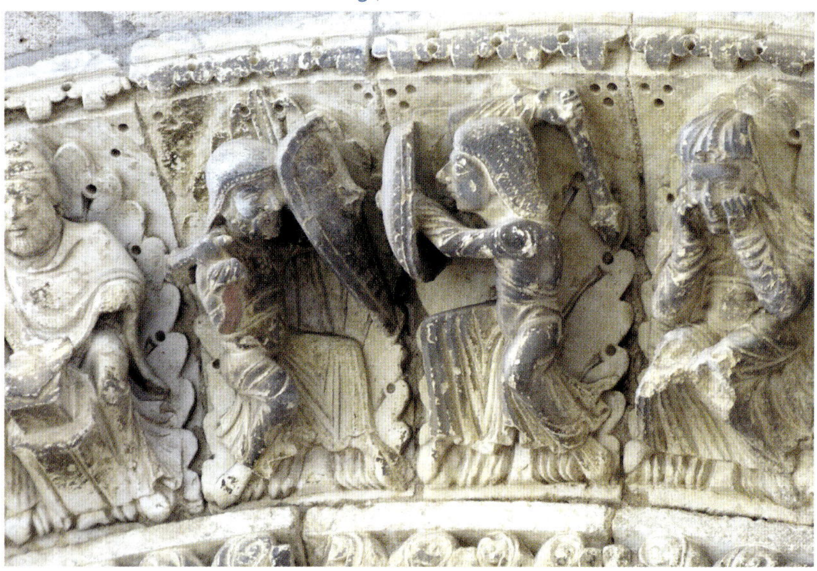

Ebenda, zwei Ritter kämpfen gegeneinander. Rechts eine Frau, die sich über den Ausgang des Kampfes Sorgen macht.

Sahagún

In Sahagún sind nicht nur die alten Häuser, sondern auch die Kirchen mit Backsteinen errichtet. Dies verleiht dem Ort einen ganz eigenen Charme, der sich bei nächtlicher Beleuchtung noch verstärkt. An der Iglesia de San Tirso wird sogar das Innere des Turmes angestrahlt.

Verstehe ich mich als einen Baustein der Kirche Jesu Christi, als einen lebendigen Baustein?

Der Pilgerweg zwischen Sahagún und Mansilla de las Mulas.

Wie sieht die Straße meines Lebens aus?

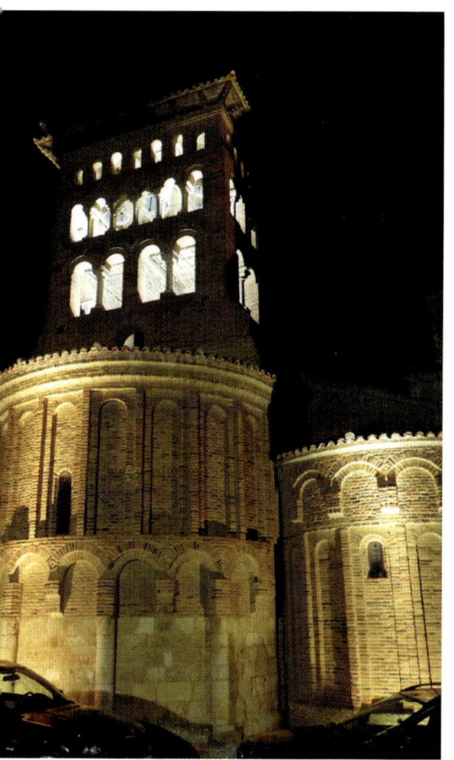

Sahagún, San Tirso

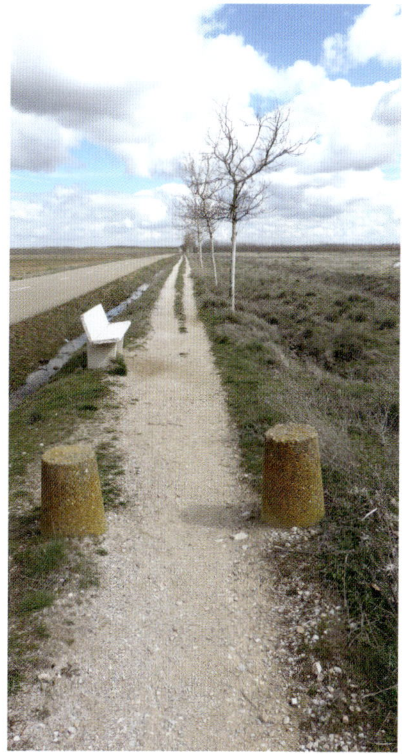

Pilgerweg mit Bank zum Ausruhen

Monasterio de San Miguel de Escalada

Das Monasterio de San Miguel de Escalada (42.57114/-5.30278) liegt einsam auf einer Hügelkette. Deutlich sind die arabischen Einflüsse zu sehen.

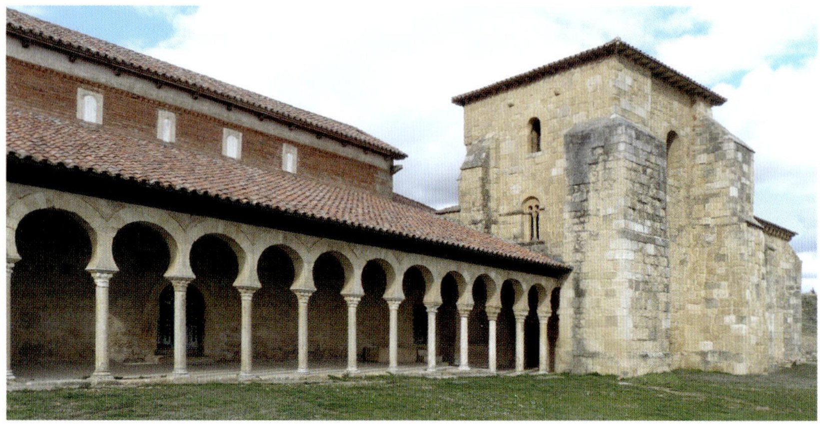

San Miguel de Escalada, Portikus

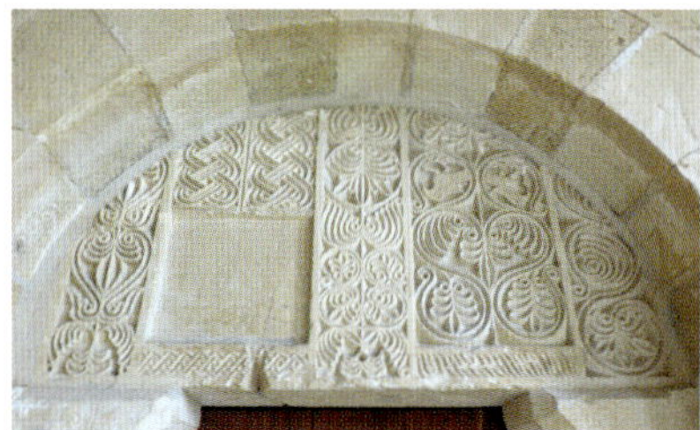

Ebenda, Tympanon mit arabischen Mustern

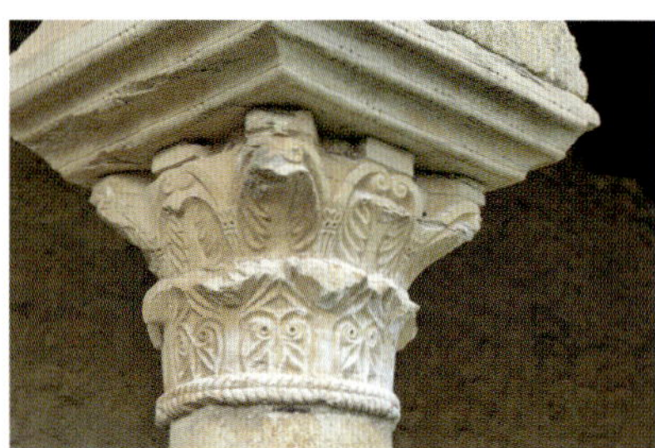

Ebenda, Blattkapitell

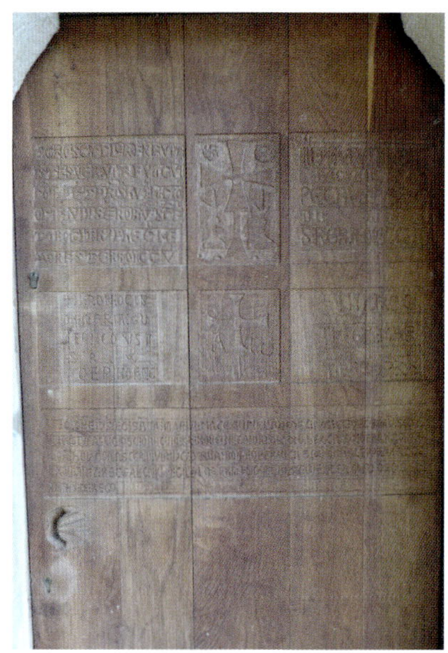

Ebenda, Holztüre mit geschnitzten Inschriften und Zeichen

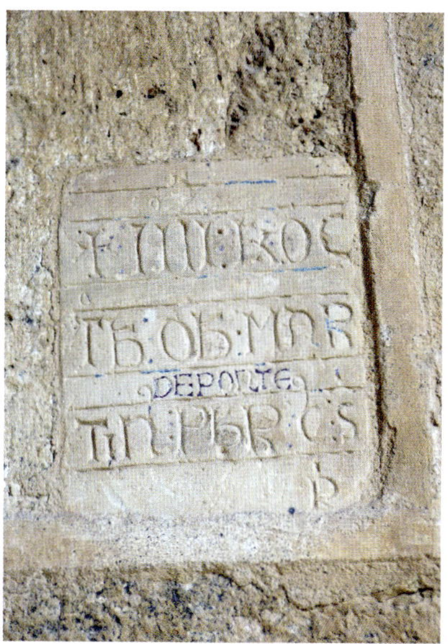

Ebenda, Stein mit Inschrift

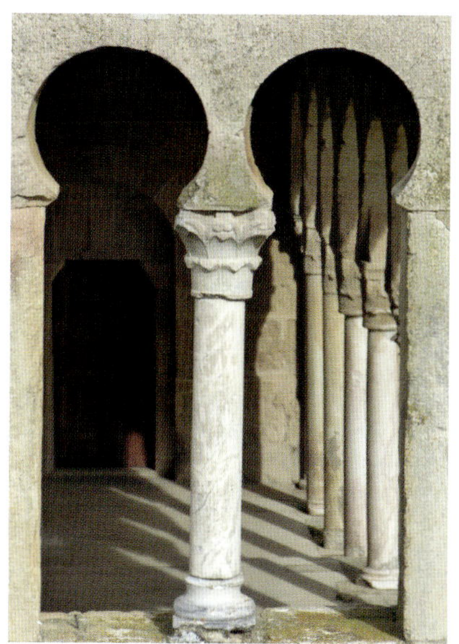

Ebenda, Blick in den Portikus

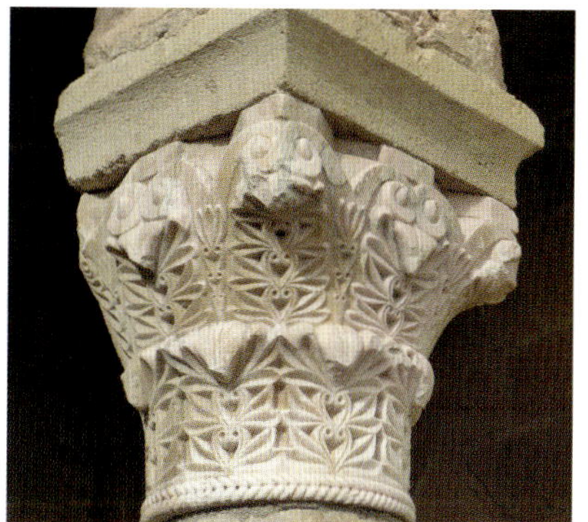

Ebenda, Blattkapitell

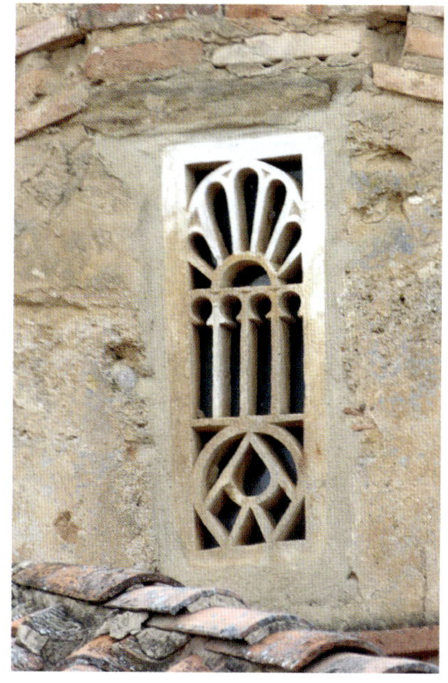

Ebenda, Fenster mit drei Motiven:
Oben die Muschel, das Zeichen der
Jakobspilger. In der Mitte die Arkaden
von San Miguel de Escalada und unten ein
Blütenmotiv.

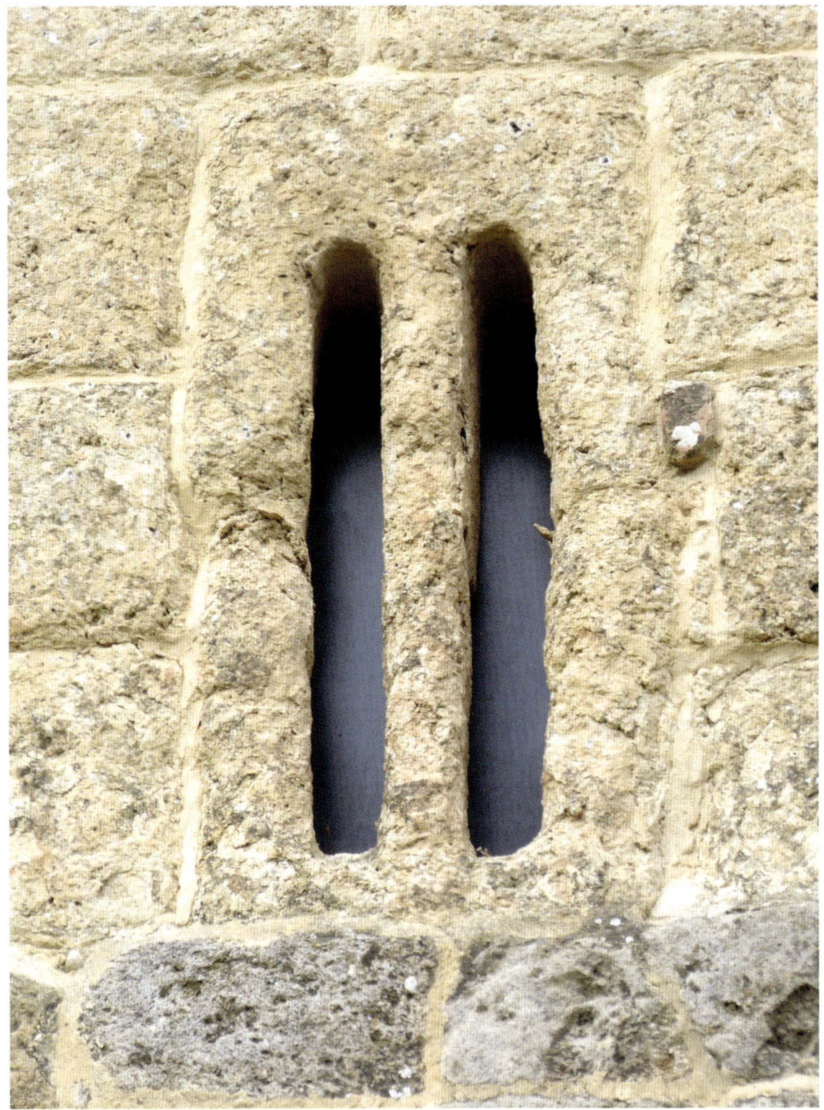

Ebenda, romanisches Fenster, aus einem Stein gehauen

Welchen Eindruck hinterlassen wir bei den Menschen, denen wir begegnen? Welche Muster weist mein Leben auf? Wohin blicke ich?

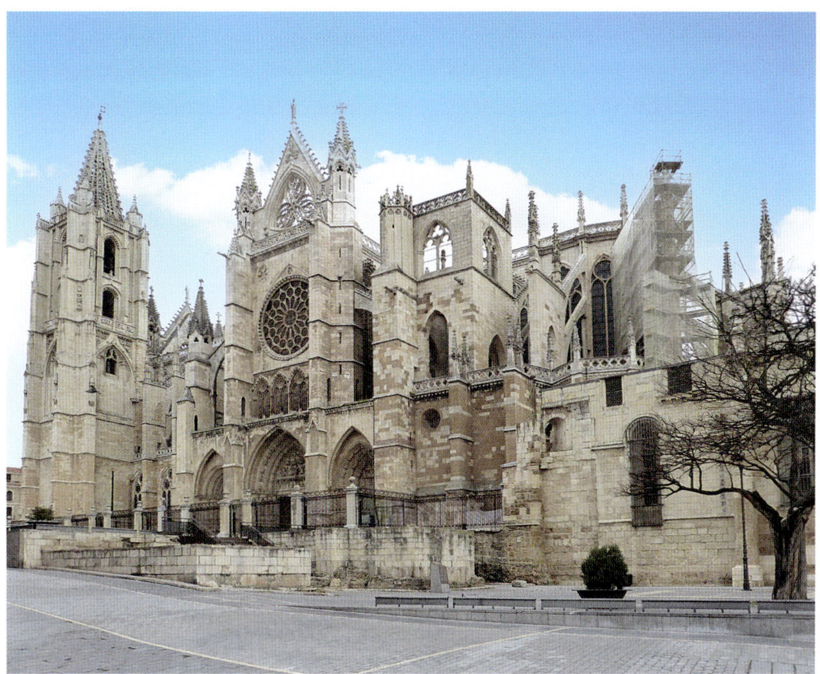

León, Kathedrale von Süden

Leon

Kathedrale

Die Kathedrale Santa María de Regla von León (42.59935/-5.56631) ist ein Weltkulturerbe. Berühmt ist sie auch für ihre großen Fenster.

Im Westen hat die Kathedrale drei Portale: Das linke Portal zeigt im Tympanon die Aufnahme Mariens in den Himmel. Sie hat gerade auf einem Thron neben Christus Platz genommen, und Engel krönen sie zur Himmelskönigin. Darunter ist der Tod Mariens dargestellt, die im Kreis der Jünger gestorben ist und gerade in einen Sarg gelegt wird. Die Apostel trauern um sie.

Bin ich dazu bereit, mit Trauernden zu trauern?

Das Tympanon des mittleren Portals zeigt den von Engeln flankierten Auferstandenen. Er zeigt dem Pilger zum Beweis seine Wundmale, Engel halten die Geißel (links), das

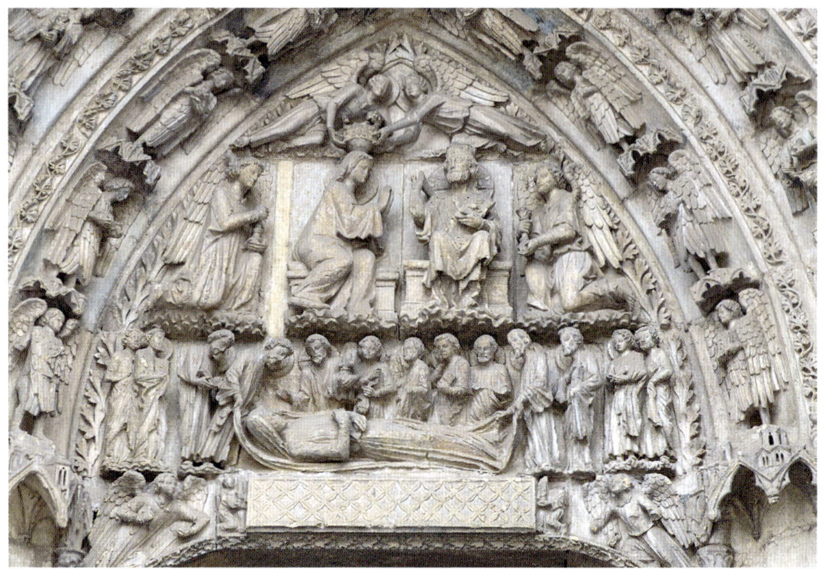

Ebenda, linkes Westportal. Tod Marias und ihre Krönung zur Himmelskönigin

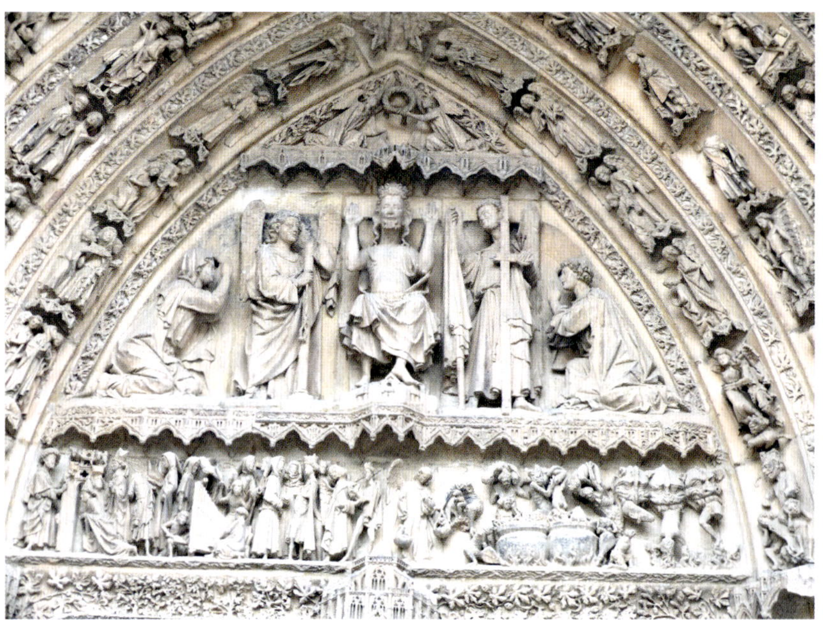

Ebenda, mittleres Westportal. Christus als Auferstandener und Weltgericht

Grabtuch, das Kreuz und die Nägel (rechts). Unter Christus stehen zwei Engel, die die Menschen nach dem Gericht dem Himmel oder der Hölle zuweisen. Links sind Menschen unterschiedlichen Stands auf dem Weg in den Himmel dargestellt. Sie schreiten auf das Tor zum Himmel zu, das sich links am Ende des Frieses befindet. Am Ende des Frieses steht Petrus. Eine Pfeifenorgel zeigt, dass bereits dieses Wegstück auf angenehme Weise zurückgelegt wird. Auf der rechten Seite werden in der Hölle die bösen Menschen in Kessel auf nie verlöschendes Feuer geworfen und vom Maul der Teufel ausgespien. Ein Engel trägt rechts der Mitte Waagschalen mit kleinen Menschengestalten herbei. Er schaut betrübt zu Boden.

Glaube ich an die Auferstehung von den Toten? An die von Jesus, an die der Verstorbenen, an meine eigene?

San Isidoro

Die Basilica de San Isidoro (10.–12. Jh.) (42.60069/-5.57079) ist seit 1063 mit der Grabstätte des hl. Isidor von Sevilla, Erzbischof von Sevilla und westgotischer Kirchenlehrer (7. Jh.) ein Nationalheiligtum.

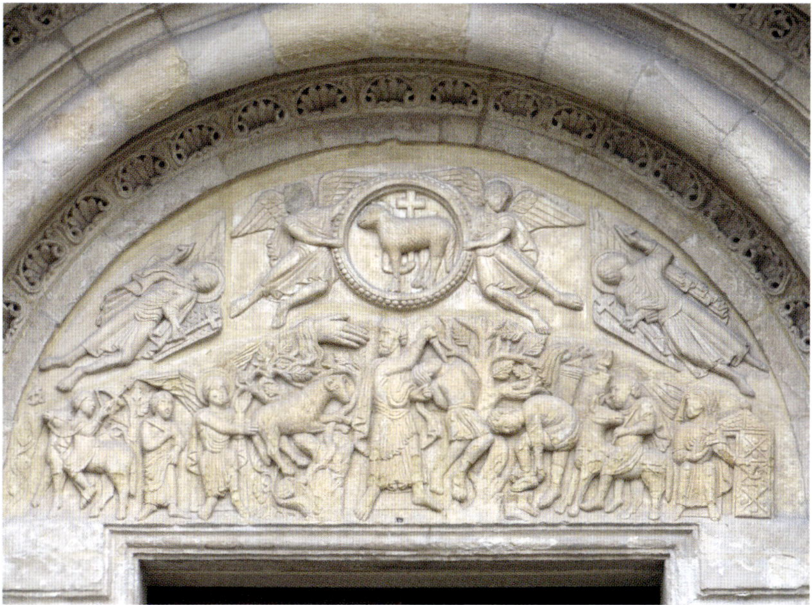

León, St. Isidor, Tympanon. Oben Christus als das Lamm Gottes, darunter Abrahamsopfer bzw. die Bindung Isaaks

Das Tympanon zeigt im unteren Fries, wie Abraham seinen erstgeborenen Sohn opfern will. Gott verhindert dieses Opfer und zeigt ihm einen Widder, der sich im Gestrüpp verfangen hat (Gen 22,1-18, der Text ist oben unter der Kathedrale von Bourges zu finden).

In der Mitte des Tympanon steht Abraham, der Isaak bereits gebunden hat und seinen Kopf an den Haaren nach hinten zieht, um ihn zu opfern. Die Hand Gottes hält Abraham davon ab; Abraham hat die Stimme des Engels gehört und blickt nach links, wo er den Widder im Gebüsch sieht. Links des Widders ist ein Engel dargestellt, der auf den Widder weist, neben ihm eine weitere Gestalt und ganz links eine Figur, die auf einem Pferd sitzt und auf die Jagd geht. Rechts von Isaak ist ein Diener dargestellt, der sich gerade die Schuhe anzieht, neben ihm ein weiterer Reiter und eine Frau vor einem kleinen Gebäude, vielleicht Sara, die auf die Rückkehr ihres Gatten und ihres Sohnes wartet. Als Hintergrund ist eine bewaldete Landschaft dargestellt. Darüber befindet das von Engeln getragene Osterlamm: Johannes der Täufer weist mit »Seht, das Lamm Gottes« auf Jesus hin (Joh 1,29 und 1,36).

Will auch ich Gott etwas opfern oder bin ich bereit, Gottes Gnade anzunehmen und mich auf ihn einzulassen?

Die Basilica de San Isidoro ist eine wichtige Station auf dem Pilgerweg nach Santiago de Compostela: Nach der Durchquerung der Meseta, der baumlosen Hochebene, waren einige Pilger so krank oder so entkräftet, dass sie den Weg bis Santiago nicht mehr fortsetzen konnten. Sie durften am Vergebungstor an dieser Basilika den gleichen Ablass erhalten wie in Santiago. Es ist das erste von insgesamt drei Vergebungstoren am Jakobus-Pilgerweg. Im Mittelalter wurden sogar Sterbende durch dieses Vergebungstor getragen, damit sie den vollkommenen Ablass erhalten.

Bin ich bereit, die Vergebung meiner Sünden von Gott anzunehmen?

Das Tympanon des ersten Vergebungstores zeigt in der Mitte die Abnahme des Leichnams Jesu vom Kreuz. Der Evangelist Lukas schreibt:

> Und siehe, da war ein Mann mit Namen Josef, ein Mitglied des Hohen Rats und ein guter und gerechter Mensch. Dieser hatte ihrem Beschluss und Vorgehen nicht zugestimmt. Er war aus Arimathäa, einer jüdischen Stadt, und wartete auf das Reich Gottes. Er ging zu Pilatus und bat um den Leichnam Jesu. Und er nahm ihn vom Kreuz, hüllte ihn in ein Leinentuch und legte ihn in ein Felsengrab, in dem noch niemand bestattet worden war. (Lk 23,50-53).

Auf dem Tympanon ist zu sehen, dass Josef von Arimathäa gerade den Leichnam Christi entgegennimmt. Rechts ist ein Apostel noch dabei, den Nagel in der Hand Christi zu

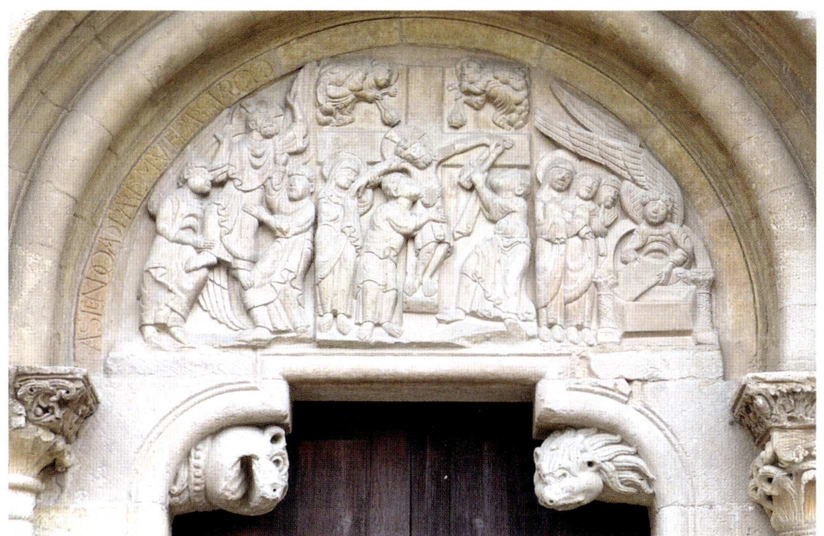

Ebenda, Tympanon. Himmelfahrt, Kreuzigung und Auferstehung Jesu

lösen; links hält Maria die Hand ihres toten Sohnes fest und liebkost sie. Rechts der Kreuzigung schiebt ein Engel den Deckel des leeren Grabs Jesu beiseite, zu dem die Frauen mit ihren Salbgefäßen gekommen sind (Mt 28,5-7). Sie blicken in das leere Grab; die Frau in der Mitte hat erstaunt ihre Hand erhoben.

Wie steht es um meinen Auferstehungsglauben?

Links davon fährt Christus in den Himmel auf, während ihn noch zwei Jünger festzuhalten versuchen. Lukas schreibt dazu:

> Dann führte er sie hinaus in die Nähe von Betanien. Dort erhob er seine Hände und segnete sie. Und es geschah, während er sie segnete, verließ er sie und wurde zum Himmel emporgehoben. Sie aber fielen vor ihm nieder. Dann kehrten sie in großer Freude nach Jerusalem zurück. Und sie waren immer im Tempel und priesen Gott. (Lk 24,50-53).

Das Hinaufgetragenwerden Jesu wird durch die drei Flügel gezeigt, die hinter seiner Gestalt auf dem Hintergrund zu erkennen sind.

Gibt es Situationen in meinem Leben, in denen ich loslassen muss? Wie gehe ich damit um?

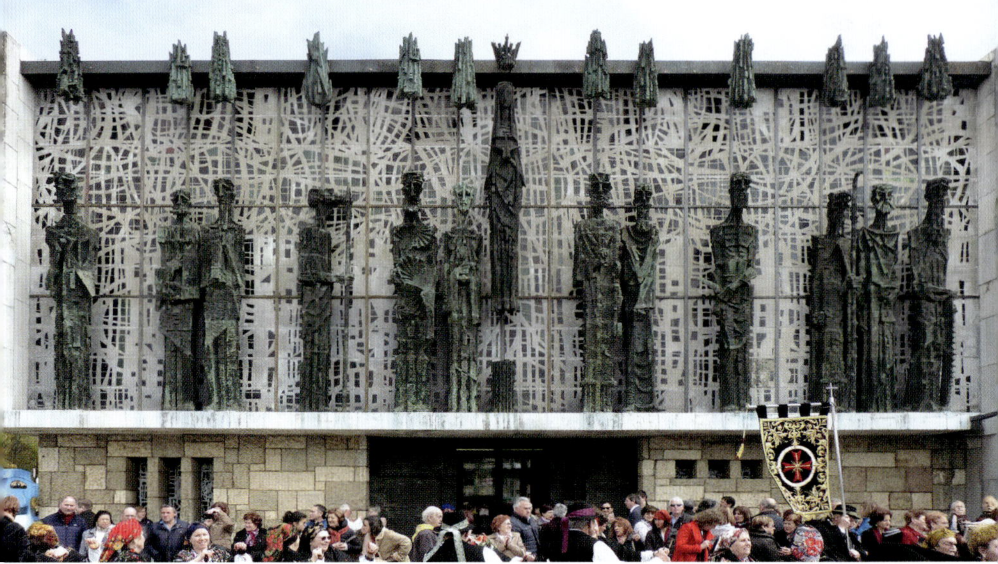

León, La Virgen del Camino, Westfassade

La Virgen del Camino

Die Basilica de la Virgen del Camino (42.57974/-5.64165) ist eine moderne Kirche, die den Bau der alten Wallfahrtskirche ersetzt.

An der Westfassade sind die 12 Apostel mit Maria in ihrer Mitte beim Pfingstfest dargestellt (Apg 2,1-13). Die Feuerzungen, in deren Gestalt der Heilige Geist auf sie herabkam, sind am oberen Abschluss der Kirche deutlich zu sehen. Maria schwebt über den Aposteln und ist durch eine Krone hervorgehoben:

Als der Tag des Pfingstfestes gekommen war, waren alle zusammen am selben Ort. Da kam plötzlich vom Himmel her ein Brausen, wie wenn ein heftiger Sturm daherfährt, und erfüllte das ganze Haus, in dem sie saßen. Und es erschienen ihnen Zungen wie von Feuer, die sich verteilten; auf jeden von ihnen ließ sich eine nieder. Und alle wurden vom Heiligen Geist erfüllt und begannen, in anderen Sprachen zu reden, wie es der Geist ihnen eingab. In Jerusalem aber wohnten Juden, fromme Männer aus allen Völkern unter dem Himmel. Als sich das Getöse erhob, strömte die Menge zusammen und war ganz bestürzt; denn jeder hörte sie in seiner Sprache reden. Sie waren fassungslos vor Staunen und sagten: Seht! Sind das nicht alles Galiläer, die hier reden? Wieso kann sie jeder von uns in seiner Muttersprache hören: Parther, Meder und Elamiter, Bewohner

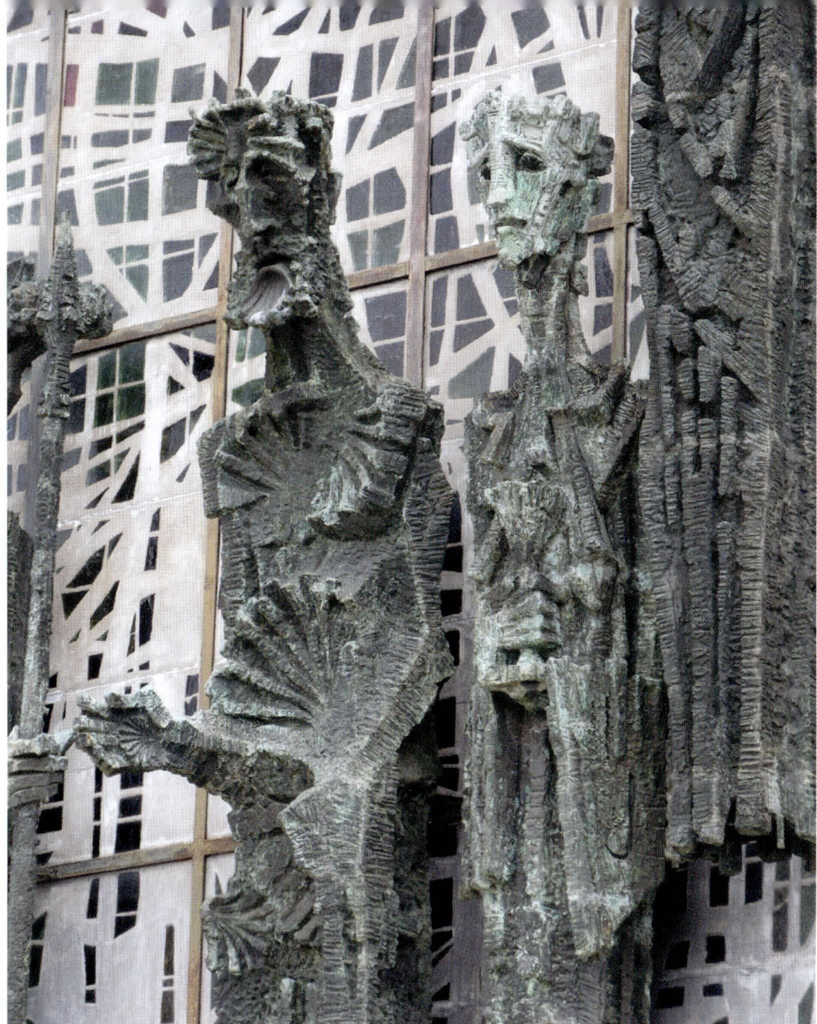

Ebenda, Jakobus und Petrus

von Mesopotamien, Judäa und Kappadokien, von Pontus und der Provinz Asien, von Phrygien und Pamphylien, von Ägypten und dem Gebiet Libyens nach Kyrene hin, auch die Römer, die sich hier aufhalten, Juden und Proselyten, Kreter und Araber – wir hören sie in unseren Sprachen Gottes große Taten verkünden. Alle gerieten außer sich und waren ratlos. Die einen sagten zueinander: Was hat das zu bedeuten? Andere aber spotteten: Sie sind vom süßen Wein betrunken.

Bin auch ich voll des Heiligen Geistes? Oder wovon bin ich wahrhaft be-Geist-ert?

Links neben der erhöhten Maria steht Petrus, zu erkennen am Himmelsschlüssel, den er in den Händen hält. Links von ihm steht Jakobus. Er ist mit zahlreichen Jakobsmuscheln dargestellt: u. a. einer Muschel im Haar, einer im Bart und mehreren auf dem Oberkörper. Seine rechte Hand, auch sie ist mit einer Muschel dargestellt, verweist nach Westen, nach Santiago de Compostela, zum Grab des Apostels.

Astorga

Kathedrale

Die Catedral de Astorga (42.45778/-6.05644) steht neben der Iglesia de Santa Maria, der Capilla de San Esteban und dem Palacio Episopal. Letzterer wurde von Antoni Gaudí errichtet, der auch den Bau der Kirche der Heiligen Familie in Barcelona veranlasste. In der Halbkuppel über dem Eingang in der Westfassade ist die Abnahme des Leichnams Jesu vom Kreuz dargestellt (Mk 15,46).

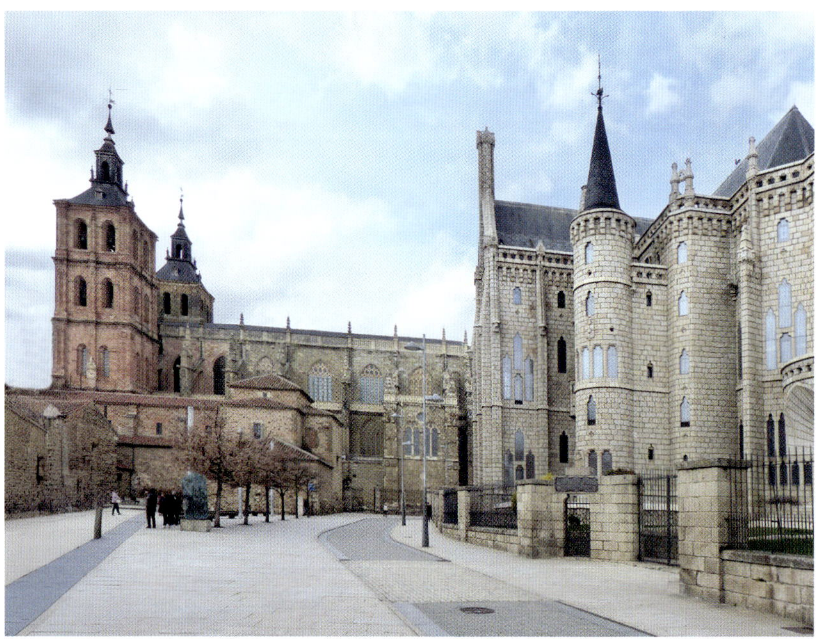

Astorga. Rechts befindet sich der Bischofspalast, im Hintergrund die Kathedrale.

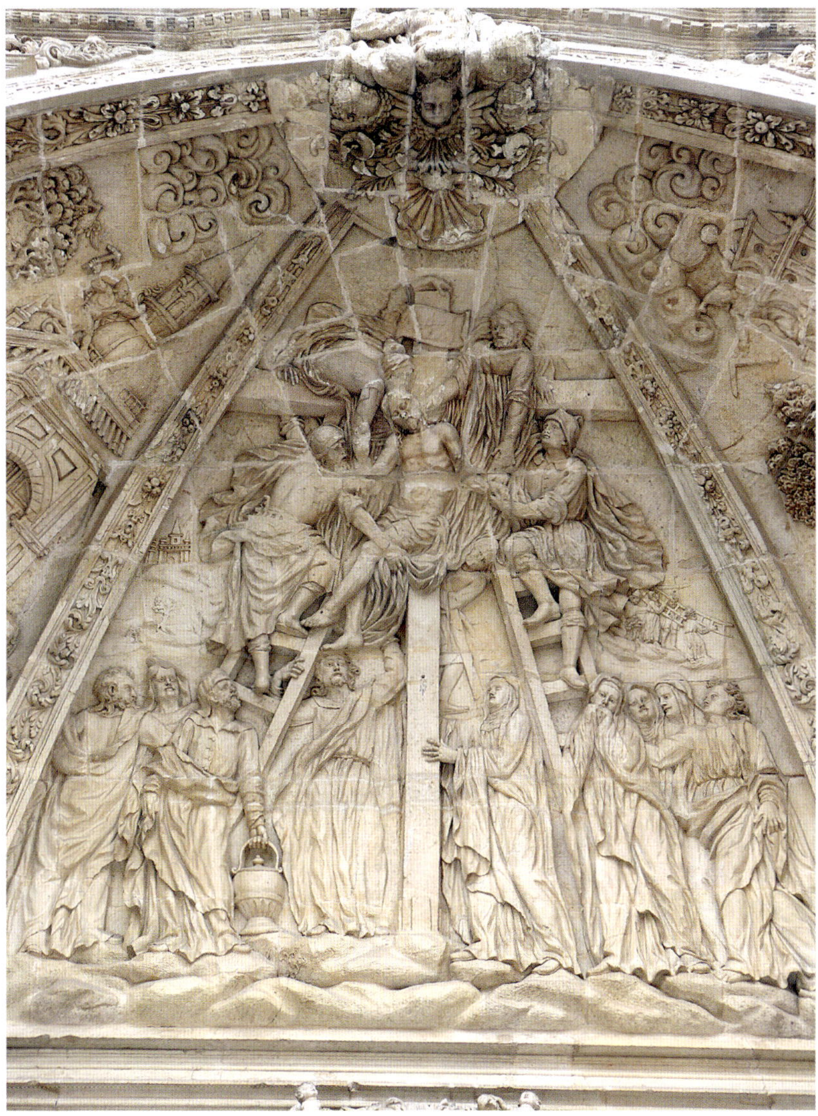

Astorga, Westfassade, Nische, Kreuzabnahme des Leichnams Christi

Wie gehen wir mit unseren Verstorbenen um?
Bestatten wir sie würdevoll?

An der Kathedrale sind noch weitere Szenen aus dem Leben Jesu dargestellt. Besonders eindrucksvoll ist die Darstellung der Tempelreinigung:

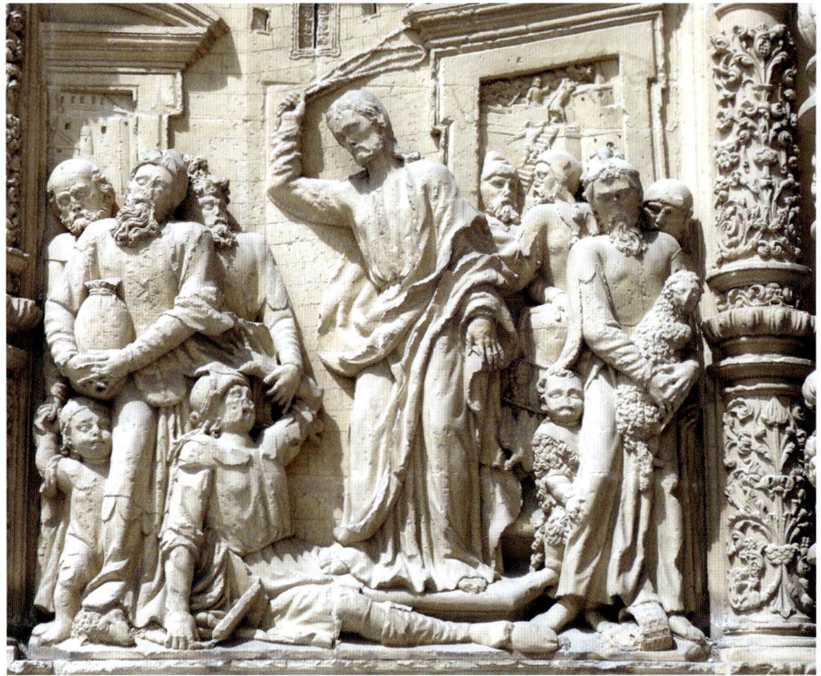

Ebenda, Tempelreinigung

> Im Tempel fand er die Verkäufer von Rindern, Schafen und Tauben und die Geld-
> wechsler, die dort saßen. Er machte eine Geißel aus Stricken und trieb sie alle
> aus dem Tempel hinaus samt den Schafen und Rindern; das Geld der Wechsler
> schüttete er aus, ihre Tische stieß er um und zu den Taubenhändlern sagte er:
> Schafft das hier weg, macht das Haus meines Vaters nicht zu einer Markthalle!
> (Joh 2,14-16)

Jesus benutzt auch im Bild eine Geißel, um die Händler aus dem Tempel zu treiben. Ein Mann ist zu Boden gefallen, die anderen verlassen mit ihren Waren den Bereich des Tempels.

Was müsste in meinem Leben – materiell wie auch geistig – ausgemistet werden?

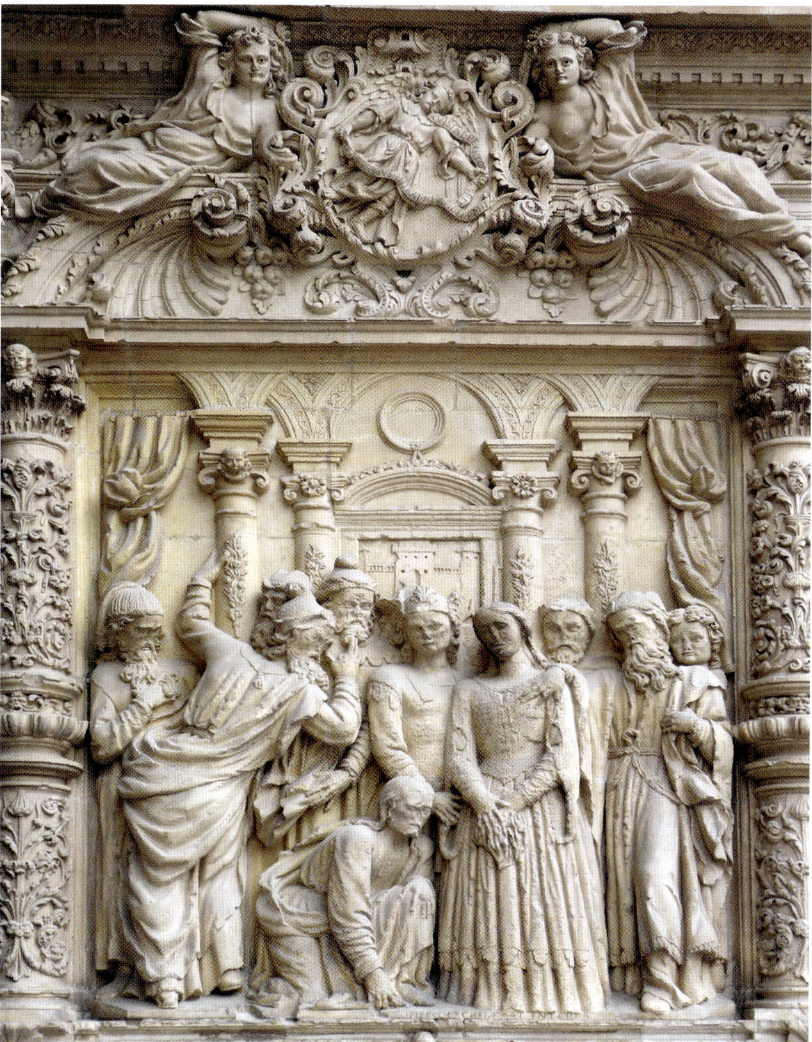

Ebenda, Christus und die Ehebrecherin

Jesus sollte eine Ehebrecherin verurteilen. Er sagte, dass der, der ohne Sünde ist, den ersten Stein werfen solle. Damit bewirkte er, dass niemand wagte, sie zu verurteilen (Joh 8,1-11):

Jesus aber ging zum Ölberg. Am frühen Morgen begab er sich wieder in den Tempel. Alles Volk kam zu ihm. Er setzte sich und lehrte es. Da brachten die Schriftgelehrten und die Pharisäer eine Frau, die beim Ehebruch ertappt worden war. Sie stellten sie in die Mitte und sagten zu ihm: Meister, diese Frau wurde beim Ehebruch auf frischer Tat ertappt. Mose hat uns im Gesetz vorgeschrieben, solche Frauen zu steinigen. Was sagst du? Mit diesen Worten wollten sie ihn auf die Probe stellen, um einen Grund zu haben, ihn anzuklagen. Jesus aber bückte sich und schrieb mit dem Finger auf die Erde. Als sie hartnäckig weiterfragten, richtete er sich auf und sagte zu ihnen: Wer von euch ohne Sünde ist, werfe als Erster einen Stein auf sie. Und er bückte sich wieder und schrieb auf die Erde. Als sie das gehört hatten, ging einer nach dem anderen fort, zuerst die Ältesten. Jesus blieb allein zurück mit der Frau, die noch in der Mitte stand. Er richtete sich auf und sagte zu ihr: Frau, wo sind sie geblieben? Hat dich keiner verurteilt? Sie antwortete: Keiner, Herr. Da sagte Jesus zu ihr: Auch ich verurteile dich nicht. Geh und sündige von jetzt an nicht mehr!

Neige ich dazu, eher zu verurteilen oder eher zu vergeben?

Irago-Pass

Zwischen der Meseta und Santiago de Compostela gibt es zwei Pässe zu überwinden, den Irago-Pass (1.500 m ü. N. N.) und den Cebreiro (1.300 m ü. N. N.).

Auf der Passhöhe des Rabanal (42.48880/-6.36170) ist ein ca. 5 m hoher Steinhaufen. Aus ihm ragt eine Stange, auf die ein schlichtes eisernes Kreuz gesetzt ist. Daher wird diese Stelle »Cruz de Ferro« (Kreuz aus Eisen) genannt.

Seit dem Mittelalter ist es Brauch, dass der Jakobspilger von zu Hause einen Stein mit auf seine Wallfahrt nimmt. Die Größe spielt dabei keine Rolle. Der Pilger nimmt diesen Stein täglich zur Hand und legt alles Schwere und Belastende seines Lebens in diesen Stein hinein, sodass er die Verkörperung seiner Lasten wird. Dabei geht es nicht nur um Sünde und Schuld, sondern auch um Ängste und Sorgen, alles, was das Leben schwer macht. Diesen Stein schleppt der Pilger noch diese Passhöhe hoch und legt ihn unter dem Kreuz ab, ganz nach den Worten Jesu: »Kommt alle zu mir, die ihr mühselig und beladen seid! Ich will euch erquicken.« (Mt 11,28)

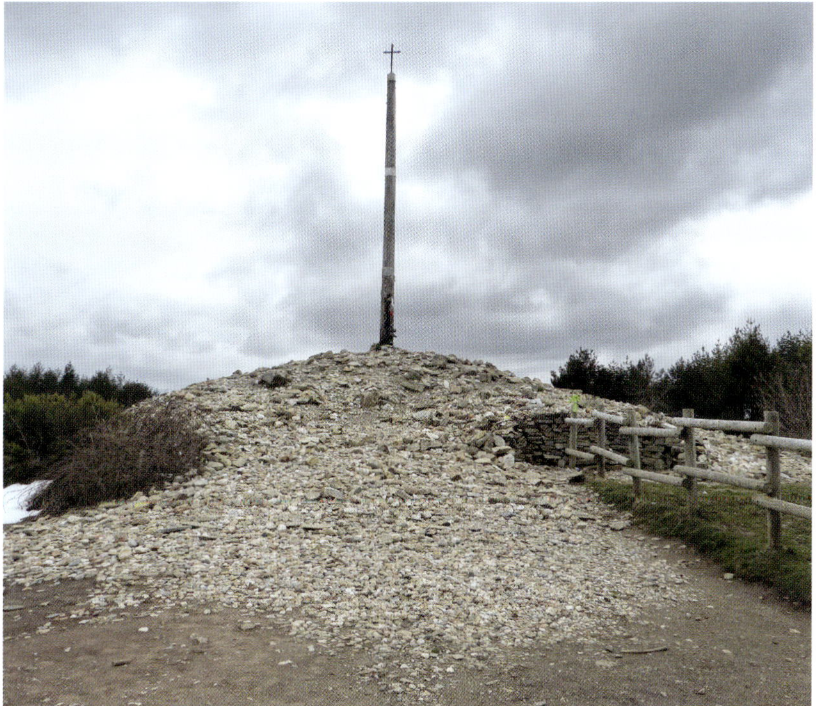

Passhöhe des Rabanal, von den Pilgern angehäufter Berg aus Steinen.

Nach dem Ablegen des Steines kann der Pilger seinen Weg erleichtert weitergehen. Im religiösen Leben gibt es Menschen, die eine sie belastende Sünde mehrmals beichten, weil sie meinen, dass Gott ihnen nicht vergeben hat, weil sie immer noch daran denken müssen. Gott hat vergeben, auch wenn wir uns immer wieder daran erinnern. Diese Erinnerung ist ein Selbstschutz, dass wir diese Sünde nicht wieder begehen, zumindest nicht leichtfertig.

Wenn Gott mir schon vergeben hat, warum tue ich mich so schwer, mir zu vergeben?

Villafranca del Bierzo

Villafranca del Bierzo ist eine weitere wichtige Station auf dem Pilgerweg nach Santiago de Compostela: An der Nordseite der Iglesia de Santiago Apóstol befindet sich das zweite Vergebungstor.

Nach der Überquerung des Rabanal, jetzt am Fuße zur Paßhöhe des Cebreiro, waren einige Pilger so erschöpft oder krank, dass sie ihre Pilgerreise nicht fortsetzen konnten. Sie konnten mit dem Durchschreiten dieses zweiten Vergebungstores ihren vollkommenen Ablass erlangen.

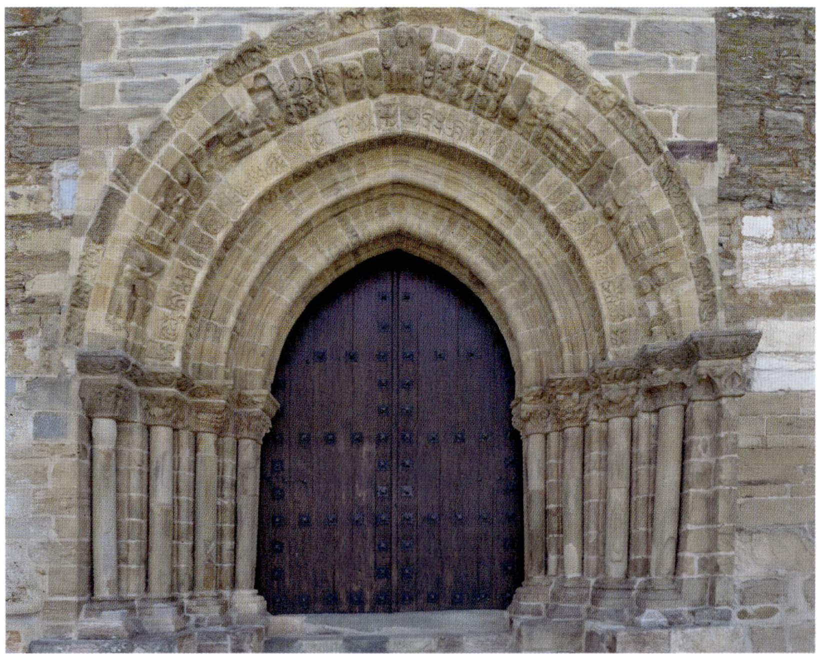

Villafranco del Bierzo, Kirche des Apostels Jakobus, Nordportal (Vergebungstor)

Wenn doch mir vergeben wurde, wie kann ich anderen die Vergebung verweigern?

An diesem zweiten Vergebungstor sind einige interessante Kapitelle zu sehen:

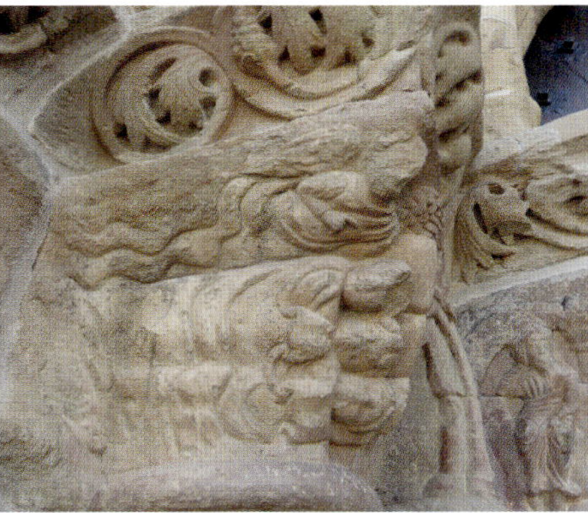

Ein Engel erscheint den drei Sterndeutern im Schlaf und gebietet ihnen, auf einem anderen Weg nach Hause zukehren, ohne Herodes aufzusuchen (Mt 2,12).

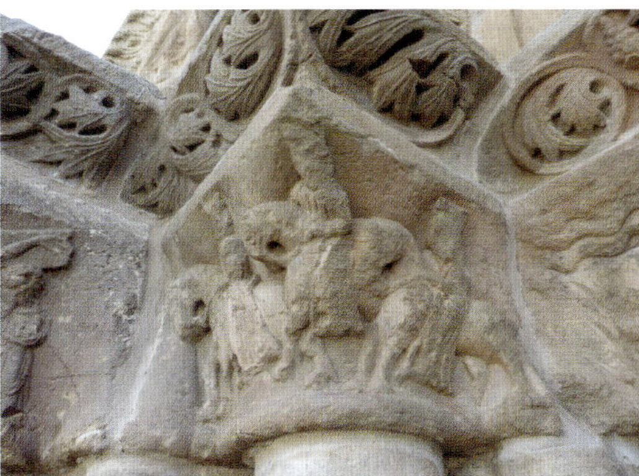

Die drei Sterndeuter auf dem Weg nach Jerusalem (Mt 2,1).

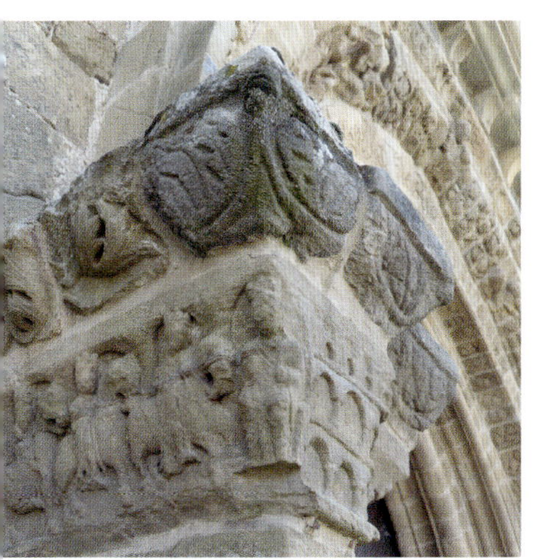

Die drei Sterndeuter auf dem Weg zu König Herodes (Mt 2,3-4), der an der vorderen Ecke des Kapitells thront. Ihre Kronen weisen auf ihren königlichen Rang.

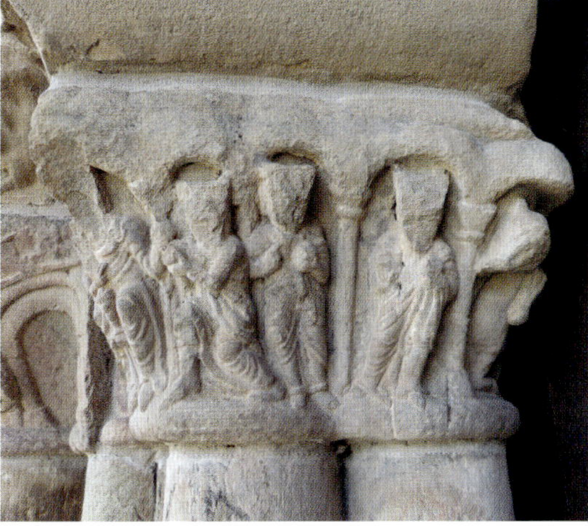

Ihre Köpfe sind bestoßen. Der zweite und der dritte Sterndeuter sprechen miteinander.

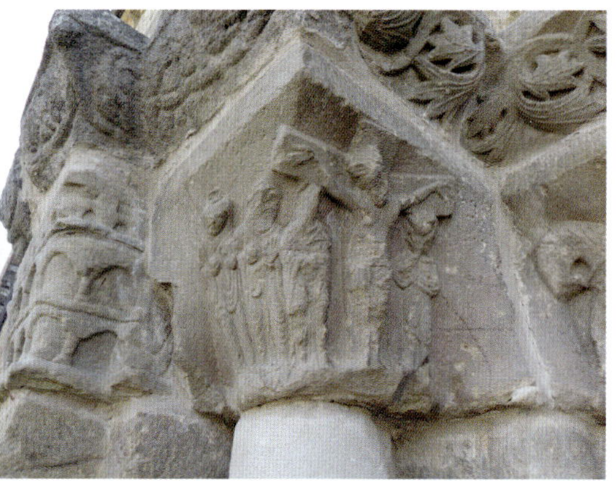

Jesus stirbt am Kreuz, begleitet von Aposteln und Frauen (Mt 27,55-56).

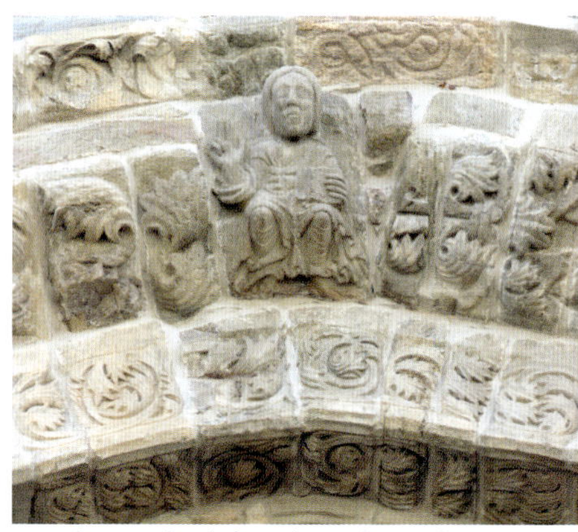

Der thronende Christus hat seine rechte Hand zum Segen erhoben, in der linken Hand hält er das Evangelium.

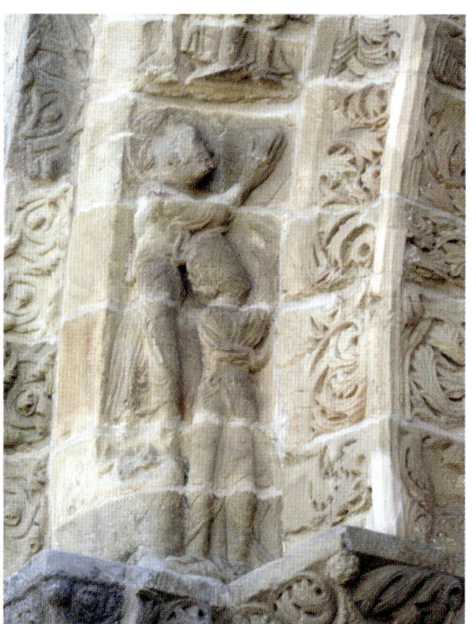

In den Archivolten: Zwei Pilger stehen vor dem Tor und beten, bevor sie es durchschreiten werden.

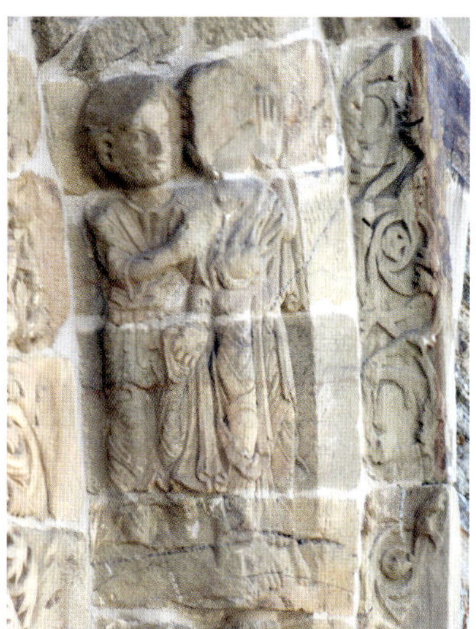

In den Archivolten: Zwei Pilger kommen gerade aus der Kirche heraus.

Wie mache ich diese Wallfahrt: als Tourist mit Interesse an Kultur, Geschichte, will ich Land und Leute kennenlernen, oder mache ich sie auch spirituell, religiös? Was fühle ich, wenn ich eine Kirche betrete?

O Cebreiro

Das Santuario de Santa Maria a Real do Cebreiro, eine der ältesten Kirchen auf dem Jakobsweg, (42.70789/-7.04363) besitzt eine bemerkenswerte Legende:

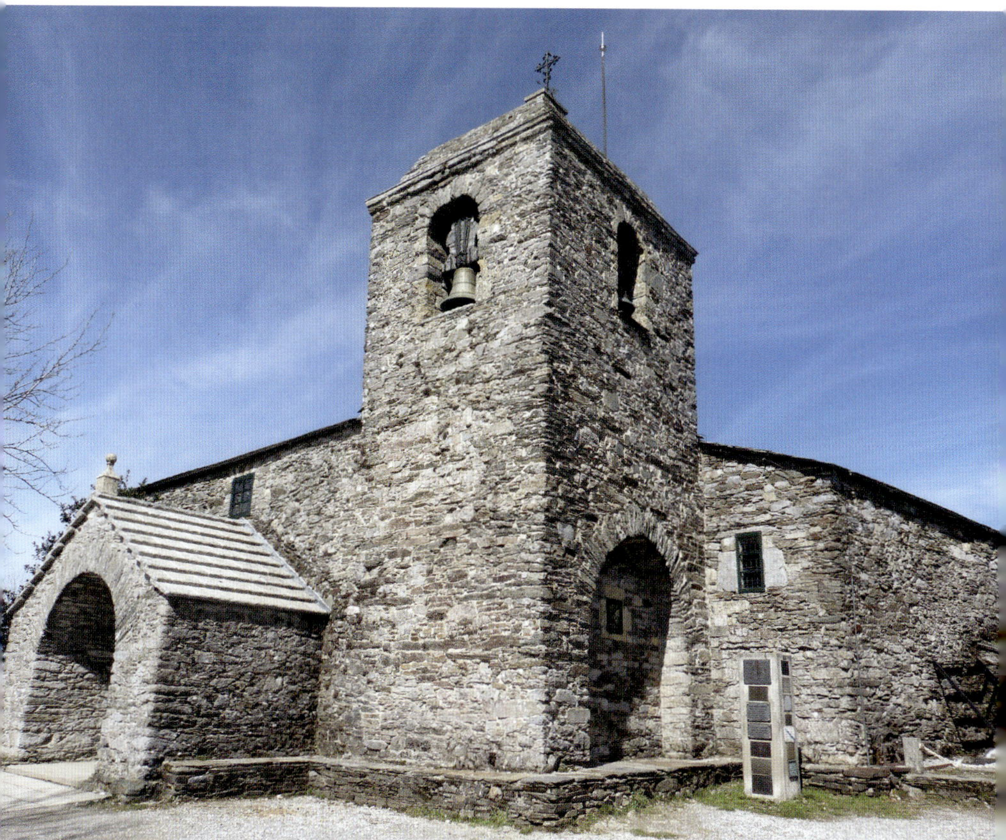

Santuario de Santa Maria a Real do Cebreiro von Westen

An einem stürmischen Wintertag feierte ein Mönch in dieser Kirche die heilige Messe. Als er mit der Wandlung begann, ging die Kirchentüre auf und ein Mann aus dem Tal kam in die Kirche. Der Mönch wunderte sich: »Bei diesem Schneesturm kommst du für ein Stück Brot und einen Schluck Wein aus dem Tal bis hier hoch?« Kaum hatte er es ausgesprochen, da wurde das Brot zu Fleisch und der Wein zu Blut. In Gedenken an dieses Wunder werden die Utensilien dieser hl. Messe hinter einer Panzerglasscheibe aufbewahrt.

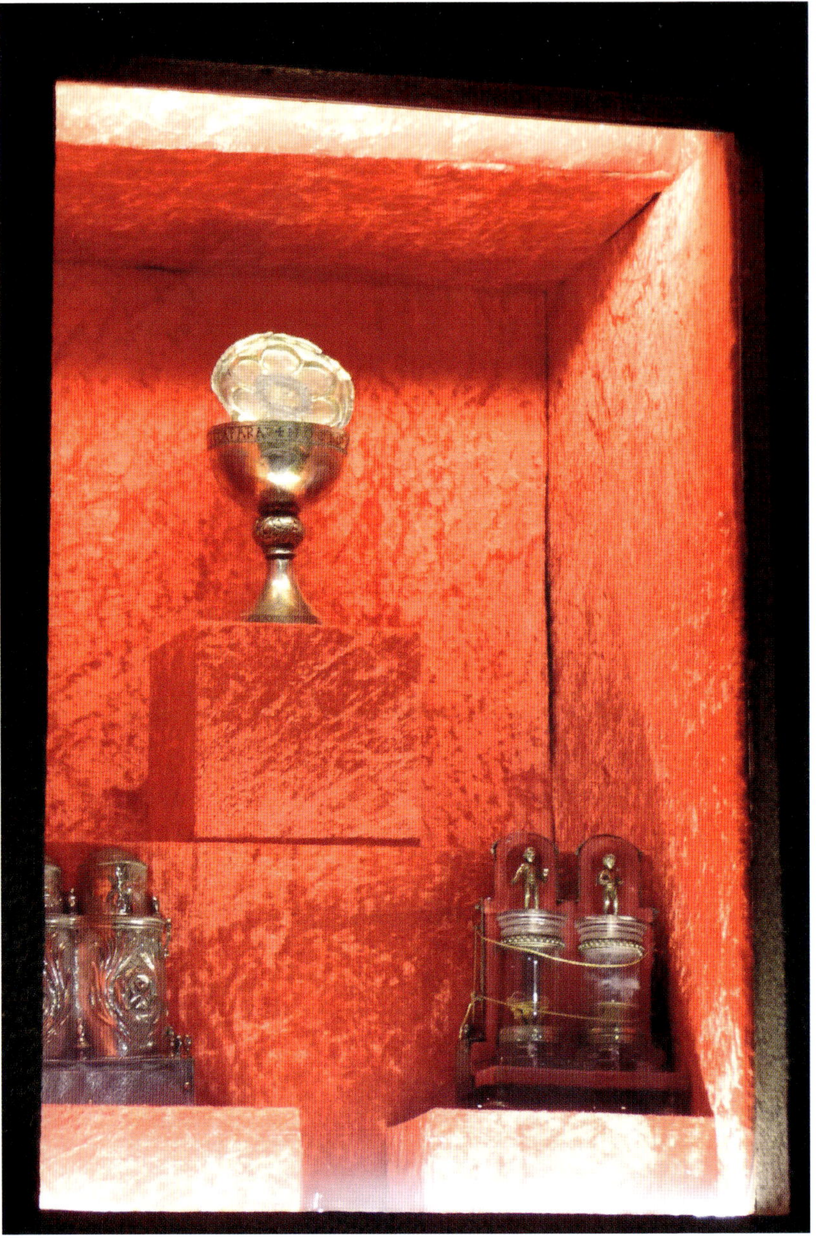

Ebenda, Kelch und Patene des Blutwunders vom Cebreiro

Sarria, Iglesia de San Salvador

Die Igrexa de San Salvador (42.77690/-7.41750) hat an der Nordseite ein besonderes Tympanon. In der Mitte steht Christus, die rechte Hand zum Segen erhoben. Ihn flankieren zwei Lebensbäume, ganz nach den Worten Jesu:

> »Ich bin gekommen, damit sie das Leben haben und es in Fülle haben.«
> (Joh 10,10)

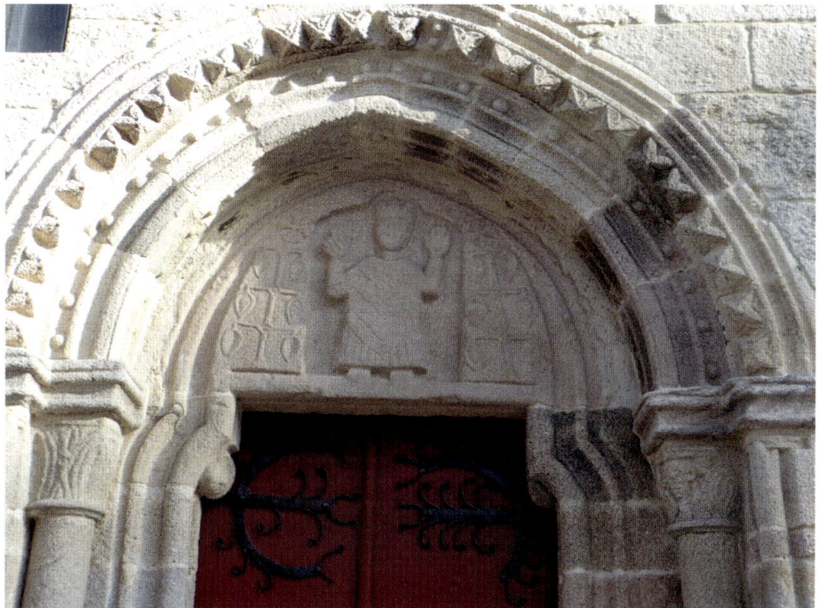

Ebenda, Iglesia de San Salvador, Nordportal, Tympanon

Bin ich bereit, dieses Leben in Fülle anzunehmen?

Capilla de San Lazaro

Die Capilla de San Lazaro (42.78070/-7.41940) besitzt eine moderne Holztür. Links ist der hl. Jakobus mit Pilgerstab, Kalebasse und Jakobsmuschel zu erkennen. Rechts ist der hl. Rochus mit Pilgerstab, Hund und der Pestbeule am Bein zu sehen. Häufig wird der hl. Rochus auch mit Jakobsmuschel dargestellt, doch er ist nie nach Santiago gepilgert, sondern nach Rom. Dort hat er Pestkranke gepflegt, steckte sich an und starb selbst an

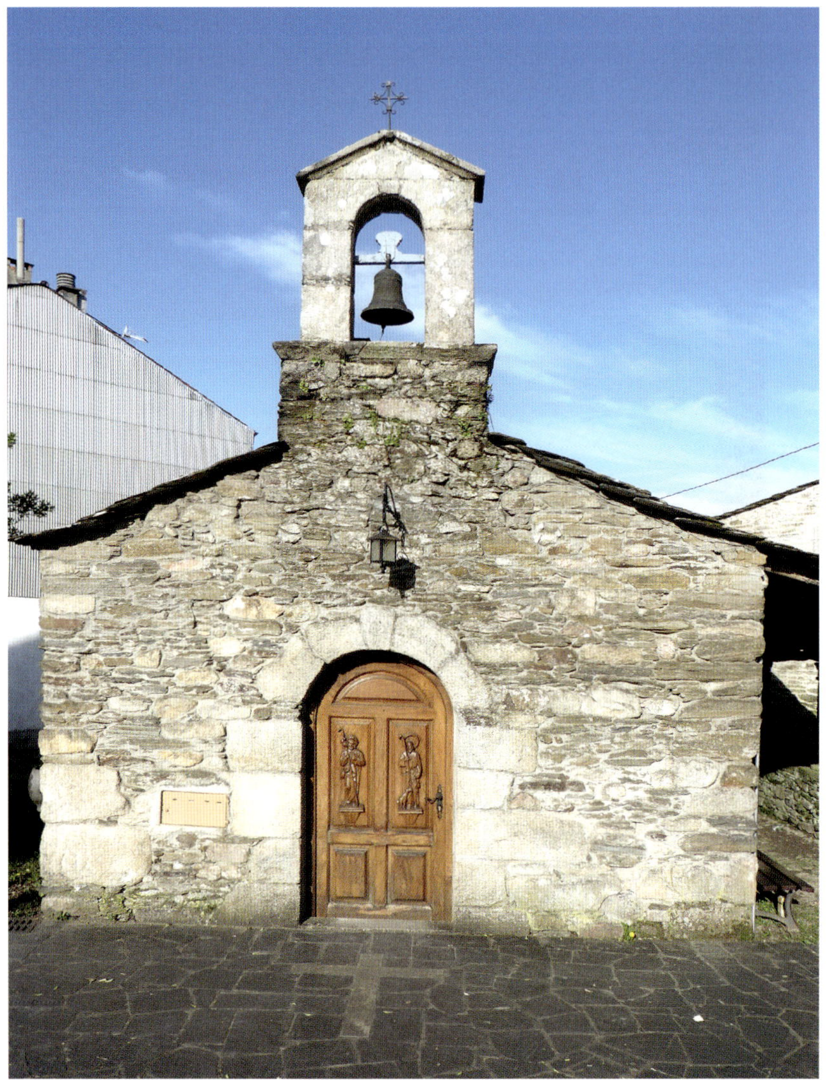

Ebenda, Capilla de San Lazaro, Westfassade

der Pest. Wenn also der Heilige mit einer Jakobsmuschel und mit einem Hund dargestellt ist und auf eine Pestbeule am Bein zeigt, handelt es sich immer um den hl. Rochus.

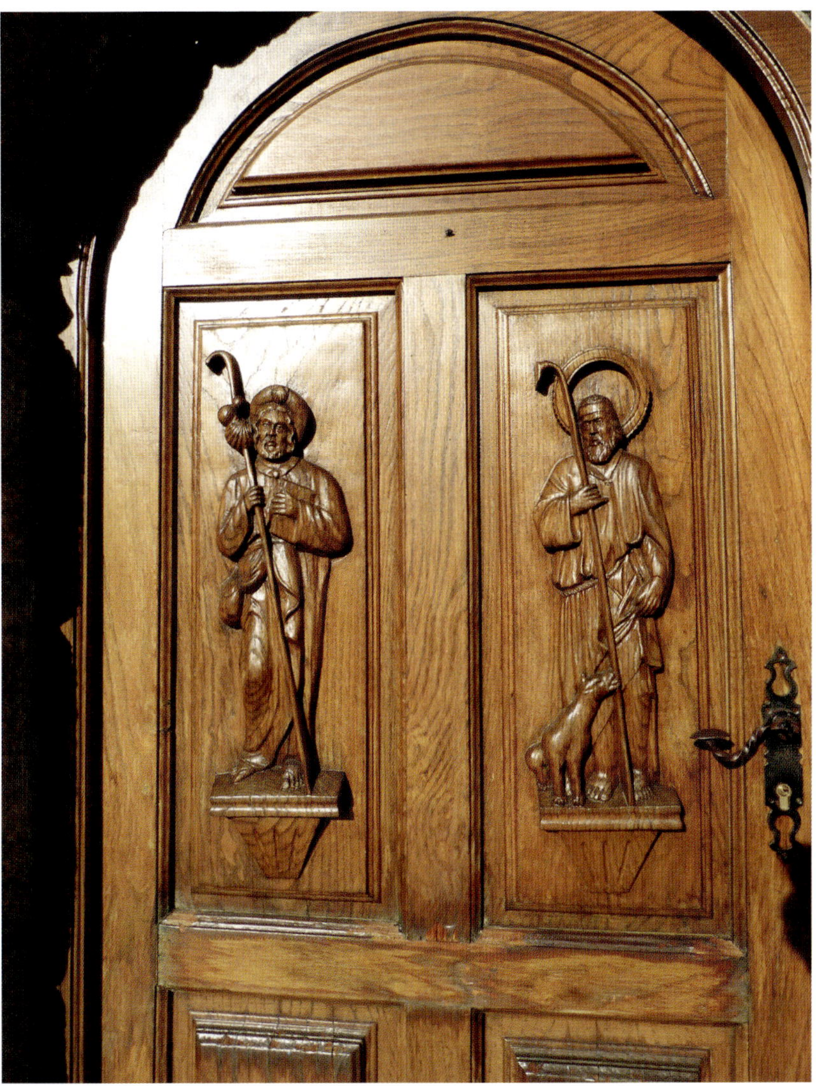

Detail der Tür: links der heilige Jakobus, rechts der heilige Rochus

Genügt mir oberflächliches Wissen oder bemühe ich mich im Leben und im Glauben um fundiertes Wissen?

Portomarin

Die Igexa de San Xoán (12. Jh.) (42.80768/-7.61588) ist deutlich als Wehrkirche zu erkennen.

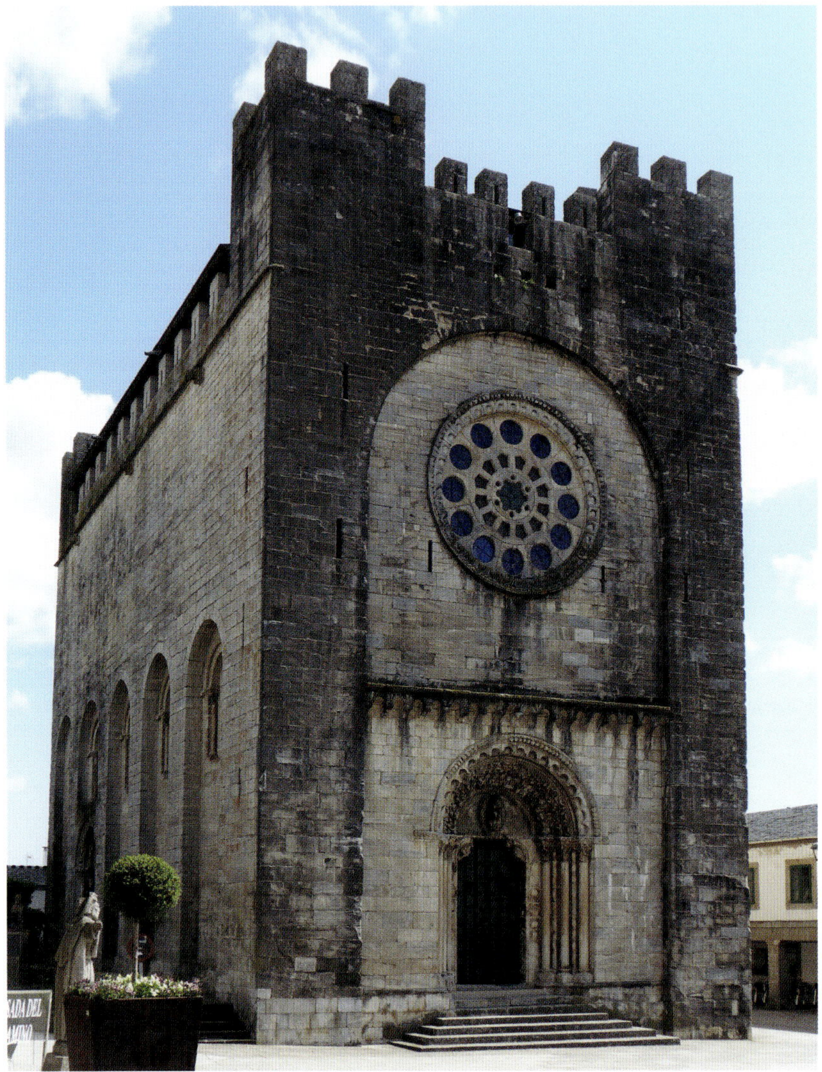

Portomarin, Wehrkirche Igexa de San Xoán, Westfassade

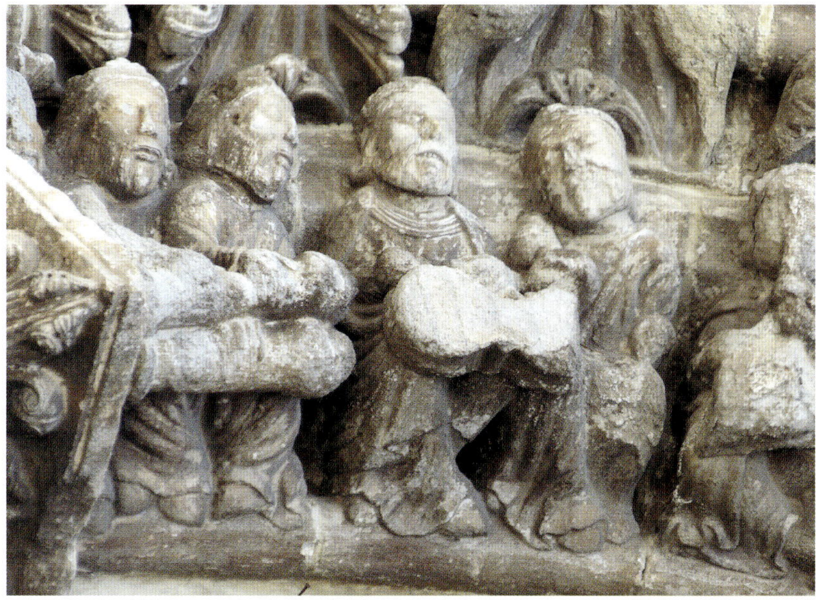

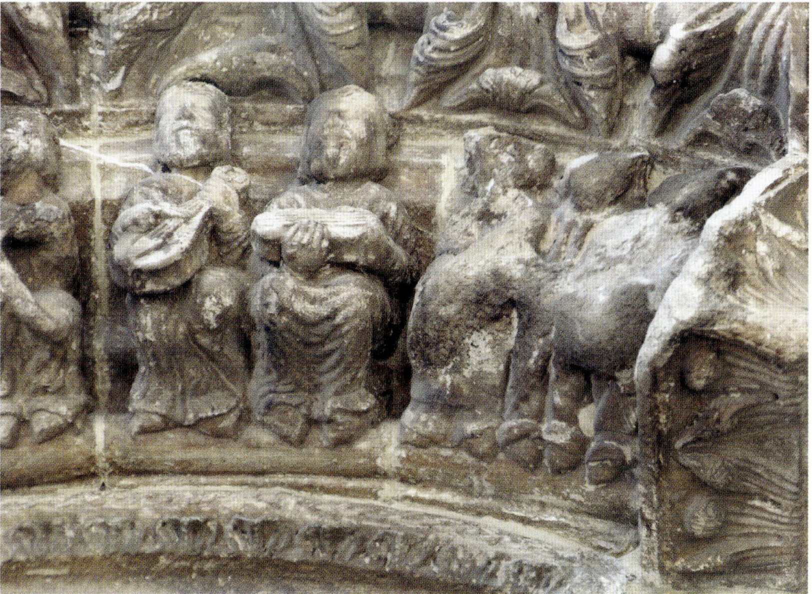

Ebenda, Archivolten, beide Bilder: Die 24 Ältesten der Apokalypse singen und spielen Gott Loblieder.

Erkenne ich meine Gründe, Gott zu loben?

Vor der Kirche steht diese Jakobusstatue. Der rechte Arm weist nach Westen, nach Santiago de Compostela. Damit ist die Statue im wahrsten Sinne des Wortes ein Heiliger als Wegweiser.

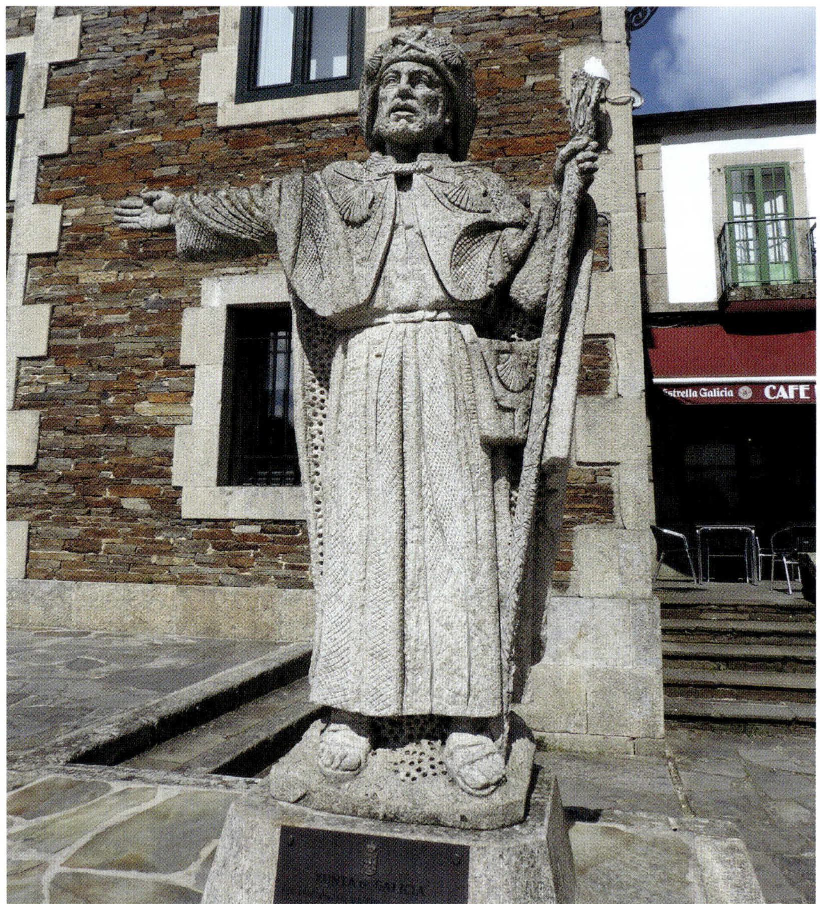

Der hl. Jakobus weist dem Pilger den Weg nach Westen zu seinem Grab.

Sind Heilige für mich Vorbilder, Wegweiser meines Lebens und meines Glaubens?

Monte Gozo

Der Hügel Monte Gozo heißt »Berg der Freude« (42.88920/-8.49390), Der Name steht für die Freude der Pilger, bald ihr Ziel zu erreichen. Vom Monte Gozo konnten die Pilger erstmals die Turmspitzen der Kathedrale von Santiago de Compostela sehen. Das beglückt auch heute noch Pilger. Hierzu hat man jedoch einige Schritte südöstlich dieses Denkmals zu gehen.

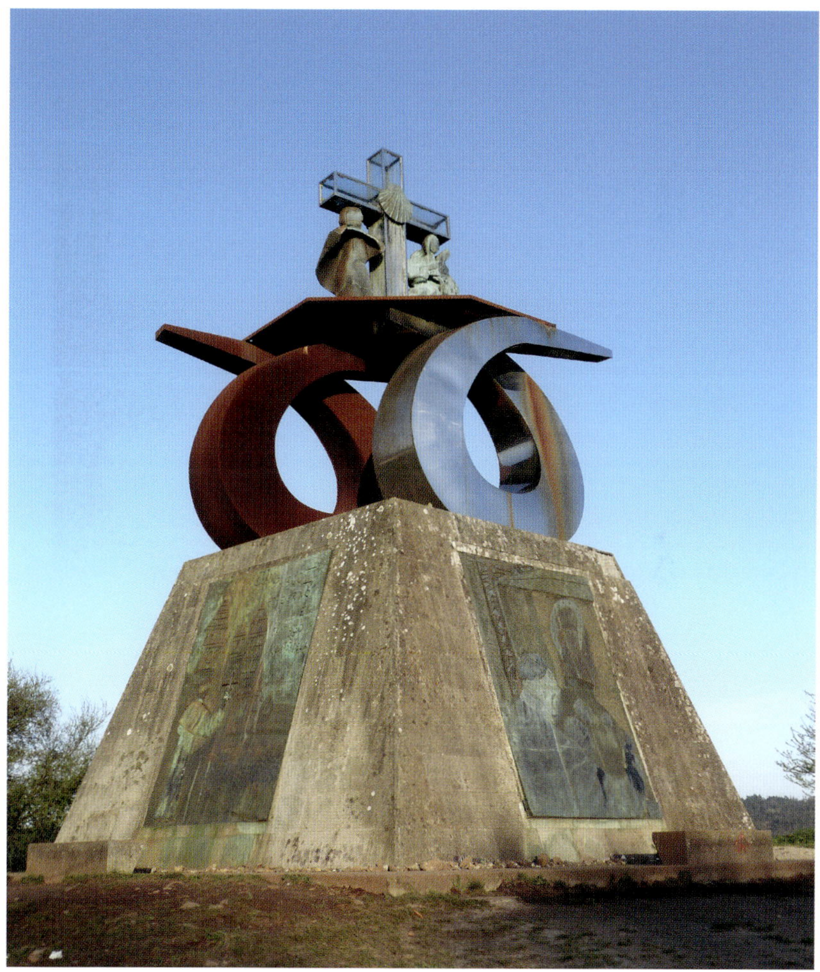

Monte Gozo, Denkmal, das von einem Kreuz mit einer Muschel bekrönt wird.

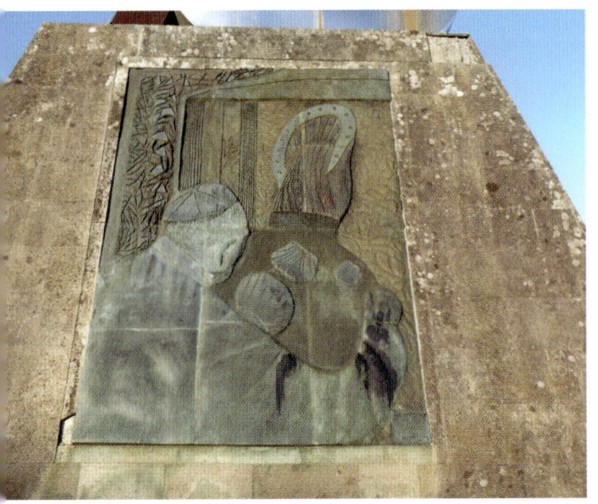

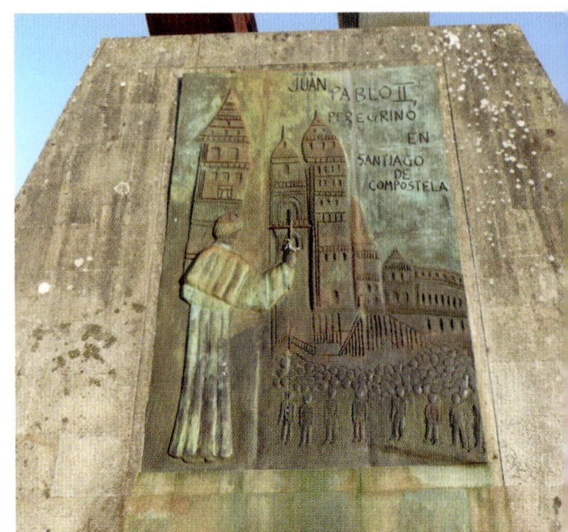

Papst Johannes Paul II. als Jakobspilger

Die beiden Tafeln an diesem Denkmal erinnern daran, dass Papst Johannes Paul II. im Jahr 1989 zum Weltjugendtag nach Santiago de Compostela gekommen ist. Damit ist auch er zu diesem Apostelgrab gepilgert.

Was tue ich dafür, dass ich täglich einen Grund habe, mich zu freuen?

Santiago de Compostela

Der Bau der Kathedrale von Santiago de Compostela (42.88041/-8.54554) begann im 11. Jh. über den Resten einer älteren Kirche des 8. Jh. Die ältesten Bilder befinden sich am Südportal, dem Portal der Silberschmiede. Es ist ein figurenreiches Doppelportal. Seine beiden Tympana sind ein Sammelsurium von Fragmenten unterschiedlicher Herkunft, wahrscheinlich vom abgebrochenen West- und Nordportal, die hinzugefügt wurden. Das Südportal verbindet Fragmente aus der Zeit des Baubeginns der Kathedrale mit solchen aus dem 12. Jh.

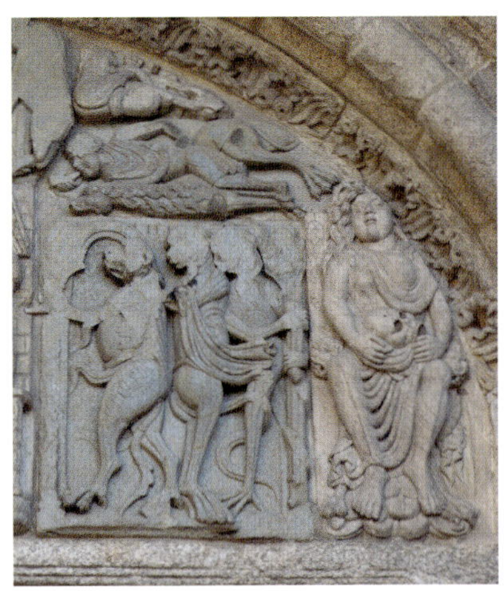

Ebenda, Puerta de las Platerías, linkes Tympanon. Eva nach dem Sündenfall oder eine Personifkation der gefallenden Menschheit, links daneben Dämonen

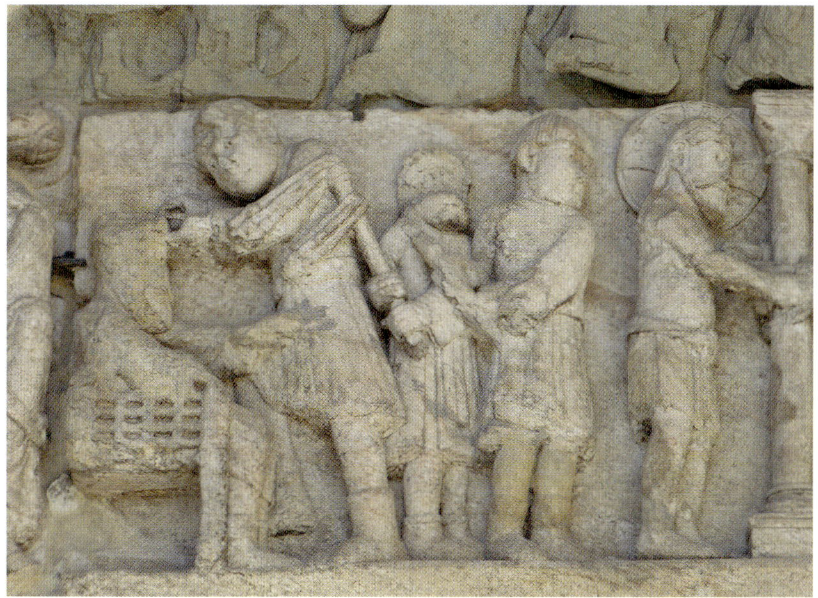

Ebenda, rechtes Tympanon an der Puerta de las Platerías, Jesus wird zum Tode verurteilt

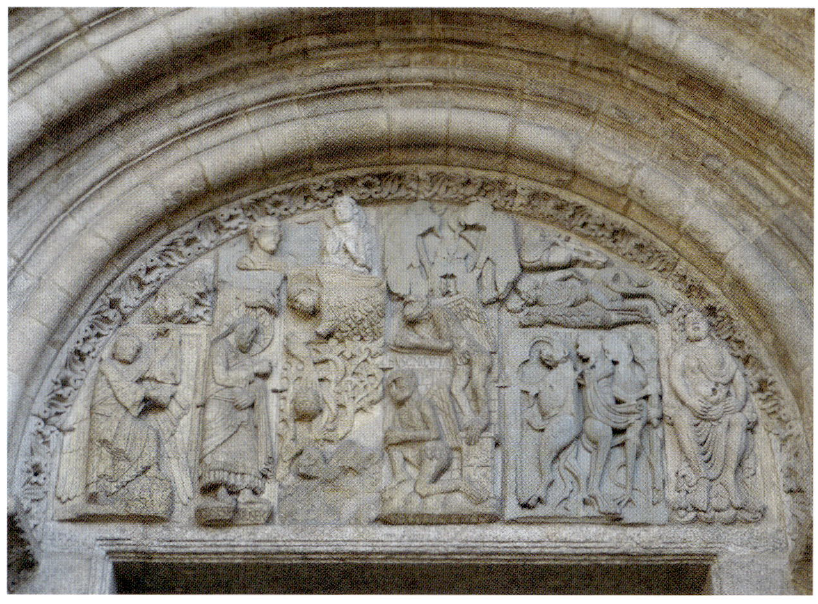

Ebenda, linkes Tympanon an der Puerta de las Platerías

Das wichtigste Thema auf dem linken Tympanon ist die Versuchung Jesu, der vier Platten zugeordnet werden können. Links ist ein Engel zu sehen. Christus, an einem Nimbus mit Kreuz hinter seinem Kopf zu erkennen, steht nach rechts gewandt. Die Inschrift unter seinen Füßen lautet übersetzt: »Christus wird in die Wüste geführt«. Ein Engel, der ein Weihrauchfass hält, fliegt über eine Landschaft auf ihn zu. Rechts neben dem Weihrauchgefäß ist eine Schlange sichtbar, die sich um einen Baum nach oben windet. Sie steht als Symbol für die Versuchungen, denen Jesus ausgesetzt war (Mt 4,1-11).

Soweit die Darstellung. Lesen wir nun den Text der Einheitsübersetzung und die steinerne Bibel. Matthäus schreibt:

> Dann wurde Jesus vom Geist in die Wüste geführt; dort sollte er vom Teufel versucht werden. Als er vierzig Tage und vierzig Nächte gefastet hatte, hungerte ihn. (Mt. 4,2)

Rechts sind zwei geflügelte Dämonen mit Affenfüßen dargestellt. Der obere besitzt einen Affenkopf und hält Steine in seinen Händen, um Christus aufzufordern, sie in Brot zu verwandeln. Es handelt sich hier um die erste Versuchung Jesu:

> Da trat der Versucher an ihn heran und sagte: Wenn du Gottes Sohn bist, so befiehl, dass aus diesen Steinen Brot wird. Er aber antwortete: In der Schrift heißt es: Der Mensch lebt nicht vom Brot allein, sondern von jedem Wort, das aus Gottes Mund kommt. (Mt. 4,3-4)

Die Inschrift unter den Armen des Dämons lautet aufgelöst und übersetzt: »Stadt Jerusalem«. Wahrscheinlich bezieht sie sich auf die zweite Versuchung Christi, bei der Christus aufgefordert wird, sich von den Mauern des Tempels zu stürzen:

> Darauf nahm ihn der Teufel mit sich in die Heilige Stadt, stellte ihn oben auf den Tempel und sagte zu ihm: Wenn du Gottes Sohn bist, so stürz dich hinab; denn es heißt in der Schrift: Seinen Engeln befiehlt er um deinetwillen, und: Sie werden dich auf ihren Händen tragen, damit dein Fuß nicht an einen Stein stößt. Jesus antwortete ihm: In der Schrift heißt es auch: Du sollst den Herrn, deinen Gott, nicht auf die Probe stellen. (Mt 4,5-8)

Der untere kniende Dämon steht für die dritte Versuchung Jesu, bei der es um das Weltkönigtum geht. Dies verdeutlicht die Inschrift, die unter dem Berg, auf dem er kniet, (in Übersetzung) zu lesen ist: »Auf der Spitze des Berges«.

> Wieder nahm ihn der Teufel mit sich und führte ihn auf einen sehr hohen Berg; er zeigte ihm alle Reiche der Welt mit ihrer Pracht und sagte zu ihm: Das alles

will ich dir geben, wenn du dich vor mir niederwirfst und mich anbetest. Da sagte Jesus zu ihm: Weg mit dir, Satan! Denn in der Schrift steht: Den Herrn, deinen Gott, sollst du anbeten und ihm allein dienen. Darauf ließ der Teufel von ihm ab und siehe, es kamen Engel und dienten ihm (Mt 4,8–11).

Welchen Versuchungen bin ich ausgesetzt? Wie wichtig sind mir Macht und Geld, mit denen der Teufel Jesus in Versuchung führt? Sind meine Versuchungen eher die »kleinen« Dinge?

Rechts außen am linken Tympanon befindet sich die Darstellung einer Frau, die einen Totenschädel in ihrem Schoß hält. Sie sitzt auf einem Klappstuhl, der mit Löwenköpfen verziert ist, und ist nur leicht mit einem umgelegten Tuch bedeckt. Diese Darstellung wird schon von mittelalterlichen Pilgerführern erwähnt, die hier die Bestrafung für einen Ehebruch erkennen wollen. Der Codex Calixtinus schreibt: »Es darf nicht in Vergessenheit geraten, dass eine Frau neben der Versuchung des Herrn steht; sie hält in ihren Händen das stinkende Haupt ihres Versuchers, das von ihrem eigenen Ehemann abgeschlagen wurde; zweimal am Tag küsst sie jenes Haupt, von ihrem Mann dazu gezwungen. Oh welch ungeheure und bewundernswerte Gerechtigkeit für die ehebrecherische Frau; man sollte sie allen erzählen!«

Inzwischen nimmt man an, dass ursprünglich Bathseba dargestellt war, und dass sich dieses Relief ursprünglich am Nordportal befand, wo auch der thronende David dargestellt war. Sie bildete mit David, mit dem sie eine ehebrecherische Beziehung einging, wie Adam und Eva ein Beispiel für Sünde, die durch eine solche Wallfahrt vergeben werden sollte. Der Schädel in ihrem Schoß könnte den Kopf ihres ersten Mannes Uriah meinen, den David in den Tod schickte, um mit Bathseba zu leben. (2 Sam 11,1-27)

Wie lebe ich meine Beziehungen? Gibt es Dinge, die ich bedaure?

Das rechte Tympanon zeigt in der oberen Reihe die stark bestoßene Anbetung der Magier (Mt 2,11), von denen zwei in der Mitte zu erkennen sind: Sie knien vor Maria, auf deren Schoß das Jesuskind sitzt. Über ihnen ist quer ein stehender Engel eingemauert, der aus einer anderen Szene stammt. Rechts neben Maria ist, auf den Kopf gedreht, ein Engel eingemauert, der zu den Engeln aus der Darstellung der Versuchung Christi im linken Tympanon gehört. Er bringt Christus einen Siegeskranz.

Unten links heilt Jesus einen Blinden. Jesus berührt ihn mit der rechten Hand an seinem Kopf, den er in den Nacken gelegt hat. Der Blinde hält in der rechten Hand einen Stab, den er benötigt, um beim Gehen Hindernisse bemerken zu können. Mit seiner Linken fasst er den Arm Jesu, der ihn helfend berührt (Mk 8,22-26). Rechts davon wird die Leidensgeschichte Jesu erzählt: Jesus ist bereits mit Dornen gekrönt worden, ihm wurde ein Mantel umgelegt und er wurde gezwungen, auf einem einfachen Sitz als Thron Platz

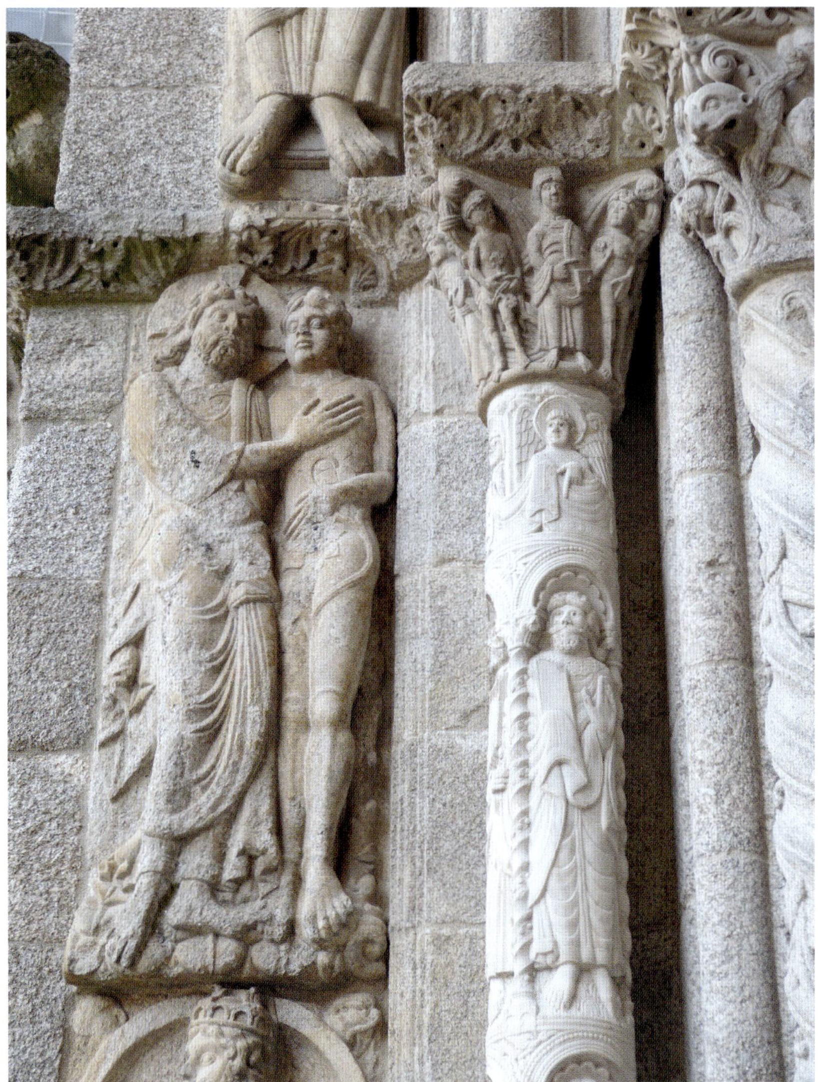

Ebenda, Gott hat Adam aus Lehm erschaffen.

zu nehmen. Ein Folterknecht steht vor ihm und drückt die Dornenkrone auf den Kopf.
Zwei weitere stehen für die Geißelung Jesu bereit und halten eine Geißel in der Hand,
die bei der Gestalt des linken Folterknechts gut zu erkennen ist; beim rechten ist nur

noch der Stab erhalten. Anschließend ist zu sehen, dass Jesus an die Geißelsäule gebunden wird. Der zu ertragende Schmerz der Auspeitschung wird durch die Darstellung der Folterknechte mit den Geißeln deutlich ins Bild gesetzt. Die nächste Szene zeigt Simon von Cyrene, der das Kreuz hält, das er für Jesus tragen soll, und den Abschluss bietet die Gefangennahme Christi, der von drei Gestalten umgeben und weggeführt wird.

Wie gehe ich mit Schmerz und Leid in meinem Leben um?

Über dem Doppelportal sind die Figuren zum Teil verwittert, andere sind schwer beschädigt. Doch es gibt auch Darstellungen, die deutlich zu erkennen sind, so wie die Vertreibung aus dem Paradies. Links ist Gott zu sehen, der Adam am Unterarm fasst und wegschiebt. Adam dreht sich im Gehen zu Gott um und greift nach dem Arm seiner Frau Eva, die neben ihm läuft. (Gen 3,24) Unter ihm ist ein Posaune blasender Engel dargestellt.

Nehme ich mein Leben in dem, was ich nicht ändern kann, so wie es ist, an?

Der heilige Jakobus, durch die Inschrift auf seinem Nimbus zu erkennen, hält ein Buch mit der Aufschrift »PAX VOBIS«, ein Buch des Friedens. Auf dem Reliefgrund steht: »Er bewunderte auf dem Berg die Verklärung Jesu«. Neben ihm ist Christus zu sehen, mit

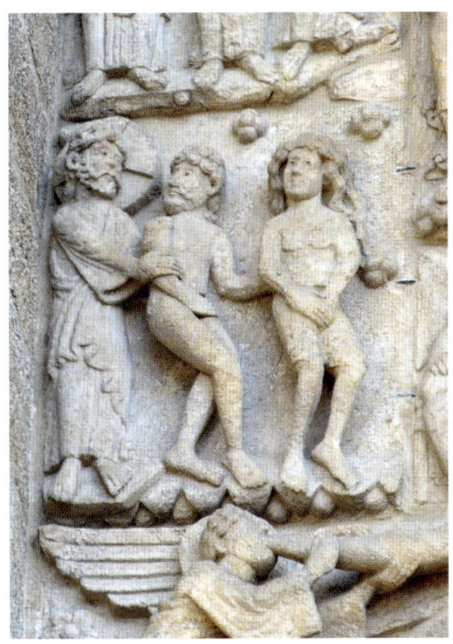

Ebenda, Vertreibung aus dem Paradies

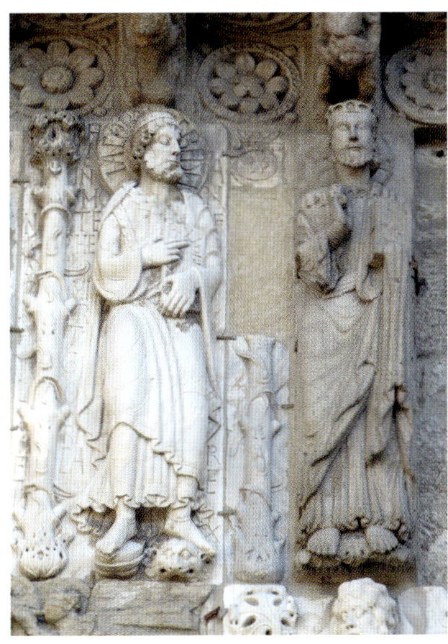

Ebenda, Apostel Jakobus als Friedensbote

einer Königskrone auf dem Kopf, das Buch in der Hand, als himmlischer Herrscher. Die Verklärung Jesu nimmt also die Mitte des Doppelportals ein und verweist somit sowohl auf seine Göttlichkeit als auch auf den hier verehrten Apostel.

Wie sehr bemühe ich mich, ein friedfertiger Mensch zu sein?

Die Verklärung beschreibt der Evangelist Lukas wie folgt:

> Es geschah aber: Etwa acht Tage nach diesen Worten nahm Jesus Petrus, Johannes und Jakobus mit sich und stieg auf einen Berg, um zu beten. Und während er betete, veränderte sich das Aussehen seines Gesichtes und sein Gewand wurde leuchtend weiß. Und siehe, es redeten zwei Männer mit ihm. Es waren Mose und Elija; sie erschienen in Herrlichkeit und sprachen von seinem Ende, das er in Jerusalem erfüllen sollte. Petrus und seine Begleiter aber waren eingeschlafen, wurden jedoch wach und sahen Jesus in strahlendem Licht und die zwei Männer, die bei ihm standen. Und es geschah, als diese sich von ihm trennen wollten, sagte Petrus zu Jesus: Meister, es ist gut, dass wir hier sind. Wir wollen drei Hütten bauen, eine für dich, eine für Mose und eine für Elija. Er wusste aber nicht, was er sagte. Während er noch redete, kam eine Wolke und überschattete sie. Sie aber fürchteten sich, als sie in die Wolke hineingerieten. Da erscholl eine Stimme aus der Wolke: Dieser ist mein auserwählter Sohn, auf ihn sollt ihr hören. Während die Stimme erscholl, fanden sie Jesus allein. Und sie schwiegen und erzählten in jenen Tagen niemandem von dem, was sie gesehen hatten. (Lk 9,28-36)

Impuls: Kann ich mir eine solche Szene vorstellen? Wie hätte ich mich verhalten?

An den Gewänden des Doppelportals sind Darstellungen aus dem Alten und Neuen Testament und kunstvoll geschmückte Säulen zu bewundern.

Das linke Gewände des linken Portals zeigt übereinander den sitzenden König David, die Erschaffung Adams durch Gott, der Adam liebevoll in den Arm nimmt, und den thronenden Christus.

Das rechte Gewände des rechten Portals ist weniger gut erhalten. Es zeigt im Gewände die Opferung Isaaks und darüber den thronenden Christus, auf den Säulen wiederum Apostel.

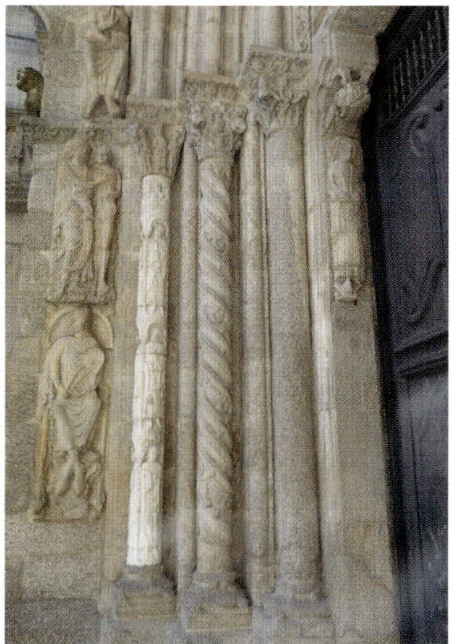

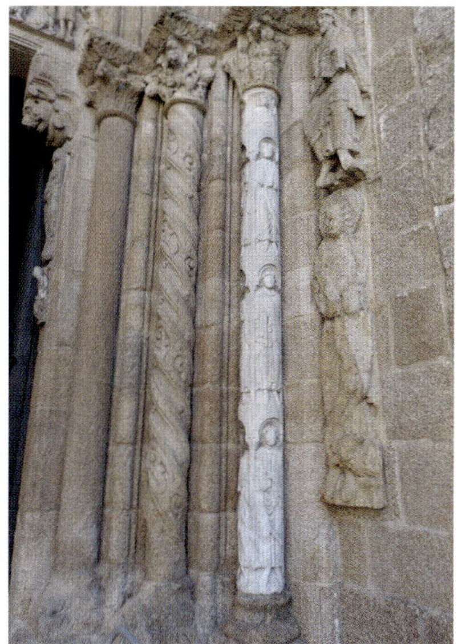

Der reiche Schmuck der Pilgerkirche

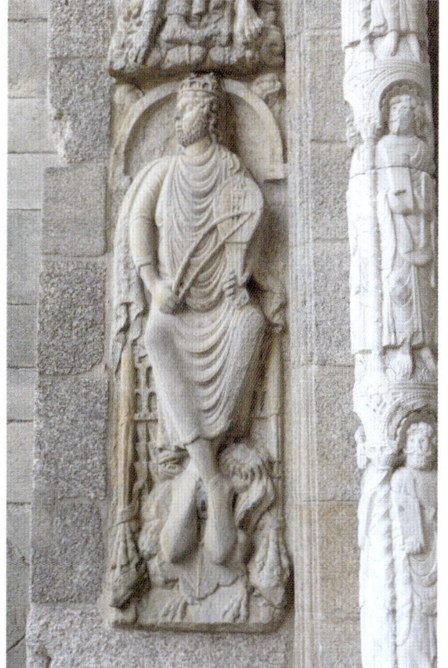

Ebenda, König David spielt Loblieder.

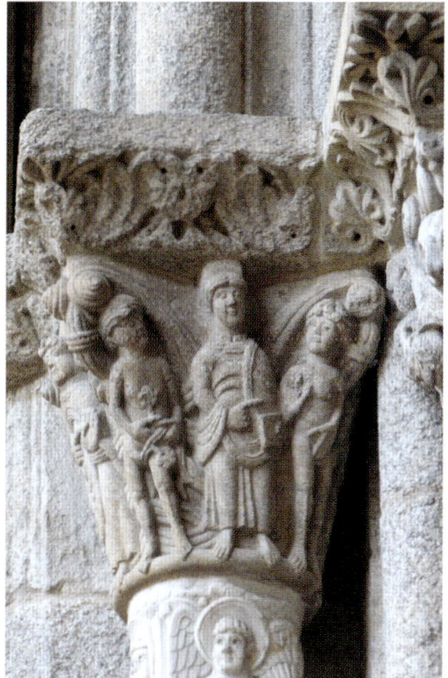

Ebenda, Vertreibung aus dem Paradies

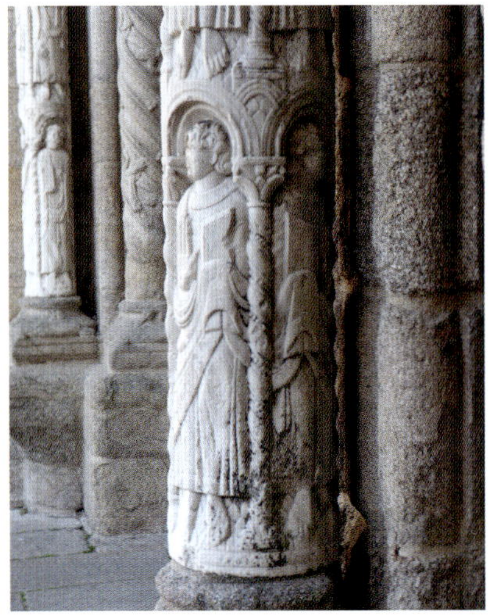

Ebenda. Die Figuren der Säule an der Mitte des Doppelportals zeigen Apostel.

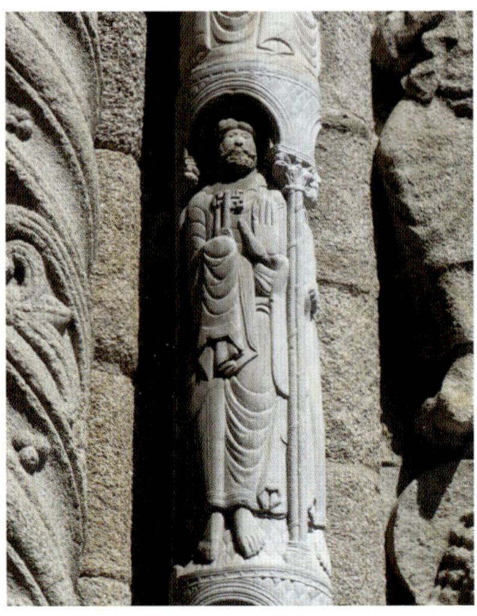

Ebenda. Hier ist Apostel Petrus an seinem Himmelsschlüssel zu erkennen. (Mt 16,19)

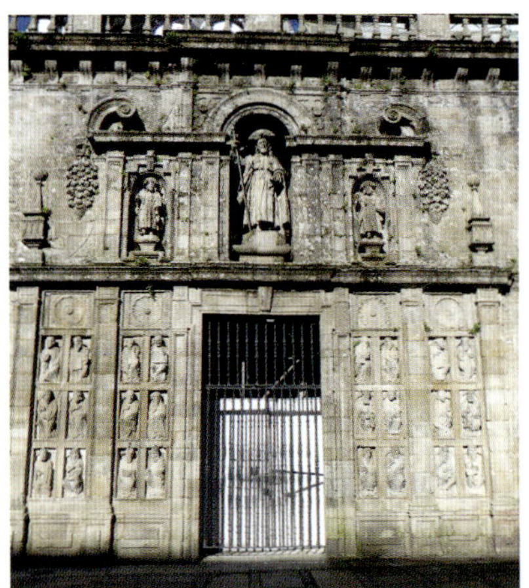

Die Heilige Pforte an der Kathedrale von Santiago. Sie wird nur zum Heiligen Jahr von Santiago geöffnet.

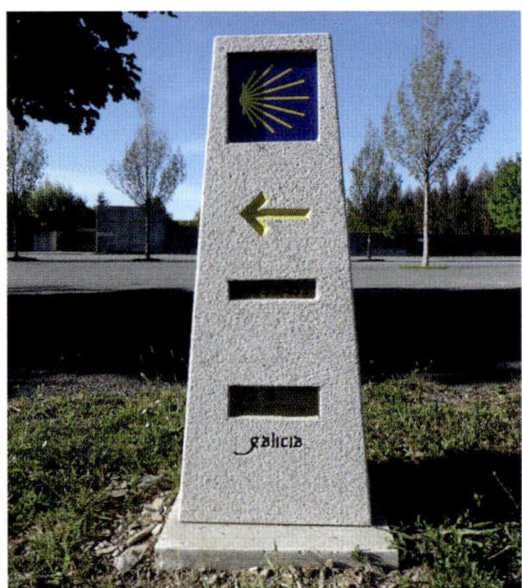

Hinweisschild auf dem Pilgerweg

Die Reliefs sind Fragmente und hier zusammengefügt. Auch in meinem Leben ist vieles Stückwerk. Wie gehe ich damit um? Kann ich darauf vertrauen, dass Gott die Fragmente meines Lebens zu einem Ganzen zusammenfügt?

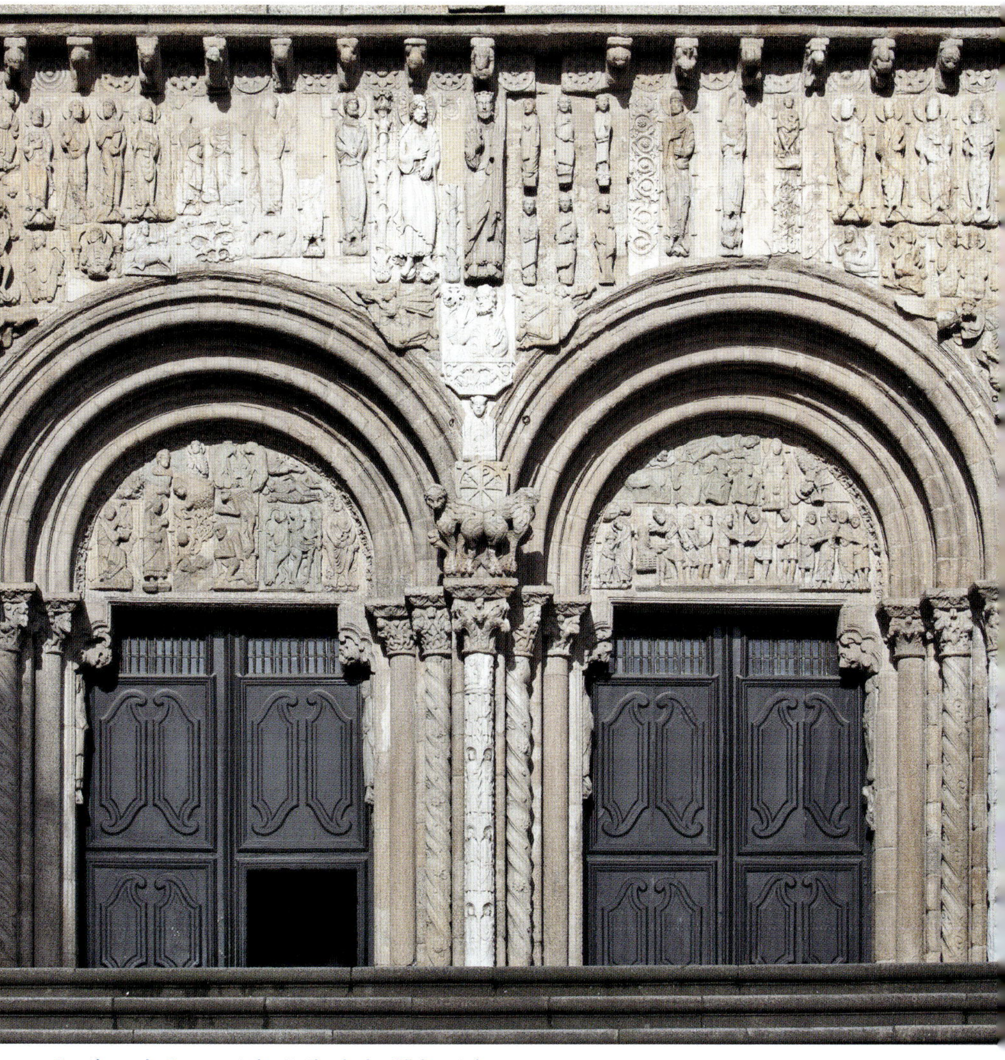

Santiago de Compostela, Kathedrale, Südportal

LITERATURLISTE

Alle Bibelstellen sind der Einheitsübersetzung von 2016 entnommen.
Sie ist online zu finden unter www.bibleserver.com.

Appuhn, Horst: Einführung in die Ikonographie der mittelalterlichen Kunst in Deutschland. Darmstadt 2016.

Bandmann, Günter: Mittelalterliche Architektur als Bedeutungsträger. 8. Auflage. Berlin 1985.
Ikonologie der Architektur. 2. Auflage. Darmstadt 1969.
Die Bauformen des Mittelalters. Bonn 1949.

Braunfels, Wolfgang: Die Auferstehung. Düsseldorf 1951.
Abendländische Klosterbaukunst. Köln 1976.

Büttner, Frank: Einführung in die Ikonographie. Wege zur Deutung von Bildinhalten. 4. Auflage, München 2019.

Butzkamm, Aloys: Christliche Ikonographie. zum Verstehen mittelalterlicher Kunst. Paderborn 2001.

Dresken-Weiland, Jutta: Die frühchristlichen Mosaiken von Ravenna. Bild und Bedeutung. Regenburg 2016

Hezser, Catherine: Bild und Kontext. Jüdische und christliche Ikonographie der Spätantike. Tübingen 2018.

Kirschbaum, Engelbert (Begr.), Braunfels, Wolfgang (Hg.): Lexikon der christlichen Ikonographie. 8 Bände. Freiburg im Breisgau 1968-1976.

Kopp-Schmidt, Gabriele: Ikonographie und Ikonologie. Eine Einführung. Köln 2004.

Panofsky, Erwin: Ikonographie und Ikonologie. Bildinterpretation nach dem Dreistufenmodell. Köln 2006.

Poeschel, Sabine: Handbuch der Ikonographie: sakrale und profane Themen der bildenden Kunst. 6. Auflage. Darmstadt 2016.

Rückert, Claudia: A reconsideration of the Woman with the Skull on the Puerta de las Platerías of Santiago de Compostela Cathedral, in: Gesta 51, 2012, 129–145.

Sachs, Hannelore: Wörterbuch der christlichen Ikonographie. 10. Auflage. Regensburg 2012.

Schiller, Gertrud: Ikonographie der christlichen Kunst IV: Die Kirche. Gütersloh 1976.

Schmidt, Margarethe: Warum ein Apfel, Eva? Die Bildsprache von Baum, Frucht und Blume. Regensburg 2000.

Schollmeyer, Patrick: Einführung in die antike Ikonographie. Darmstadt 2012.

van Straten, Roelof: Einführung in die Ikonographie. 3. Auflage. Berlin 2004.